Début d'une série de documents
en couleur

ÉTUDES DE MORALE & DE SOCIOLOGIE

MORALE
ET
SOCIÉTÉ

PAR

George FONSEGRIVE

Deuxième édition

BLOUD ET Cie ÉDITEURS A PARIS

Paris. — J. [illegible], imp., 4bis, Av. de Châtillon

Fin d'une série de documents
en couleur

Morale et Société

ÉTUDES DE MORALE ET DE SOCIOLOGIE

MORALE ET SOCIÉTÉ

PAR

George FONSEGRIVE

PARIS
LIBRAIRIE BLOUD ET Cie
4, RUE MADAME, 4

1907

DU MÊME AUTEUR

Dans la collection SCIENCE ET RELIGION

Volumes in-12 à 0 fr. 60.

Solidarité, Pitié, Charité. *Examen de la nouvelle morale* (178) . . . . 1 vol.
L'Attitude du catholique devant la science (29) . . . . 1 vol.
Le Catholicisme et la Religion de l'Esprit (30). . . . . 1 vol.
Catholicisme et Libre Pensée (369). . . . . 1 vol.

Essai sur le libre arbitre, sa théorie et son histoire. (*Ouvrage couronné par l'Académie des Sciences morales et politiques.*) 2e édition. 1 vol. in-8°, de la *Bibliothèque de Philosophie contemporaine.* Paris, ALCAN (Traduit en espagnol) . . . . 10 »
La Causalité efficiente. 1 vol. in-18, de la *Bibliothèque de Philosophie contemporaine.* Paris, ALCAN. 2 50
Éléments de Philosophie. 6e édition. Paris, PICARD et KAAN. 2 vol. in-12. . . . . 8 »
François Bacon. Paris, LETHIELLEUX. 1 vol. in-12 . . . . . . 3 50
Les Livres et les Idées. Paris, LECOFFRE. 1 vol. petit in-8°. 3 50
Catholicisme et Démocratie. Paris, LECOFFRE. 1 volume in-12 . . . . 3 50
Le Catholicisme et la Vie de l'Esprit. 3e mille. Paris, LECOFFRE. 1 vol. in-12. . . . . 3 50
La Crise sociale. 1 fort vol. in-12. Paris, LECOFFRE. . . . . 4 »
Comment lire les Journaux ? Paris, LECOFFRE. 1 volume in-12 . . . . 3 50
Léon Ollé-Laprune. Paris, LECOFFRE. Brochure in-8° . . . (épuisé.)
La Question du Latin. Paris. LECOFFRE. Brochure in-8°.. . 1 »
L'Enseignement féminin. Paris. LECOFFRE, Brochure in-8°. 1 »
Mariage et Union libre. 3e édition. Paris, PLON. 1 volume in-12 (*Ouvrage couronné par l'Académie française*) 3 50

Ouvrages D'YVES LE QUERDEC

Lettres d'un Curé de campagne (*Ouvrage couronné par l'Académie française.*) 11e mille. 1 vol. in-12. Paris, LECOFFRE (Traduit en italien et en anglais) 3f 50
Lettres d'un Curé de canton. 8e mille. 1 vol. in-12. Paris, LECOFFRE (Traduit en italien). 3 50
Le Journal d'un Évêque : PREMIÈRE PARTIE : *Pendant le Concordat,* 4e mille. 1 vol. in-12. Paris, LECOFFRE 3 50
DEUXIÈME PARTIE : *Après le Concordat.* 3e mille, 1 vol. in-12, Paris, LECOFFRE (Traduit en italien) 3 50
Le Fils de l'Esprit. 6e mille, 1 vol. in-12. Paris, LECOFFRE (Traduit en italien) 3 50

CHAPITRE PREMIER

Préliminaires et vues historiques

Homo duplex.

L'homme possède une double vie : une vie intérieure, faite de ses sentiments, de ses pensées, de ses jugements, de ses croyances, de ses désirs, de ses intentions, de ses vouloirs; une vie extérieure, qui comprend, avec ses actions, tous les contre-coups que ces actions peuvent produire sur le monde et en particulier sur les autres hommes. Nous vivons en nous-mêmes et nous vivons au dehors, et souvent il y a conflit entre nous et les autres, entre les autres et nous. Il semble que pour bien vivre nous devions nous conformer à la société, au milieu humain dans lequel nous sommes nés, dont nous avons reçu et la vie, et à peu près tous les biens qui font que la vie vaut d'être vécue; et, d'autre part, nous sentons bien qu'aucun des biens de la vie n'aurait de valeur, que la vie elle-même perdrait tout son sens si, pour nous conformer au milieu, nous devions vivre contrairement à tout ce qui fait le fond le plus intime de notre être et que nos pensées reflètent. La beauté de la mort de

Socrate consiste en ce qu'il a mieux aimé boire la ciguë que manifester pour les « juges de la fève » un respect qu'il n'avait pas. Se mentir à soi-même est la pire des déchéances, et de quoi servirait-il de vivre encore d'une vie extérieure si l'on a perdu les raisons intérieures de sa vie? Ce serait se contenter d'une vie de fantôme pâle et vide, de marionnette sans âme, on ne serait plus qu'une mécanique corporelle. Ainsi pensaient les martyrs chrétiens quand ils refusaient de faire devant les idoles les gestes adorateurs.

Cette dualité de la vie humaine, que chacun de nous peut constater en lui-même, contraints sans cesse comme nous le sommes, tantôt par les exigences sociales, à ne pas agir comme nous voudrions, et tantôt par les propres exigences de notre vie, à infliger des douleurs aux autres, parfois à rompre en visière à notre milieu, est-elle une illusion, une anomalie, une preuve que nous ne savons pas vivre, ou bien est-elle foncière, véritablement

irréductible, et, dans ce cas, quel devrait être l'art de la vie? Nous ne pouvons nous renier nous-mêmes, nous ne pouvons pas davantage échapper à notre milieu, nous ne pouvons ni nous fuir, ni fuir les autres. Nous ne sommes pas, nous ne pouvons pas être des isolés : sans la société, nous perdrions tout et nous nous perdrions nous-mêmes; mais, d'autre part, nous sommes nous-mêmes, et c'est pour le coup que, si nous nous perdons, nous perdons tout.

Vivre purement, sincèrement, suivre notre loi, c'est incontestablement être moral, comme c'est être social que de se conformer aux règles sociales. La plupart des moralistes affirment qu'il y a une telle solidarité entre les lois de la morale et les exigences de la société, entre le moral et le social que l'un n'est, en quelque sorte, que la conséquence de l'autre et comme son prolongement. Et les uns, tels les philosophes du XVIIIe siècle, professent que c'est le social qui conditionne et fait le moral, que ce sont les institutions et les lois sociales qui font la moralité humaine, qu'être moral, c'est se conformer aux lois, et, par conséquent, que tant valent les lois, tant valent les mœurs : selon eux, l'homme doit se modeler sur son milieu, et il suffit, par de bonnes lois, de modifier le milieu pour qu'aussitôt l'homme tout entier soit modifié et dans son intérieur même. C'est ce que M. Brunetière appelle la « grande erreur, l'erreur fondamentale du XVIIIe siècle ». — D'autres, par contre, professent, comme ce professeur alsacien, M. Ziegler, que toute question sociale est une question morale et qu'il suffit de modifier la moralité intérieure de chaque être humain pour que tous convergent les uns vers les autres, pour que tous s'entendent, pour que la justice, la paix, l'harmonie sociales soient établies. Pour les hommes du XVIIIe siècle, le social déterminait le moral; pour beaucoup de nos contemporains, il suffirait à l'homme d'être moral pour que régnât l'harmonie sociale. Un peuple de sages serait un peuple d'amis où les lois mêmes seraient inutiles.

Ces deux conceptions, d'ailleurs, se rencontrent en ce qu'elles regardent l'une et l'autre le moral et le social comme deux aspects d'une seule et même réalité : la réalité profonde, pour les uns, c'est la société, le social produit le moral : pour les autres, la réalité profonde, c'est l'individu, et pour eux le moral produit le social. Les premiers regardent la loi sociale comme le premier et le plus indispensable facteur de toute moralité, ce sont donc des légalistes ; les seconds regardent la bonne volonté individuelle comme le seul et nécessaire facteur de toute bonne société, ils sont donc des individualistes. Mais les uns et les autres, M. Brunetière, M. Ziegler, aussi bien que Diderot et que Condorcet, non seulement croient qu'il n'y a pas le moindre antagonisme essentiel entre le moral et le social, mais ils professent qu'il y a entre la vie sociale et la vie morale de l'homme un accord foncier, que ce ne sont pas deux vies, mais deux aspects seulement d'une même vie, que les conflits sont accidentels et proviennent tantôt de l'usurpation, de l'indiscrétion des lois, tantôt de l'égoïsme, du quant à soi individuel, que la sagesse consiste à pacifier l'âme et à supprimer ces conflits.

Je voudrais reprendre ici ce problème et le reprendre sur de nouveaux frais. Au lieu de chercher d'emblée comment peuvent se prolonger et finalement s'identifier le moral et le social, je crois qu'il faut auparavant se poser une question : Cette identification est-elle possible? Le postulat communément admis de l'identité foncière du moral et du social, de la vie intérieure morale et de la vie extérieure sociale de l'homme, mérite-t-il l'assentiment que presque tout le monde lui donne? Ou, au contraire, ces deux sortes de vies sont-elles distinctes, tellement distinctes peut-être, que les lois de l'une sont fort différentes des lois de l'autre? Le problème vaut assurément d'être examiné; car, d'un côté, s'il n'est pas douteux qu'en fin de compte il faudra trouver des lois qui mettent d'accord le moral et le social, l'individu normal avec le milieu normal, il n'est pas moins évident, d'un autre côté, que les lois de cet accord devront être très différentes selon qu'on les considérera comme des règles de jeu entre des activités d'ordre différent, une sorte de compromis, ou qu'au contraire on les cherchera dans l'essence même de ces deux activités regardées comme identiques *a priori* et sans examen. Pour ne prendre qu'un exemple, la vie morale et la vie physique, l'âme et le corps, doivent vivre ensemble en bonne harmonie, et il y a donc des lois de cette harmonie; cependant, les lois de la vie physique sont tout à fait distinctes des lois de la vie morale, et même il peut y avoir conflit. Il se pourrait, de même, et on ne blasphème pas en se posant la question, que la vie sociale et que la vie morale de l'homme, bien que devant finalement s'accorder, eussent des lois très distinctes et entre lesquelles le conflit pourrait s'élever.

Et une chose frappe tout d'abord l'observateur, c'est que, depuis que l'humanité est née à la conscience de sa vie intérieure, de sa vie morale, le conflit n'a jamais cessé. On pourrait même dire qu'à l'heure où nous sommes, il est plus aigu que jamais. Nous l'avons vu paraître sous des formes tragiques durant toutes ces dernières années : c'est lui qui, pendant quatre ans, à propos d'une affaire célèbre, mit aux prises tous les Français ; c'est lui qui, à propos des expulsions des Congréganistes, a soulevé de bruyantes controverses, qui est la cause que de nobles cœurs, de vaillants soldats ont cru devoir briser leur épée. Pour mieux comprendre la nature de ce conflit, il sera peut-être à propos d'en esquisser brièvement l'histoire. Elle est sombre, elle est tragique, elle revêt des formes parfois révoltantes, parfois basses, parfois hideuses, elle n'en est pas moins une de celles qui font le plus d'honneur à l'humanité.

I

La véritable vie intérieure, la vie morale, est contemporaine de la vie de la réflexion. Elle n'est donc pas la première qui s'éveille en nous. Aux débuts de la conscience, il n'y a que des oppositions de désirs, et ces désirs sont tous plus ou moins tournés vers l'extérieur : l'enfant désire un fruit ou une friandise, mais il craint le reproche de sa mère. Tout de même, le sauvage, en face d'une coutume, d'une prescription rituelle, de l'ordre d'un chef, éprouve des désirs en sens contraires. Jusque-là, il n'y a pas, à proprement parler, de vie intérieure ni de conflit de conscience, pas même de réflexion : des désirs s'agitent et s'opposent, le plus fort l'emporte. Tout se passe mécaniquement.

Un degré plus haut est atteint lorsque l'ordre de la mère ou l'ordre du chef, ou la coutume, ou la prescription, tirent leur force impérieuse non plus de la crainte ou de l'espérance, mais d'une appréciation, si vague soit-elle, d'un jugement par lequel l'enfant ou l'homme primitif estime que l'ordre, la coutume, la prescription, ont une valeur supérieure à celle du désir grossier. De quelque façon que naisse dans l'âme cette idée de qualité, de valeur supérieure, dès qu'elle apparaît, la conscience existe et avec elle la moralité. Mais, à ce degré, la moralité se confond avec la sociabilité, le moral n'est que le social devenu intérieur : c'est, en effet, l'ordre de sa mère que l'enfant regarde comme plus-valant; c'est l'ordre du chef ou la prescription sociale auxquels le sauvage reconnaît l'autorité inhérente à la plus-value. La qualité, la valeur est perçue à l'intérieur, mais elle n'est perçue comme telle et elle n'a sa valeur que parce qu'elle vient de l'extérieur. Rigoureusement, à cette période de la vie, dans l'enfance de l'individu comme dans celle de l'humanité, c'est la sociabilité qui est toute la moralité. Toute la morale de l'enfant ne consiste qu'à obéir.

C'est encore la sociabilité qui fait franchir le degré suivant. Car il arrive que des autorités sociales entrent en conflit, que dans la famille un ordre de la mère contredise un ordre du père ou que, dans la cité, une prescription légale contredise une prescription religieuse. Tel est, par exemple, le cas d'Antigone : sa piété lui ordonne, d'après la loi religieuse, de rendre à son frère mort les honneurs funèbres, cependant qu'une ordonnance de son oncle, le tyran Cléon, interdit, sous peine de mort, de rendre à Polynice ces mêmes honneurs. Un conflit s'élève donc dans l'âme de la jeune fille entre deux prescriptions sociales : l'ordre des dieux, l'ordre du tyran; la loi divine, la loi humaine, toutes deux venues du dehors, extérieures à la conscience. Mais, en face de ce conflit, sous le choc réciproque des deux lois, tiraillée en sens inverse, la conscience morale s'éveille. Entre ces deux lois, c'est elle qui décidera quelle est celle qui a le plus de valeur et le plus d'autorité. Seule ici la conscience est juge. C'est elle qui ordonnera à Antigone, au mépris de sa vie, de désobéir au tyran. Dans le conflit des autorités et des lois, la conscience discerne sa propre loi. Désormais elle est éveillée. Elle ne dormira plus. — A ce moment, le moral est constitué, la vie intérieure existe. Et l'on voit qu'elle est née de la vie extérieure, que sans le social le moral n'aurait pas existé, mais, une fois née, la vie intérieure prend conscience de sa loi propre; le moral, une fois constitué, non seulement ne peut plus se confondre avec le social, mais il l'apprécie, le juge, et lui reconnaît ou bien lui refuse l'autorité.

II

C'est à peu près ce qui se passa chez les Hébreux. De même que leur Dieu s'affirmait incomparablement supérieur à tous les dieux, de même ses ordres et ses prescriptions devaient être regardés comme incomparablement supérieurs à tous les ordres et à toutes les prescriptions. Or, la loi hébraïque tout entière, toutes les institutions sociales du peuple hébreu se présentaient comme des ordres directs émanés de Iahveh. Toute la légalité sociale était donc environnée d'une souveraine majesté. Cependant ce Dieu même, qui avait édicté les prescriptions légales, y avait enfermé des choses morales : non seulement l'acte injuste et mauvais, seul ouvertement antisocial, était interdit, mais le désir même de l'injustice et la convoitise du mal. Cet enseignement, développé par les prophètes, était destiné à éveiller la conscience, à lui faire distinguer la justice intérieure de la légalité extérieure et par suite à constituer le moral et à le constituer en distinction du social.

Jésus avec son autorité — *quasi potestatem habens* — développa, universalisa l'enseignement des prophètes, il affranchit la conscience des prescriptions légales pour remettre à l'esprit intérieur la décision et l'autorité. *La lettre tue et l'esprit vivifie,* mais qui donc jugera l'esprit sinon l'esprit? Le juge intérieur n'a point d'autre juge et il se juge lui-même. Et l'enseignement de Jésus va beaucoup plus loin encore, ainsi que nous l'allons voir dans un instant.

Au temps même où les prophètes juifs s'efforçaient d'éveiller chez leurs compatriotes la vie intérieure, Socrate, à Athènes, la découvrait et en proclamait la grande loi : Il existe des lois non écrites, que tout homme porte en soi; c'est à ces lois que, pour être vertueux, il faut obéir, et ce sont ces lois qui jugent les lois écrites. Il ne suffit pas qu'une loi soit rédigée et promulguée pour qu'on soit obligé de lui obéir, il faut encore qu'elle ne contredise pas ces lois saintes, éternelles, qui sont la Justice même. Pour leur obéir il faut affronter la contradiction, la misère, la vindicte des lois, s'il le faut, la mort, et, comme dira plus tard Juvénal, perdre la vie pour garder les raisons de vivre. Voilà maintenant le moral juge du social, la moralité est non seulement affranchie de la légalité, elle lui est même déclarée supérieure. Cependant, nous voyons par le *Criton* que Socrate, tout en ayant conduit sa vie d'après sa conscience et d'une façon indépendante vis-à-vis des lois sociales, juge qu'il est mieux, en acceptant volontairement le châtiment institué par ces mêmes lois pour réprimer les indépendances individuelles, de faire ainsi profession de respect et de soumission aux règles sans lesquelles aucune société ne saurait se maintenir. On pourrait traduire à peu près ainsi la pensée directrice de Socrate : Dans le conflit entre les lois non écrites et les lois écrites, entre la conscience morale et la légalité sociale, le devoir consiste à suivre la conscience et à se mettre au-dessus des lois. Mais quiconque se place au-dessus des lois fait un acte d'incivisme, un acte anarchique et perturbateur. La loi sociale ne peut que réprimer de tels actes : si elle les tolérait, elle se renierait elle-même elle les punira donc. Et de son côté le sage, qui doit donner l'exemple du civisme, qui doit être un homme d'ordre, n'ayant pu se soumettre à la loi quand elle lui ordonnait quelque chose que condamnait sa conscience, se soumettra à la loi quand la loi ne fait plus que lui infliger un mal personnel. Il lui est interdit de faire le mal, il ne lui est pas interdit de souffrir et il peut même sacrifier sa propre vie aux exigences de la vie sociale qui est plus noble et plus importante qu'une vie individuelle.

Dans l'Évangile les enseignements de Jésus ont pour unique objet le moral. « Il vaut mieux obéir à Dieu qu'aux hommes », tel est le principe. Or, Dieu se révèle à l'esprit. La charité nous unit à l'esprit même de Dieu. Il faut aimer Dieu pour s'unir à lui, pour que la conscience soit à la fois éclairée, purifiée et rectifiée. « Tu aimeras le Seigneur ton Dieu de toutes tes forces », tel est le premier commandement. Ce Dieu n'est pas seulement terrible et puissant, avant tout il est Père, il est le Père qui est aux cieux. On peut agir avec lui et devant lui en toute confiance, il donnera tout ce qu'on lui demandera. Il habille les lis des champs de blancheur glorieuse, il nous vêtira ; il nourrit les petits oiseaux qui ne sèment point, il nous nourrira ; pas un cheveu ne tombera de notre tête sans qu'il ait donné son assentiment paternel. Il voit le fond du cœur, il pénètre au secret de l'âme, seul l'esprit selon lequel on agit lui importe et motive ses jugements : si l'on agit en esprit d'amour, tout est bon et rien n'est condamné que ce qui est fait selon un esprit de recherche égoïste de soi-même, sans élan, sans abandon, avec le souci de la réserve individuelle et du quant à soi. Le mauvais riche n'a point été injuste, il a simplement négligé Lazare. Le serviteur qui a enfoui le talent qui lui avait été confié le rapporte intact sans en avoir profité, il n'en est pas moins condamné pour ne l'avoir pas fait fructifier et pour n'avoir pas eu confiance en la justice du maître. Dans chacun de ces actes l'homme n'agit que pour soi, il ne se dépasse pas soi-même, donc il n'aime pas, donc il n'est pas dans l'esprit, donc il n'est pas bon. Être bon, c'est aimer, aimer Dieu d'abord, les autres hommes, le prochain ensuite. Car le second commandement est tout semblable au premier : « Tu aimeras le prochain comme toi-même. » Comme toi-même, c'est-à-dire que non seulement tu ne feras pas à autrui ce que tu ne voudrais pas qui te fût fait, mais tu feras à autrui tout ce que tu voudrais qu'on te fît. Et ainsi tu ne te vengeras pas, tu pardonneras, tu aimeras tes ennemis, tu prieras pour ceux qui te frappent et te persécutent ; si on te frappe sur la joue droite, tu tendras aussi la joue gauche : si on te demande la tunique, tu donneras aussi le manteau ; tu ne résisteras pas au mal ; tu triompheras du mal en faisant le bien. Que l'on examine tous ces préceptes et qu'on les approfondisse, plus on creusera, plus on trouvera que Jésus n'a eu en vue que le perfectionnement intérieur de l'âme. « Le royaume de Dieu est au-dedans de vous : *Regnum Dei intra vos est* » ; c'est là l'idée maîtresse de tout l'Évangile. De ce point de vue tous les préceptes s'expliquent et aussi tous les conseils : Ne nous inquiétons point du lendemain puisque cette inquiétude, ne pouvant que se rapporter à nos intérêts personnels, serait inspirée non par la charité mais par l'amour-propre et nous replierait sur nous-mêmes ; ne jugeons point pour ne pas être jugés ; soyons miséricordieux, pardonnons, ne résistons pas au mal parce que, ne voyant que le dehors tandis que le dedans seul, l'esprit, fait la valeur réelle des actes, nous ne pouvons pas juger ; annulons par notre acceptation le mal produit par autrui et puisque nous ne devons pas juger, que savons-nous si ce qui nous fait mal est mal? Résister, nous opposer, c'est encore poser le moi, le moi isolé et solitaire qui se met à part des autres et qui ne les aime pas. Le mal ce n'est ni la privation de la besace, de la tunique ou du manteau, ni d'un bien extérieur quelconque, ce n'est pas davantage la douleur physique du coup ou la honte de l'affront, le mal c'est la séparation de soi, c'est la mise à part des autres, le mal c'est l'isolement. Le royaume intérieur de Dieu est le règne de l'amour. Le mal c'est être soi et n'être que soi. Le bien c'est aimer Dieu, être uni à lui, vivre de sa vie et en lui et par lui aimer tous les autres hommes et leur être uni par là, vivre avec eux tous d'une seule vie. On peut dire que tout l'Évangile enseigne cette culture supérieure du moi qui l'arrache à l'égoïsme et ne le fait jamais plus être soi que lorsqu'il renonce à son petit moi, que lorsqu'il se perd pour se retrouver sublime, agrandi, universalisé par son union avec le moi transcendant de Dieu. Le moi se dépasse lui-même, mais cependant il ne se dépasse que par des pensées et des mouvements tout intérieurs. Il se socialise sans doute, mais il le fait par un développement intérieur, et cette socialisation n'est qu'un prolongement, une conséquence de sa moralité personnelle. Le moral ici commande et absorbe le social. Aussi tous les écrivains et tous les penseurs qui ont de près ou de loin puisé leurs inspirations dans l'Évangile, ont-ils soutenu, au rebours des cités païennes et des philosophes du

XVIIIe siècle, que toutes les questions sociales se ramènent en dernière analyse à de simples questions morales.

Cependant, tous les sociologues qui ont voulu essayer d'organiser les sociétés d'après les préceptes évangéliques, ou plutôt qui ont voulu confronter la marche des sociétés à la prédication de Jésus, n'ont pas pu s'empêcher de remarquer que si les conducteurs des peuples et si les citoyens même voulaient obéir de tout point à ces préceptes proposés ainsi sans explication et, pour ainsi dire, à l'état brut, réaliser sans nuance toute cette prédication, la société tout entière serait bientôt disloquée. Car si l'on ne résiste pas au mal, il suffit qu'il y ait un très petit nombre de méchants, et peut-être même un seul, pour que tout l'organisme social soit bouleversé, pour que l'injustice règne. Tolstoï n'a réussi à convaincre à peu près personne que le meilleur moyen pratique d'arrêter le mal consiste à lui laisser libre cours. Aussi les théologiens ont-ils eu recours à toutes sortes de théories plus ou moins ingénieuses pour accommoder soit les exigences sociales à l'Évangile, soit l'Évangile aux nécessités sociales. Ils ont distingué entre les préceptes et les conseils, et cette distinction est en effet fondée sur les paroles mêmes du Maître. Car il ne commande pas à chacun de vendre ses biens et d'en remettre le prix aux pauvres, et s'il approuve ceux qui se sont faits eunuques par désir de pureté, il ne dit pas qu'il oblige tous les hommes à les imiter. Il condamne l'esprit qui attache à la richesse, il déclare bienheureux les pauvres en esprit, il ne proscrit ni la possession ni l'usage de la richesse. Il n'en reste pas moins vrai que la continence, que la pauvreté, que la non-résistance au mal, que la contemplation même, et non pas l'action, constituent l'idéal évangélique, et que si l'on voulait traduire cet idéal en législation, il serait difficile de conserver un état social dans lequel personne ne produirait, personne ne jugerait, personne ne condamnerait, où aucune force de justice ne s'opposerait aux violences injustes, où même les citoyens ne se reproduiraient pas.

On peut dire que le catholicisme, dans toutes ses institutions, a eu pour but de réaliser un milieu social assez souple pour que la pratique des préceptes, et même des conseils évangéliques, y fût possible et néanmoins assez cohérent afin qu'il pût résister aux ferments de désorganisation que « l'homme méchant » pourrait y introduire si toute la législation était constituée uniquement d'après l'idéal évangélique. Et dès là que le christianisme s'infusait dans une société civile donnée, dès là qu'il constituait lui-même une société spirituelle, une Église composée d'êtres humains, à la fois corps et esprit, il devenait nécessaire que les chrétiens fussent maintenus dans la cohésion indispensable à l'existence de toute société, dans le respect des lois essentielles, qui constitue ce que l'on appelle, en Angleterre, le loyalisme et sans lequel il n'y a pas de société civile possible, dans l'unité spirituelle, dans la conformité intérieure se traduisant au dehors par un conformisme des paroles et des actions, sans lequel il ne saurait y avoir d'Église, de société religieuse. « Rendez à César ce qui est à César », avait dit Jésus, et, par là, il avait marqué aux chrétiens leur devoir d'obéir aux lois civiles; mais il ajoutait aussitôt : « Et à Dieu ce qui est à Dieu », et, par là, il indiquait bien qu'il considérait comme tout à fait distinctes les deux sortes de devoirs. César, c'est la loi sociale; ce qui lui est dû, c'est le social; Dieu, c'est la loi morale; ce qui lui est dû constitue essentiellement et purement le moral. Jésus distingue souverainement les deux domaines. Il indique par là la voie par où il faut chercher la solution du problème de leurs relations. Cette solution, entrevue par tous les chrétiens, presque complètement donnée par un grand nombre de théologiens catholiques, presque toujours cependant embrouillée par des considérations étrangères, par le mélange plus ou moins conscient de vieilles conceptions imposées par les habitudes antiques, n'est nulle part exposée avec une clarté, une précision, une rigueur tout à fait satisfaisantes. Après avoir distingué les deux points de vue, on revient d'ordinaire à les brouiller tout de suite après, en sorte que ceux-là même qui, parmi les libéraux ou ceux qui s'appellent libres penseurs, revendiquent avec plus de force les droits de la conscience individuelle, sacrifient bientôt ces droits à ce qu'ils appellent le besoin d'unité morale, tandis que, par un phénomène en sens contraire, les plus autoritaires des théologiens catholiques reconnaissent volontiers et même proclament, après avoir professé la nécessité de l'obéissance aux autorités, même dans le for intérieur de la croyance et de la pratique, que cependant la conscience, même erronée, quand elle se croit véritablement certaine, est le seul juge du bien et du mal et que l'homme doit lui obéir.

III

C'est de cette opposition que sont venus tous les conflits historiques qui ont fait couler tant de sang et tant de larmes. La morale, se posant en face de la société et se trouvant opprimée par elle, a revendiqué ses droits ou simplement a refusé de se ranger aux lois sociales, et la société à son tour a, par la force, par les condamnations, par les tortures, par le glaive et par le bûcher, voulu imposer à la morale les observances légales. C'est d'abord, sous l'Empire romain, l'ère des martyrs chrétiens. Leur conscience leur interdit de sacrifier aux idoles, de rendre aux empereurs les honneurs divins, mais la cité impériale est constituée par un double culte, culte des Olympiens, culte des mânes impériaux, leur conscience parait donc exiler les chrétiens hors de la cité. C'est pourquoi on les contraindra ou on essaiera de les contraindre à sacrifier aux idoles et, si on ne peut y parvenir, on les tuera, s'efforçant par la cruauté, par la terreur ou l'exil d'arrêter la contagion.

Dès que le christianisme a triomphé, lorsque les empereurs sont baptisés, le culte du Christ, devenu le culte de l'empereur, devient aussi le culte social. Ce n'est pas toujours à l'orthodoxie que les empereurs sont attachés, aussi n'est-ce pas toujours l'orthodoxie qui représente l'idée sociale et qui a à son service la force. Quand l'empereur est orthodoxe, les ariens ou les nestoriens sont proscrits; quand l'empereur est arien, c'est Chrysostome ou c'est Athanase qui prennent le chemin de l'exil.

Les Albigeois, par leurs dogmes, par leur morale, sont exclus de la communauté sociale chrétienne. Ils se battent contre les chrétiens, on se bat contre eux. Les deux conceptions sociales ne peuvent en effet coexister. A vrai dire, ici, le problème de la liberté de conscience ne se pose pas ou se pose à peine. Car, dans chacun des deux groupes, dans chacune des deux sociétés, on est d'accord pour ne pas tolérer les dissidents.

L'établissement de l'inquisition au sein du catholicisme ne fut, en principe, qu'une mesure indispensable de conservation sociale qui n'entrait pas nécessairement en conflit avec la conscience morale. Une société spirituelle, en effet, telle que l'Église catholique, ne vit que par son esprit, et cet esprit à son tour est constitué par l'adhésion commune de tous les individus sociaux, de tous les fils de l'Église à un certain nombre de propositions dogmatiques, par la participation à certains actes extérieurs du culte : réciter le même *Credo*, recevoir les mêmes sacrements, telles sont les deux marques extérieures et indispensables de la communauté d'esprit. On conçoit donc qu'une Église, soucieuse de sa vitalité intérieure, établisse en son sein une sorte de police spirituelle chargée de discerner parmi ceux qui prétendent être ses fidèles quels sont ceux qui méritent vraiment ce nom, quels sont ceux qui ne le méritent pas. Une société qui manquerait d'un tel organe de discernement social serait une société incomplète et qui risquerait sans cesse de se dissoudre dans l'anarchie. Le droit à l'exclusion, à la mise à la porte, à l'anathème, à l'excommunication, de tout individu qui prétend être social et qui ne l'est pas est un droit inhérent à toute société, par cela seul qu'elle est société. A vrai dire, une société ne se conçoit pas privée de ce droit. Mais il n'y a là rien que de social.

Le moral ne s'y trouve intéressé que si l'inquisiteur prétend, par voie d'intimidation ou de contrainte, agir sur la conscience de celui qu'il examine, interroge, censure ou excommunie. A ce moment, le conflit se produit et, si l'inquisiteur dispose de la force, le conflit peut devenir aisément tragique et se dénouer en supplices, comme si l'excommunié se sent le plus fort, il peut tourner en révolte, en schisme, en hérésie déclarée et constituée.

Lorsque, pour des raisons historiques, le culte, la dénomination religieuse, se trouve être un des éléments, sinon même l'élément le plus important de la nationalité, on conçoit alors que la fonction inquisitoriale, purement ecclésiastique dans son principe, devienne une fonction sociale civile. C'est ce qui arriva en Espagne. Pour éliminer l'élément musulman, pour rétablir la nationalité espagnole en face des anciens conquérants sarrasins ou maures, il était fort important d'avoir comme une pierre de touche qui permît de discerner l'espagnol du maugrabin. L'inquisition ecclésiastique y pouvait aisément servir. C'est pour cela que les rois d'Espagne en réclamèrent l'établissement chez eux avec une telle insistance ; c'est pour cela qu'en Espagne l'inquisition devint une institution d'État. La fonction ecclésiastique spirituelle devint fonction civile au service d'un État temporel. Et de là naquirent un grand nombre de déviations.

Mais ce qui se passa en Espagne, sous d'autres formes et sous d'autres noms, se passa à peu près partout. L'importance de l'idée religieuse était si grande chez tous nos pères qu'ils ne concevaient pas que l'unité nationale pût exister sans le ciment du conformisme religieux. Même dès qu'une hérésie s'est constituée et est devenue l'âme d'un groupe social, on voit aussitôt s'établir une sorte d'inquisition avec l'excommunication et même les supplices qui en sont l'ordinaire suite. Calvin, à Genève, écrit son *De damnandis hæreticis* et brûle Michel Servet : Henri VIII, en Angleterre, poursuit les catholiques et pend les moines, confisque les biens des papistes. Dans tous les pays protestants, les catholiques sont exclus rigoureusement des fonctions publiques : le bill du *Test* ne fut aboli en Angleterre qu'en 1834, et encore en 1864 un prêtre catholique fut fortement condamné en Norvège pour avoir prêché sa foi. Quoi que l'on ait voulu dire, l'intolérance n'est pas propre aux seuls pays catholiques, elle se trouve partout où l'on croit, de façon plus ou moins nette ou confuse, que le conformisme religieux est une condition nécessaire de l'unité nationale. La France est la seule nation du monde qui, par l'Édit de Nantes, osa, dès la fin du XVIe siècle, donner droit de cité à des dissidences religieuses ; et quand Louis XIV révoqua l'Édit de son aïeul, s'il recula par rapport à l'évolution de notre histoire nationale, il ne fit que rétablir en France un ordre de choses tout semblable à celui qui régnait dans tous les autres pays de l'Europe, en particulier chez les protestants.

Ce ne fut guère qu'au XVIIIe siècle, avec les philosophes anglais et français, que la question du conformisme social fut posée dans toute son étendue. On revendiqua non seulement la liberté de conscience, la liberté religieuse, mais la liberté de penser, la liberté d'agir comme on l'entendrait, pourvu seulement que l'on ne contrevînt pas aux lois. Les lois, à leur tour, pour ne pas être oppressives et tyranniques, ne devaient interdire à chaque citoyen que ce qui est de nature à nuire positivement à autrui. Ainsi, le libéralisme philosophique, de Locke à Voltaire, en passant par Bayle, Diderot et par l'*Encyclopédie*, pose en face du social les droits du moral et prétend limiter strictement la sphère de l'autorité sociale.

Cependant, une équivoque subsiste et une nécessité persiste. Il est nécessaire que tout groupement social ait une âme commune, une certaine unité morale. Et, par conséquent, cette unité devra comprendre un certain nombre de croyances et d'attitudes pratiques. Au nom de cette unité, on pourra donc proscrire toutes les croyances et toutes les attitudes qui paraissent incompatibles avec celles qui paraissent constituer l'unité morale. Nous avons vu et nous voyons tous les jours en France quelle application on veut faire et l'on fait de ces principes : c'est au nom de cette unité morale que l'on a proscrit les Congrégations, que l'on s'apprête à supprimer la liberté de l'enseignement et que l'on tend à détruire le catholicisme et même toute espèce de religion. Et la limite mise au domaine de l'autorité sociale par les libéraux, adoptée par la Déclaration des Droits de l'homme, contient une irréductible équivoque. Car qu'est-ce qui ne nuit pas à autrui ? Qui sera juge de la nocuité ou de l'innocuité ? Si même, comme il semble, nuire, c'est causer de la douleur, est-ce que tout ce qui déplait ne nuit pas? Donc toute manifestation d'une pensée quelconque, d'une croyance quelconque pouvant déplaire à quelqu'un devra ou pourra être interdite. Remarquez que c'est ce sophisme qui sert à motiver toutes les interdictions; emblèmes religieux, processions, chants, cortèges, ne sont proscrits que sous le prétexte qu'ils peuvent gêner la liberté de conscience des non-croyants. Pour peu que l'on poussât une pareille manière de raisonner, il n'y aurait plus bientôt de permis que le silence et que le sommeil. Car toute parole prononcée peut déplaire à quiconque professe un avis contraire, et tout geste accompli risque de déplaire à quelqu'un de ceux qui le voient.

Aussi les conflits pratiques entre le social et le moral sont aussi vifs aujourd'hui qu'ils l'aient jamais été. Un congréganiste jeté à la porte de son couvent a-t-il le droit de résister à la loi, de briser les scellés apposés sur sa demeure, de reconstituer clandestinement malgré la loi le milieu moral en dehors duquel il estime que la vie de son âme ne pourrait que s'atrophier?... Un militaire catholique a-t-il le droit de prêter main-forte à l'exécution d'une loi anticatholique? Et, d'autre part, un soldat socialiste a-t-il le droit d'aider les autorités du régime capitaliste à réprimer une grève? Un conscrit libertaire ou anarchiste a-t-il le droit de courber sa volonté devant les ordres d'un caporal? Un conscrit pacifiste a t-il le droit d'apprendre l'art immoral de la guerre?

En théorie les oppositions demeurent très vives. Ce sont aujourd'hui les autoritaires traditionnels, les catholiques. qui réclament en faveur du moral contre le social, puisqu'ils revendiquent la liberté au nom des droits opprimés de leur conscience ; et ce sont les libéraux, ceux qui se glorifient du titre de libres penseurs, qui proclament la domination du social sur le moral, puisqu'ils s'appuient sur le besoin d'unité morale dans la société pour supprimer ce qui les gêne, pour interdire ce qui leur déplait et pour ramener tous les esprits au vide conformisme d'une universelle négation.

IV

Et dans les sociétés même purement spirituelles, on voit se produire de pareils conflits. Il faut, dès qu'on est en société, un certain conformisme, donc certaines pensées communes, certaines croyances, des dogmes communs, ne serait-ce que celui-ci, à savoir qu'il n'y a aucun dogme, qu'il y a des méthodes, des directions de pensées semblables, tel est le lien spirituel des sociétés de libres penseurs, et c'est aussi, en y joignant leur respect particulier pour la Bible, celui qui unit les protestants libéraux entre eux. Dès que ces derniers veulent se rencontrer avec les orthodoxes, ils ont grand'peine à trouver un terrain d'entente. En Allemagne, Georges Goyau nous a montré que le silence soigneusement gardé sur les points qui mettraient en évidence la dissolution des églises luthériennes et calvinistes n'empêche pas cette dissolution de se faire. Et en Angleterre, l'Église établie, pour conserver sa raison d'être et garder sa cohésion, se sent obligée de prendre tour à tour des mesures rigoureuses, et contre les ritualistes qui tendent à se rapprocher du catholicisme romain, et contre les exégètes trop libres qui paraissent compromettre l'autorité de la Bible. Ainsi, de tous les côtés, le social et le moral font voir leur opposition : dès lors que l'on laisse le moral libre, le lien social semble compromis, et dès que l'on veut sauvegarder le social, on parait devoir opprimer la libre moralité.

Nulle part plus et mieux que dans le catholicisme, le conflit ne se fait voir. Cette grande Église s'est toujours flattée, et de demeurer purement chrétienne, fidèle gardienne de tous les enseignements du Maître divin qu'elle affirme être son seul fondateur, par suite de garder l'esprit, d'être une religion de l'esprit ; et de maintenir entre tous ses fidèles un lien social sans lequel l'esprit même ne saurait être conservé. Aussi l'Église catholique est-elle un gouvernement social en même temps qu'elle maintient le principe intérieur de toute vie morale. De là ses organes gouvernementaux, le soin vigilant avec lequel elle observe les doctrines et les pratiques de ses fidèles pour les maintenir dans les droites voies. Ses conciles ont opéré entre les doctrines d'indispensables discernements. Ils ont formulé les anathèmes. Ses pontifes, ses congrégations réprouvent, condamnent, excluent tout ce qui pourrait altérer la vraie doctrine. Et les brebis dangereuses, les faux prophètes sont excommuniés, expulsés, les téméraires sont avertis, et les imprudents sont notés, et les perturbateurs sont signalés à l'animadversion.

Dans le renouvellement incessant des idées au sein du monde contemporain, dans cette poussière sans cesse montante et descendante d'opinions, d'idées philosophiques et morales, de découvertes scientifiques qui ont renouvelé presque de fond en comble tout le matériel de l'esprit humain, il était inévitable qu'il se rencontrât, au sein même du catholicisme, des philosophes, des moralistes, des exégètes, des savants qui, croyants sincères et à la fois désireux de se justifier leur foi à eux-mêmes, de la justifier devant leurs contemporains, ont aperçu les caducités inévitables de la soudure opérée jadis entre la religion et certaines idées scientifiques ou philosophiques. Ayant vu ou ayant cru voir en même temps la possibilité d'un mode nouveau de soudure, ils se sont cru le droit et le devoir même de le proposer. Ce qui n'a pas été sans grand trouble. Et de toutes parts, dans l'apologétique, dans l'exégèse, dans toutes les sciences religieuses ou mixtes, des systèmes à la fois engageants et hardis ont été professés. De divers côtés on fait appel, pour qu'elle les juge, à l'autorité de l'Église. Le social est invoqué pour qu'il impose ses lois au moral. Et l'on voit ou l'on croit voir ici se dresser entre l'Évangile et l'Église l'inévitable conflit.

Cependant et quoi que fasse l'Église, soit qu'elle se taise, soit qu'elle veuille parler, soit qu'elle approuve ou laisse passer par son silence, soit qu'elle condamne nommément et expressément, un véritable catholique n'aura pas de peine à rasséréner son âme et à ranimer sa foi, pourvu seulement qu'il pénètre jusqu'à l'idée même de l'Église et qu'il en aperçoive bien la fonction propre vis-à-vis de l'Évangile.

Tout l'effort du catholicisme a consisté à fournir à l'Évangile la matière sociale sans laquelle l'Évangile, faute de sujets, ne pourrait être appliqué et à organiser cette matière de telle façon qu'elle demeurât plastique et pût se modifier selon les progrès que feraient les individus sociaux dans la réalisation de l'Évangile. Quand l'esprit évangélique inspire et informe chacun des membres du corps social, l'institution légale du catholicisme a son minimum de règles, de prescriptions, de défenses: quand l'esprit évangélique baisse, les institutions légales prennent du corps et du poids, mais sont toujours prêtes à se simplifier dès que la croissance de l'esprit évangélique rendra leur multiplicité moins nécessaire. Il y a un gouvernement dans l'Église et il doit y en avoir un, mais il semble qu'on puisse dire que l'action gouvernementale augmente quand l'Évangile est en baisse, tandis qu'elle baisse au contraire quand augmente dans les fidèles la réalisation de l'Évangile. C'est cette sorte d'opposition entre les progrès de l'Évangile et ceux de l'autorité extérieure ecclésiastique qui, en frappant un grand nombre d'observateurs placés en dehors du catholicisme, leur a fait croire qu'il y avait entre l'Évangile et l'Église une sorte de contradiction ou même d'inimitié. Puisque l'exercice de la puissance ecclésiastique s'aggrave quand l'Évangile est moins pratiqué, tandis que lorsque l'Évangile est davantage écouté la puissance ecclésiastique s'exerce moins, il leur a paru s'ensuivre que c'est la puissance ecclésiastique qui opprime l'esprit de l'Évangile et s'oppose à son développement. Ils ont pris l'effet pour la cause. Car, c'est au contraire parce que l'esprit de l'Évangile a baissé que l'Église se voit obligée de resserrer par l'autorité le lien social, tandis qu'elle n'a pas besoin d'exercer son autorité quand, par le règne de l'Évangile, le lien social est assuré du dedans par la fraternité universelle des âmes. Tant que la soudure intérieure, les échanges continuels de la vie tiennent unis tous les membres, l'usage de l'appareil extérieur n'est pas nécessaire, il suffit qu'il subsiste pour qu'on en puisse user au besoin ; mais dès que des dislocations viennent à se produire, l'appareil extérieur doit aussitôt fonctionner, d'autant plus que les dislocations sont plus nombreuses et plus importantes. Loin donc de contredire l'Évangile, le gouvernement de l'Église est au contraire un moyen, et un moyen indispensable au service de l'Évangile.

Mais il n'en reste pas moins que bien que la réalisation de l'Évangile dans l'humanité exige une société et par suite un gouvernement social, ce gouvernement social, tel qu'il est, tel qu'il est nécessaire qu'il soit dans une société humaine composée d'êtres imparfaits, bornés et parfois méchants, ne peut pas tirer sa constitution des doctrines évangéliques. Qu'on essaie de déduire du Sermon sur la Montagne un code civil et surtout un code pénal, on n'y réussira pas. De ce point de vue l'Évangile non seulement distingue le moral du social, mais même il met le moral tellement à part, il l'affranchit et le libère à tel point qu'il semble rendre impossible toute société de fait entre les hommes tels qu'ils sont, tels qu'ils se comportent et se font voir. Il y a là une sorte de scandale que les philosophes, de Bayle à Herbert Spencer, en passant par tout le XVIIIe siècle, ont exagéré, en accusant l'Évangile d'être nettement antisocial. D'autres ont vu en Jésus un maître de l'anarchie, tantôt comme Tolstoï, pour le saluer comme un libérateur, tantôt comme Hobbes, pour détester en lui le semeur de toutes les dissolutions sociales. Les théologiens à leur tour se sont montrés assez hésitants : les protestants ont accentué l'individualisme ; les catholiques, guidés par la pensée directrice que je tâchais d'expliquer plus haut, n'en ont pas moins montré plus d'une fois leur embarras, en particulier devant les textes si précis qui interdisent toute résistance au mal. Il semble que l'Évangile se préoccupe à tel point du moral qu'il le mette en opposition avec le social.

Cependant tout le monde remarque aisément qu'il suffirait que l'Évangile fût universellement réalisé pour qu'aussitôt le moral, par la charité universelle, par la fraternité humaine sous la paternité divine, produisît et enfantât le social. De l'universel amour sortirait l'universelle harmonie, et de tous les cœurs vibrant ensemble monterait le chant concertant de toutes les vies. C'est cette pensée qui inspire un grand nombre de sociologues et ceux, en particulier, qui tiennent à ajouter à leur dénomination l'épithète de « chrétiens ». Il leur semble que, pourvu que l'on inspire aux hommes la charité fraternelle, tout le reste doit s'ensuivre. Et il s'ensuivrait, en effet, si tous répondaient à l'inspiration (mais il faudrait qu'ils y répondissent tous), que la paix régnerait enfin sur la terre, parce que tous les hommes auraient bonne volonté. Mais le problème social ne se pose pas ainsi. Il ne s'agit pas de trouver les institutions qui permettent de faire vivre pacifiquement ensemble tous les hommes en les supposant d'abord pleins de bonne volonté ; car alors les institutions sont inutiles, la paix et l'harmonie s'établissent d'elles-mêmes ; le problème social n'est pas résolu, il est supprimé. Les anarchistes ont bien raison : dans un monde où tous les hommes seraient bons, toute législation, tout gouvernement, seraient inutiles.

Le vrai problème social consiste à découvrir quelles sont les institutions, quelles sont les lois qui, en dépit même de la méchanceté de quelques hommes, ou même d'un très grand nombre, permettront à la société de vivre, de durer, et assureront ainsi à ceux des hommes qui ont la bonne volonté la possibilité de vivre, de manifester leur bonté, d'en répandre et d'en recueillir les fruits. Le problème social, supprimé dans l'hypothèse, que la réalité dément, de la bonté universelle et native des hommes, se pose dans l'hypothèse contraire, que l'expérience démontre être la seule vraie, dans toute son acuité. Et alors, il apparaît comme tout à fait distinct du problème moral. Distinct, et en quelque manière même opposé. Le moral ne se conçoit et n'est ordonné que pour réaliser la bonté. Le social, au contraire, doit tenir compte des éléments humains de méchanceté. Il doit donc constater des rapports, instituer des lois qui sont tout à fait distinctes des lois morales. Pour nous en rendre bien compte, il faut analyser en eux-mêmes tout à fait à fond le moral et le social, la notion de moralité, la notion de société. Nous nous rendrons, par après, mieux compte de la position que l'Évangile a prise dans la solution de ces problèmes, et le scandale apparent, que nous constations il n'y a qu'un instant, devra se résoudre et se dissiper.

CHAPITRE II

La distinction des genres

I

Nous avons une île intérieure. Il y a dans l'âme des lacs de lumière et des prairies de beauté, des cimes que l'on gravit et d'où pour planer s'élance le vol de l'esprit, des vallées fraîches où l'on se repose, des grottes obscures où l'on s'aperçoit à peine, des souterrains pleins de détours et de ténèbres où l'on se perd. Et une mer immense et sans rivages bat incessamment de ses flots cette île intérieure. Chaque vague qui vient apporte à notre terre quelques grains de sable et lui arrache en retour quelque parcelle qu'elle emporte au loin : le roc ou l'argile deviennent sable et s'en vont former d'autres terres, d'autres îles, parfois très proches et parfois lointaines, presque toujours ignorées et inconnues. Et ainsi nous sommes par le dedans, et nous sommes aussi par le dehors dont nous tirons à peu près tout ce que nous sommes, et à notre tour nous contribuons à faire que le dehors soit. Intermédiaire entre les autres et nous, quelque chose nous relie d'immensément puissant et d'infiniment supérieur, et le mystère de cette liaison demeure à jamais impénétrable. Les rayons de la pensée n'ont jamais traversé les feuillages épais des forêts de l'infini.

Cette île nous enferme-t-elle tout entiers, ou pouvons-nous en sortir ? Comment des êtres clos peuvent-ils communiquer ? Les corps ne le peuvent pas. Deux êtres s'étreignent et voudraient se pénétrer et se fondre l'un dans l'autre. Si étroitement qu'ils s'unissent, ils demeurent invinciblement séparés, enfermés chacun en soi. Pas un atome du corps de l'un ne devient le corps de l'autre ; ils n'arrivent même pas à se toucher. Toujours un espace, un vide s'étend qui sépare les corps qui paraissent s'embrasser. Un espace, un vide, donc une immensité à franchir, un infini à épuiser qu'on n'épuise pas. Et les baisers les plus étroits des amants, rigoureusement, les laissent aussi éloignés l'un de l'autre que s'ils étaient séparés par un méridien ou par la distance effroyable qui sépare Sirius de notre planète. Toutes les distances sont effroyables, car toutes sont infranchissables. Chacun de nous retombe sur soi et nul ne peut en sortir. Et telle est l'illusion et l'irrémédiable vanité de ce qu'il y a de plus puissant dans l'amour.

Mais du moins la sensation, mais du moins le sentiment, si les corps, même dans l'embrassement, restent séparés, peuvent-ils unir et fondre les âmes?... Hélas! ici encore il faut dire non. L'union, la fusion désirées avec une si puissante ardeur ne se réalisent pas. Car il n'y a sensation, il n'y a sentiment que dans et par la conscience, et chacun des deux amants n'a conscience que de soi. Malgré leurs élans et le désordre qui fait bondir en tumulte leurs pensées, ils ne peuvent sauter hors d'eux-mêmes, la conscience de chacun d'eux s'arrête aux limites de son moi. Ce qu'il a ou ce qu'il possède de l'autre n'est que ce qu'il sent, que ce qu'il éprouve en lui-même, en sorte que dans un rêve ou bien dans une hallucination il éprouverait, avec la même exaltation, exactement les mêmes sensations et des sentiments tout à fait les mêmes. Et lorsque, les sens en repos, il se prend à réfléchir, à la vue du beau front posé près de son visage, des yeux que la lassitude clôt, comme il sent douloureusement l'inviolabilité de cette conscience qui tout à l'heure paraissait mêlée à la sienne, qui ne l'était pas, qui ne pouvait pas l'être, qui demeurait obstinément étrangère! L'invincible sentiment du lointain et de l'étranger nous impose son horreur. Notre âme se heurte aux impénétrables barrières qui nous dérobent l'âme fraternelle, l'âme aimée, l'âme qui nous est plus chère que nous-mêmes, et qui nous demeure close, si étrangement lointaine. Ou, si nous la pénétrons, si l'émoi merveilleux qui nous a saisi et qui nous enchante encore mérite le nom d'amour, faisant des deux âmes une seule âme et des deux cœurs un seul cœur, cette âme nouvelle, ce cœur composé n'ont plus de conscience où ils puissent se refléter. Nous sentons et nous ne pouvons douter que, par-delà les limites étroites de notre conscience et de notre moi, cette conscience et ce moi lui-même se prolongent en des continuités mystérieuses d'où ils tirent ces tressaillements, cette force, cette ivresse qu'ils sentent en eux et qu'ils savent bien qu'ils ne peuvent se donner ; — et sans doute, c'est dans cet au-delà et dans cet ailleurs, dans ce mystère confus, que s'accomplit la fusion et que se trouve la réalité profonde de l'amour, — mais il n'en reste pas moins que nous ne pouvons aborder aux rivages de cette terre d'amour qu'à la condition de nous oublier d'abord et de nous perdre nous-mêmes. C'est en vertu d'un symbolisme profond que l'amour recherche le silence, la solitude, l'ombre et la nuit. Et le sommeil même qui suit les exaltations n'est peut-être pas seulement une conséquence de la lassitude des corps, pourquoi ne serait-il pas aussi bien la suite de la communion des âmes hors des limites de la conscience et des deux moi séparés ?

II

Ainsi, la vie véritable de l'amour n'est pas à proprement parler intérieure. L'amour est un des flots de la mer qui baigne notre île. A moins peut-être qu'il ne soit cette mer même. Mais notre intérieur propre ne va pas plus loin que notre conscience, il s'arrête aux limites de notre moi. Il est donc nos pensées, nos idées, nos sentiments, nos sensations, nos volitions, et c'est certainement dans cette vie intérieure que se trouve notre vie morale. Mais rien de ce qui, même dans notre intérieur, ne nous appartient pas tout entier, n'a pas en nous et en nous seul ses racines, ne mérite d'être appelé proprement moral. Une pensée, une sensation, un sentiment, ne sont en eux-mêmes ni moraux ni immoraux ; ils sont et sont ce qu'ils sont, vrais ou faux, agréables ou douloureux, normaux ou anormaux, droits ou pervertis, mais pour autant que spontanément ils sont éclos ou qu'ils ont fleuri, et tant qu'ils n'entrent point sous la dépendance directe de la volonté, ils demeurent extérieurs à la moralité, indifférents à toute qualification morale, véritablement amoraux. Ce n'est qu'au moment où la volonté intervient pour adopter ou répudier les divers événements intérieurs, pour les incorporer à la trame de la vie ou bien pour les bannir et pour les exorciser, que tous ces événements deviennent proprement moraux. Une image qui passe à travers l'esprit comme l'ombre d'un nuage passe sur les eaux, une pensée qui se définit et se précise, que l'intelligence conçoit, mais sur la vérité, sur la bonté de laquelle elle ne se prononce pas, un sentiment même qui fait tressaillir les fibres profondes du cœur si la volonté lui résiste, si elle ne l'approuve pas ou refuse de le faire sien, ou plus simplement même si ce sentiment nous envahit sans que nous songions ni à y consentir, ni à lui résister, tous ces événements qui entrent dans l'histoire de la conscience psychologique et qui même en font la trame demeurent en dehors de la conscience morale, et y restent durant tout le temps que se prolonge cet état d'engourdissement, ou d'apathie, ou de sommeil de la volonté. Et on voit par là que la vie intérieure s'étend bien plus loin que la vie proprement morale. La vie morale se restreint à tout ce qui dans la vie intérieure dépend de la volonté, ou plutôt aux actes propres de la volonté, à laquelle les événements de la vie intérieure ne fournissent qu'une matière et un point d'application. La vie morale, c'est la vie de la volonté. Le moral n'est autre que le volontaire.

Et il faut encore, pour que le volontaire mérite une qualification morale, qu'il soit vraiment et originalement volontaire, c'est-à-dire qu'il soit libre. En dehors du libre arbitre, la volonté, en effet, n'est qu'une illusion, l'illusion de la pierre qui, désirant de tomber, au moment où elle tombe s'imaginerait que c'est son désir qui est cause de sa chute, l'illusion de la girouette qui, désirant aller vers le nord, s'imaginerait que c'est elle qui se fait tourner, tandis que c'est le vent qui la tourne. Les actes et les décisions de la volonté seraient alors de simples résultats des événements antérieurs : sensations, images, conceptions, jugements ou sentiments, des produits que l'analyse pourrait résoudre entièrement en leurs facteurs, et par conséquent ces actes et ces décisions, ne présentant aucune espèce d'originalité, pouvant même se ramener à des conditions extérieures et antérieures à notre vie, ne mériteraient aucune spéciale et propre qualification. Car s'il n'y a pas en nous quelque chose d'indépendant, il n'y a rien non plus de proprement nôtre : tout notre être nous vient de nos parents en remontant jusqu'aux plus lointains aïeux, puis du milieu où nous sommes nés, où nous avons vécu, où nous puisons notre nourriture et l'air que nous respirons, dont nos sensations nous font sentir tous les contre-coups. Et ainsi, ce par quoi nous sentons nous viendrait tout entier du dehors, et nos sensations en viendraient également, nos sensations, d'où procéderaient tous nos sentiments, toutes nos pensées, tous nos désirs et toutes nos décisions. Aucun de nos événements ne serait donc proprement à nous. Néanmoins, ils appartiendraient toujours à la vie intérieure, ils entreraient dans l'histoire de l'âme, mais ils ne constitueraient plus la vie morale, ils ne seraient pas l'histoire d'une conscience qui se juge et se condamne ou s'approuve. Si, selon la formule de Taine, le vice et la vertu sont des produits comme le vitriol et le sucre, on peut encore distinguer le bienfaisant et le malfaisant, parce que l'on peut distinguer le nuisible de l'utile grâce à la douleur que produit le premier et qui est évidemment différente du plaisir qui résulte du second ; mais les mots vice et vertu n'ont pas d'autre signification, cette signification proprement morale qui fait qu'on regarde la vertu et le vice comme des puissances qui appartiennent en propre aux êtres où elles se manifestent, si bien que ces êtres ne sont pas tant vertueux ou vicieux parce qu'ils le sont que parce qu'ils se font tels. Les philosophes l'ont plus d'une fois remarqué et démontré : en dehors du libre arbitre, il y a une sphère du bien et du mal, du nuisible et de l'utile, mais il n'y a plus, à proprement parler, de domaine moral (1).

Pour que le moral existe, il faut donc qu'il y ait dans l'être humain une force, quelle qu'elle soit et de quelque façon qu'elle agisse, qui fait, selon le mot d'Aristote, que nous sommes les pères de nos actions ainsi que nous le sommes de nos enfants ; une force qui ne peut s'expliquer par aucun concours de forces, qui est un facteur sans être un produit, qui appartient à notre individualité propre et constitue notre personne, qui dépend de nous sans dépendre de rien autre et nous constitue ainsi dans le monde comme indépendants en quelque chose. Il y a en nous, comme disaient les Grecs, quelque chose qui dépend de nous, τὸ ἐφ' ἡμῖν, et qui ne dépend de rien d'autre. Si inexplicable que cela

1. Voir sur ce sujet notre *Essai sur le libre arbitre*, IIe part., l. II, c. III, p. 501, deuxième édition, in-8°, ALCAN.

soit, ou même si scandaleux que cela puisse paraître à notre raison théorique asservie aux disciplines et aux habitudes scientifiques, c'est un besoin au contraire de notre conscience, de notre raison morale, que de regarder l'action humaine comme appartenant en propre à son auteur. A côté de la science, la morale ne revendique pas moins hautement son droit propre à l'existence, à une existence originale, et si l'on supprime la liberté, ce pouvoir originel de l'être humain sur lui-même et sur ses actions, il faut donner à toutes les idées morales des sens tout à fait différents de ceux qu'on leur a toujours reconnus. Tous les sens que l'on donne aux actions morales deviennent des sens sociaux et non pas des sens véritablement moraux. Le social absorbe alors le moral, car on appelle bon et vertueux l'homme qui, comme le sucre ou un terre-neuve, est une source de bien pour les autres hommes, et l'on nomme méchant ou vicieux l'homme qui, comme le vitriol, ou un chien enragé, ou une vipère, est une cause de mal pour les autres hommes. Pour quiconque n'admet pas le libre arbitre, pour tout déterminisme la vertu c'est la bienfaisance, le vice c'est la malfaisance, et comme bienfaisance et malfaisance ne se comprennent que par rapport aux êtres qui jouissent du bienfait ou qui souffrent du méfait, et que la société est précisément la réunion de ces êtres, il s'ensuit à la rigueur que le moral n'existe que dans et par le social.

Le moral, pour exister, pour avoir une sphère propre, une originalité irréductible, exige donc l'indépendance, la liberté morale de l'homme. Ainsi lié à cette indépendance et à cette liberté, le moral ne saurait avoir un domaine plus étendu. Il est ce qui est libre, il n'est rien au delà de ce qui est libre ou de ce qui dépend de la liberté et précisément en ce en quoi cela en dépend. Or, les psychologues font voir aisément que la seule chose qui puisse dépendre de nous c'est le jugement, la décision pratique par laquelle, préférant telle suite de nos actes à telle autre suite, telle conséquence à telle autre conséquence, donc telle fin à telle autre fin, nous préférons par là même aux autres actions concurrentes l'action qui seule peut amener cette suite, produire cette conséquence, réaliser cette fin. Et, par exemple, nous nous demandons si nous allons entreprendre un voyage ou rester à la maison, il semble que nous délibérions sur le voyage ou sur son contraire, en réalité nous considérons les agréments, l'utilité, les inconvénients, les fatigues, les dépenses du voyage, nous nous représentons parallèlement les avantages qu'il y a à rester tranquille en même temps que les inconvénients et l'ennui de demeurer sédentaire. Mais ces avantages et ces inconvénients, avantages et inconvénients du voyage, avantages et inconvénients de l'habitation sédentaire, qu'est-ce autre chose que les conséquences des deux actions? Quand nous nous décidons, quand nous préférons, c'est pour les conséquences que nous nous décidons, pour leurs avantages et contre leurs inconvénients, ce sont les conséquences que nous choisissons et préférons. Le libre choix ne consiste donc qu'à choisir entre des fins. Mais poser des fins, c'est constituer des buts vers lesquels on tend, c'est avoir des intentions ou une intention. L'intention, voilà l'acte propre de la liberté. D'où il suit que le moral n'est autre chose que l'intentionnel. Rien n'est moral que ce qui est librement et intentionnellement voulu ou qui est une suite, une dépendance de cette volition intentionnelle. Et la valeur de l'intention fait la valeur morale de l'acte et de toutes ses dépendances. L'action se colore des nuances morales de la libre décision qui a posé l'intention.

III

C'est ainsi que le moral, à mesure que l'on analyse les divers éléments de la vie intérieure, se retire vers le centre le plus profond de cette vie, et ne se trouve enfin que dans ce sanctuaire à la fois très positif et très mystérieux où réside le point résistant de notre individualité, de notre personnalité, ce qui nous constitue être original et distinct de tous les autres, qui fait, en un mot, que chacun de nous est soi. Ce qui est moral en nous, c'est en même temps ce qu'il y a de plus personnel, de plus clair à la fois et de plus mystérieux, de plus compréhensif et de plus profond.

Cette moralité de notre être consiste dans la direction que nous lui donnons, et cette direction est à la fois un élément et un résultat, un facteur et un produit. Dès que notre réflexion s'éveille, nous sentons que par-delà les conséquences immédiates de nos actions, il est d'autres conséquences aussi importantes quoique plus lointaines, qui nous touchent de moins près, mais qui cependant nous intéressent, soit que ces conséquences s'arrêtent à nous, soit qu'elles puissent intéresser d'autres êtres dont la pensée s'impose à nous, et nous faisons entrer dans nos délibérations la considération de ces conséquences. L'obligation d'en tenir compte se présente à nous sous diverses formes : commandements de Dieu, loi morale, vague conscience de quelque chose de supérieur à nous-mêmes et à quoi nous devons nous conformer. Et après chaque décision, selon que nous nous sommes cherchés nous-mêmes ou qu'au contraire nous avons cherché ce qui nous paraissait valoir plus que nous, nous nous sentons avoir acquis ou avoir perdu de la valeur. Nous valons plus quand nous nous sommes renoncés pour quelque chose de supérieur; nous valons moins quand nous avons sacrifié à nous ce qui valait plus que nous. L'acte de vertu qui paraissait être une perte fut un gain, et le gain apparent se tourne en perte réelle. Chaque action nouvelle, selon qu'elle est ou non vertueuse, nous élève ou nous rabaisse, nous élargit ou nous rétrécit, nous agrandit ou nous diminue, nous enrichit ou nous appauvrit, nous enrichit et nous fait marcher vers la vie, nous appauvrit et nous fait rétrograder vers la mort. Peu à peu, de ces actions répétées, naissent des habitudes, le commandement isolé auquel nous obéissions ou bien le désir contraire auquel nous cédions sont devenus des maximes d'action, ces maximes se sont incorporées à notre vie ; à force de nous y soumettre, de décider selon elles, elles sont devenues nôtres, elles sont devenues nous. L'homme de devoir ou bien l'homme de désirs est constitué. Et constitué aussi par là même le moral dans l'homme. Auparavant, le moral était fragmentaire et superficiel à la fois, ne s'appliquant qu'à des actes isolés ; maintenant, il est et continu et profond. Le fond de l'être est moralement organisé, et tout ce qui se produit reflète les nuances de cette organisation. Et, de même que notre personnalité se mêle à tous nos événements intérieurs, qu'aucun de nous n'a en face des mêmes objets ni les mêmes sensations, ni les mêmes sentiments, ni les mêmes désirs, ni des conceptions et des jugements tout à fait pareils, de même, aucun de nos événements intérieurs ne se passe sans qu'il soit nuancé des colorations de notre moralité. L'homme de devoir ne sent, ni ne pense, ni ne raisonne comme l'homme de désirs. Et, seul, l'homme de devoir peut mettre dans sa vie de la cohésion, de la cohérence et de l'harmonie. L'homme de désirs, sans cesse agité par les vents contraires, flottant d'un bout vers l'autre, au hasard des rencontres et des impulsions, ne peut manifester aucune constance, sauf celle même de l'inconstance; il est pour lui-même, tout autant que pour les autres, un spectacle déconcertant ; il aurait beau se chercher qu'il ne se trouverait pas, mais il ne songe même pas à se chercher ; il est dissipé, évaporé, perdu à travers le mirage des sensations ou des choses. L'homme de devoir, après s'être soumis aux lois supérieures qui sont devenues comme les clefs de voûte de son être, reconnaît dans ces lois sa propre loi, la maxime grâce à laquelle seule il peut se développer et marcher dans la voie royale de la vie. Il sent qu'il ne doit céder aux choses extérieures que dans la mesure où cette concession est indispensable, qu'il doit bien plutôt conformer les choses à soi que se conformer aux choses, tirer d'elles un aliment pour sa vie plutôt que de leur sacrifier sa vie.

Car le devoir, le grand devoir, le seul devoir, c'est de vivre, de vivre de la vie la plus pleine, la plus riche, la plus entière. La vie s'exerce par la domination de l'esprit. L'esprit est fou et superbement orgueilleux et n'a donc plus de raison et n'est, par conséquent, plus l'esprit quand il s'énerve en de vaines et irréalisables ambitions, mais il triomphe au contraire et manifeste toute sa puissance spirituelle, toute l'universalité et la fécondité de ses énergies quand, par de grands desseins ou un grand amour, il arrive à dominer le monde, à lui imposer ses lois. Si l'ambition d'Icare le perdit, celle de Montgolfier a assuré sa gloire, et quel destin peut être plus beau que celui d'un Socrate conquérant la Grèce à l'idée de moralité, d'un Pascal ruinant pour jamais le laxisme casuistique, d'un Wagner imposant au monde les formes d'art rêvées par son génie, d'une Antigone mourant pour avoir obéi à son amour fraternel, d'une Éponine vivant durant sept années de la vie souterraine de son époux, et, après, partageant son supplice comme elle avait partagé sa captivité, d'un P. Damien s'enfermant avec les lépreux pour les soulager et mourir, près d'eux, d'une mort lente et affreuse!... Se heurter au monde, dominer le monde, dût-on en mourir, pour faire triompher l'idée du génie ou pour affirmer la puissance de l'amour, c'est la moralité la plus haute, c'est la plus noble et c'est la plus riche des expansions de la vie. Et c'en est aussi l'harmonie intérieure la plus complète. Car, pour qu'une idée s'impose et triomphe, pour qu'un amour s'affirme invincible et s'impose à l'admiration et au respect même des hommes, sinon des contemporains, tout au moins des successeurs, il faut que l'idée et que l'amour aient en eux-mêmes leurs raisons d'être et qu'ils puissent se justifier. Rien ne vit que ce qui mérite de vivre, et rien n'est durable que ce qui se justifie. A la longue, toute déraison, toute injustice — car qu'est-ce que l'injustice, sinon une déraison? — produisent des fruits de mort. Et ce que unanimement l'humanité admire ne peut pas ne pas mériter l'admiration. Alors même que, de bouche et de plume, quelques moralistes condamneraient certains actes, si ces actes sont universellement admirés, prônés, vantés et chantés, si les moralistes eux-mêmes qui les condamnent ne peuvent s'empêcher de les admirer avec tous les autres, de rendre hommage à leur beauté, de vanter les vers qui les chantent ou les œuvres d'art qui tirent toute leur valeur de ce qu'elles expriment éloquemment ces actes mêmes, c'est que la morale de ces moralistes est courte par quelque endroit.

IV

Le moral n'est ainsi qu'un des facteurs de nos actes, et ce facteur demeure enveloppé au plus profond de nous-mêmes. Il n'agit pas, comme il semble, par secousses brusques qui n'auraient les unes avec les autres nulle liaison, par coups de tête ou par coups d'État, son action est continue et peu à peu nous modèle à son image. Une vie morale ne tire pas son sens ou sa valeur d'un seul acte ou même d'une série d'actes isolée des autres séries; un acte isolé ne signifie rien pas plus qu'un mot, une lettre ou une syllabe isolées. Seule la phrase entière présente un sens, et encore, bien souvent, pour être vraiment comprise, elle a besoin d'être replacée au milieu de son contexte. Il en est de même de notre vie. Ce n'est que considérée d'ensemble qu'elle offre son sens plénier. Qui n'en voit qu'un fragment ou une partie ne peut l'apprécier, qui n'en connaît que les événements extérieurs ne peut dire quelle est sa valeur. Intérieure, la vie morale est aussi bien intégrale. On ne peut juger d'une vie que lorsqu'elle est achevée. La mort, en scellant nos lèvres, scelle aussi le sens de notre existence. Ce n'est que du point de vue de la tombe que l'on peut apercevoir ce que fut l'orientation de la vie entière, comme ce n'est que du haut des sommets atteints que l'on peut juger des directions de la route.

Et c'est pour cela que la sagesse antique faisait de la constance l'attribut par excellence de la vie morale, c'est aussi pour cela que l'intégrité avec tous ses synonymes, la sincérité, la pureté, est l'attribut et comme la définition même de la vertu. L'homme intègre est celui dont rien d'extérieur ne vient altérer l'essence, qui se développe selon sa loi sans souci des biens de fortune, des pressions extérieures, qui triomphe aussi bien des séductions que des résistances, et qui donc parle sa vie telle qu'il la vit, avec la sincérité d'un cœur franc. Et sans doute il s'accommode aux infirmités de ses semblables : s'il résiste à leurs violences, il ploie sa force à la mesure de leurs faiblesses et, soit par ses paroles soit par ses actions, il leur évite tout le mal qu'il peut. Mais en cela même il suit la loi de sa vie et donc il ne cesse pas d'être intègre ni d'être sincère. Et c'est ainsi qu'il est pur, car le dehors n'entre pas en lui pour l'altérer ou pour le changer, il emprunte au dehors des munitions, des aliments, des objets pour son action, mais il transforme en soi toute la substance des choses et ne s'annihile pas pour elles, ne s'évapore pas en elles et ne se dissipe pas. Il est juste, car il suit la loi, la loi profonde, intérieure, qui le fait être et sans laquelle il ne serait pas. Tout en dominant chacun des événements de sa vie, cette loi est lui-même, et en lui obéissant il ne fait que s'obéir, réalisant ainsi, en même temps que l'obéissance à quelque chose de supérieur sans laquelle les anciens pensaient avec raison qu'il n'y a pas d'acte moral, cette autonomie parfaite hors de laquelle les modernes estiment avec non moins de raison qu'il ne saurait y avoir de moralité.

Ainsi en chacun de nous il y a de bonnes et de mauvaises intentions, nos bonnes intentions sont celles qui conspirent avec la loi foncière de notre être, nos mauvaises intentions sont celles qui contrarient cette loi. Et cela s'accorde bien avec ce que disent tous les moralistes qui définissent la bonté de l'intention par la volonté du bien; mais, tandis que d'ordinaire les moralistes définissent le bien d'un point de vue plutôt social que moral, par la conformité de la volonté à une règle plus ou moins extérieure à l'être qui veut, et à peu près exclusivement par une obéissance et par une soumission à quelque être ou à quelque loi qui ne seraient pas nous-même et avec lesquels donc nous aurions des relations toutes semblables à celles que nous entretenons avec les autorités sociales, il semble au contraire qu'il convienne de définir le bien en fonction de l'être moral lui-même. Est bon tout être qui vit selon sa loi : est mauvais tout être qui contrevient à sa loi. Est bonne toute intention concordante avec la loi de l'être même qui pose cette intention; est mauvaise toute intention contraire à la loi. Et dans cette façon de poser le problème moral comme dans toutes les autres, il y a des retranchements à opérer, des tendances à refréner, des désirs à modérer ou même à détruire, des mortifications à s'imposer, des croix à porter.

L'auteur de l'*Imitation* a raison : la croix est partout. « Dispose et ordonne tout selon tes vues et tes désirs et tu ne trouveras rien sinon que tu dois toujours, bon gré mal gré, avoir quelque chose à souffrir ; et ainsi c'est toujours la croix que tu trouveras (1) . » Mais nous aurons du moins une base sur laquelle tous pourront se rencontrer, une doctrine sur laquelle tous pourront s'accorder, le libre penseur aussi bien que le chrétien. Car le chrétien professe que le devoir consiste à obéir à Dieu et que chacun de nous n'est jamais plus purement soi, n'a jamais une vie plus intense et plus

1. *Imitation*, l. II, c. XII, 3.

riche que par cette obéissance : les lois de l'intensité, de la richesse de la vie, la loi profonde de la vie, sont donc les lois mêmes de l'obéissance à Dieu. Or, de son côté, à moins qu'il n'admette de morale d'aucune sorte et qu'il supprime toute morale, sous le prétexte de rechercher une morale scientifique, le libre penseur est bien obligé de reconnaître que la morale consiste pour chacun de nous à suivre sa propre loi. Si le libre penseur ne croit pas en Dieu, il peut craindre que cette individualisation de la morale, que cette souveraineté accordée à la maxime de vie de chaque individu moral, ne détruise le lien social et ne fournisse un principe au plus dangereux des anarchismes ; mais lui qui n'admet pas l'autorité et la maîtrise de Dieu, la souveraineté divine s'exerçant sur des consciences morales, comment pourrait-il admettre l'autorité ou la maîtrise des hommes, la souveraineté de la loi sociale? Ici encore il faut ou absorber le moral dans le social, ou, si on veut conserver au moral son domaine propre, il faut, quand on renonce à Dieu, placer le moral dans l'observation par l'individu de sa propre loi, dans la constitution volontaire de la personnalité sous la loi. Le chrétien ne risque pas d'être arrêté par de telles craintes, car pour lui le Dieu, père universel, n'a pas créé les individus humains isolés, il les a créés sociaux et dès lors il a mis en chacun d'eux des éléments qui, tout en étant individuels, puisque l'individu les découvre en lui, n'en demeurent pas moins sociaux, marquant les relations par où les individus se découvrent faibles, insuffisants, incomplets, et cherchent en d'autres êtres des soutiens à leur faiblesse et à leur imperfection des achèvements. Ainsi Dieu même, aux yeux du chrétien, se trouve impliqué en nous de quelque façon, et par Dieu les autres hommes et toutes les lois sociales. Mais il faut partir de nous pour aller à Dieu, et de l'intérieur pour aller au supérieur : *per interiora ad superiora.*

V

Le premier travail de l'homme moral doit donc être de se chercher et de se découvrir lui-même. Nous ne nous connaissons pas. Faibles, nous nous croyons forts et, puissants parfois en quelque chose, nous ignorons notre force et la valeur de nos énergies. Surtout nous estimons à haut prix tout ce qui nous manque et nous dédaignons ce que nous avons. Au lieu de développer nos richesses propres et foncières, ce qui nous serait à la fois et facile et fructueux, nous allons bien loin cultiver des terres qui ne nous appartiennent pas. Avant tout, il importe donc de se connaître, de savoir qui on est et ce qu'on est, de découvrir la nature de son propre génie moral et, au lieu de se livrer à la tâche impossible et décevante de contredire et de contrarier sa nature, il faut s'y conformer au contraire afin d'arriver à la rectifier et, s'il le faut, à la justifier. Habitudes, préjugés, routines, vraies ou fausses appréciations doivent être éloignés et éliminés. Et comme l'on doit vivre en soi, tout de même chacun doit penser par soi.

Chacun de nous est créé tout comme un monde. Selon le mot des Psaumes : Dieu a fait en particulier tous les cœurs des hommes (1). Une loi intérieure et propre à chacun de nous organise notre être individuel. C'est cette loi qu'il faut découvrir. A l'ignorer nous risquons, voulant nous modeler sur les autres, de nous déformer et de nous vicier. Pour être bon, il ne faut pas être banal ou commun, il est indispensable d'être soi. Ce qui en nous est ennemi et perturbateur, c'est ce qui est vulgaire et commun à tous, aux bêtes aussi bien qu'aux hommes : ce qui en chacun est d'essence unique est don natif, grâce foncière, principe d'ordre caché et d'harmonie intérieure. Que chacun travaille donc à aller à la rencontre de lui-même, à découvrir son propre génie. Si nous sentons bouillonner les forces vives de l'être et les flammes monter ardentes, saluons avec respect ces ascensions de la vie et, loin de chercher à les éteindre, ravivons-les au contraire en leur fournissant des objets dignes d'alimenter leur ardeur sans altérer leur qualité pure. Et si nous sentons notre volonté s'agripper à ses projets comme par des prises à

1. *Finxit* SIGILLATIM *corda eorum*, Ps. XXXII, 15.

la fois tenaces et lentes, ne nous efforçons pas de briser le ressort de ces belles obstinations, appliquons seulement notre prudence, exerçons notre critique sur les projets que nous formons. Il faut que tout se colore des nuances de notre être, que tout ce que nous disons devienne notre parole, que tout ce que nous faisons soit notre action, que tout ce que nous aimons constitue nos vraies amours. Notre intelligence, par quoi nous communiquons avec l'être des autres comme avec le nôtre, doit nous renseigner sur ce qui, distinct de nous, peut nous enrichir ou être enrichi par nous : notre critique doit s'exercer afin que nous ne nous égarions pas à la recherche du chimérique ou de l'irréel, pour que nous ne risquions pas, croyant donner un aliment à notre vie, d'introduire en elle quelque poison : suc de plante, venin de vipère ou corruption d'homme. C'est ainsi que nous serons purs, car la pureté essentielle consiste sans doute, pour chacun de nous, à vivre selon sa loi. Et restés intacts, nous serons intègres ; n'exprimant par nos paroles et par nos gestes que notre pureté intérieure, nous serons sincères. Par là même, notre vie, tout imprégnée d'harmonie profonde, tout illuminée des rayons qui la feront exemplaire, se couronnera de noblesse et se fleurira de beauté.

Qu'est-ce donc enfin qui fait le fond de toute notre vie morale ? C'est, d'une part, le principe intérieur de notre être individuel, la loi qui nous fait être et nous constitue, notre âme, pour parler comme autrefois, et, d'autre part, notre libre arbitre, notre manière indépendante de réaliser notre personne sous la loi. Cette loi qui met en rapport tous les moments et toutes les parties de notre être ne saurait se confondre avec aucun de ces moments, avec aucune de ces parties, elle leur est donc antérieure et supérieure et, par suite, elle est d'un ordre spirituel, différent de l'ordre de la quantité et de la matière. De son côté, ce qui est l'origine première de toute moralité, ce qui dépend proprement de nous, racine profonde de nos actes les plus personnels, les plus nôtres, et qui, dans le château-fort intérieur de nous-mêmes, délimite et précise de façon plus expresse encore l'enceinte du donjon moral, ce qu'on appelle le libre arbitre ou la liberté, n'est et ne peut être que dans l'ordre de l'esprit. Le moral est spirituel, il appartient à l'ordre de la qualité, il n'entre point dans la quantité, il ne s'exprime ni en nombres ni en volumes. Il est l'invisible et l'impondérable. Principe de force, aucune mesure mécanique ne parvient à l'exprimer. Si la moralité existe, elle n'existe que dans l'âme et par la liberté, c'est-à-dire dans l'esprit et par l'esprit.

Voilà ce qu'est le moral, c'est le spirituel et c'est aussi l'individuel pur, à tel point que toute morale, si elle n'est pas l'égoïsme, est du moins réductible à un égotisme supérieur. Être bon, se faire bon, se faire le meilleur possible, c'est bien là toute la morale. « Se » faire, soi, soi-même, d'après ses propres lumières, d'après sa propre conscience. Et être sûr qu'alors même qu'en fait on se tromperait, on ne se trompe pas, moralement on ne pèche pas si on fait ce que l'on juge sans hésitation être bon.

VI

Et cependant en face de cet individualisme où semble nous enfermer la pure notion du moral, il est incontestable que le social existe et même que le moral ne serait pas achevé, que la morale ne serait pas satisfaite si le moi se contentait de se cultiver lui-même sans avoir soin de se socialiser. C'est que, dans sa propre loi, le moi découvre le lien qui l'unit aux autres, il a beau constater douloureusement son impuissance à les pénétrer, comme nous le disions au début, à se les assimiler ou à s'assimiler à eux, il ne peut cependant agir comme s'ils n'existaient pas. Leur existence, leur vie s'impose à sa pensée, au respect de son âme, à la conduite de toute son activité. Aucun de nous n'est isolé. L'homme n'est pas solitaire. Il ne peut naitre seul, il ne peut vivre seul; tout seul, il ne pourrait que mourir. Il n'y a pas à reprendre une démonstration cent fois faite. On nous a, durant ces dernières années, assez parlé de la solidarité pour que nous sachions bien que les actions des autres ont un retentissement sur nous et que chacune de nos actions a un retentissement sur les autres.

Mais quelle est l'essentielle nature de ces relations et combien elle est indépendante de la valeur et même de la nature morale des actions qui les établissent, c'est ce que peut-être on a moins essayé d'analyser. Si on vient à cet essai, on s'aperçoit aussitôt que ce qui constitue les actes sociaux est tout à fait différent de ce qui donne à nos actions leur caractère proprement moral.

Dès que deux êtres humains sont en présence et agissent l'un sur l'autre, ils agissent socialement. Un enfant tette sa mère ou deux amants se témoignent leur amour, ou bien un orateur, un poète, un musicien, font vibrer les cœurs d'autres hommes à l'unisson de leur propre cœur; imaginez, si vous le pouvez, d'autres relations sociales encore plus intellectuelles, plus uniquement destinées à établir des communications entre les esprits, et vous verrez cependant qu'aucune relation sociale ne peut s'établir que par le moyen des corps, que par le moyen des sens. Sans l'application des lèvres de l'enfant sur le sein, l'enfant ne tetterait pas ; si les amants demeuraient invisibles l'un à l'autre, sans proférer aucun son ni faire aucun geste, ils ne percevraient pas les témoignages de leur amour ; si l'orateur, le poète, le musicien n'exécutaient pas les mouvements nécessaires pour se faire entendre, si les tympans de leurs auditeurs n'étaient pas mis en vibration, l'éloquence, la poésie, la musique seraient vaines et resteraient intérieures, sans action sur le dehors. Donc toute relation sociale est d'abord d'ordre corporel et mécanique. Et même, elle semble n'être que cela. Car, étant donné l'état intérieur de la mère et de l'enfant, de chacun des deux amants, de chacun des auditeurs de l'orateur, du poète ou du musicien, la modification que ces divers états intérieurs recevront de l'extérieur sera exactement proportionnée à l'impression physique reçue par le corps ou par les sens. Or, cette impression physique se ramène, en dernière analyse, à un ébranlement des surfaces corporelles, et cet ébranlement est purement d'ordre mécanique. Un baiser n'est qu'une suite ordonnée de mouvements, tout comme la course d'une bille de billard et la musique la plus raffinée se réduit à une suite de secousses plus ou moins rapides et fortes, transmises par les vibrations de l'air aux membranes et aux osselets de l'oreille et par eux au nerf acoustique. Toutes les relations sociales ont ainsi pour conditions essentielles des rapports mécaniques corporels. Ce sont les corps qui communiquent entre eux — de quelle façon mystérieuse, puisqu'ils ne se touchent pas ? — et si, par après, les esprits s'entendent, ce n'est que par le moyen des corps, et ils ne le font que par des voies mystérieuses qui échappent à l'analyse puisqu'elles ne peuvent qu'échapper à la conscience. Tout ce qu'il y a de spirituel dans les relations sociales vient donc de l'action d'un extérieur tout mécanique sur un intérieur existant par avance et constitué. Il est vrai que l'expérience fait voir que les actions extérieures modifient les sentiments et surtout en accroissent l'intensité. Une émotion que j'éprouve s'accroît en moi par l'expression chez autrui d'une émotion identique. L'amour des amants s'exalte par la communication. Dans une foule, les émotions communes s'additionnent et s'exaspèrent, chaque expression nouvelle du sentiment éprouvé par un individu renforce ce sentiment individuel, tandis que les autres sentiments qui pouvaient faire le contrepoids restent stationnaires, ainsi le sentiment commun devient de plus en plus fort, l'équilibre intérieur n'existe plus dans les consciences individuelles, les âmes séparées sont annihilées au profit d'une âme commune qui inspire, ébranle toute la masse, la fait crier et la fait agir, la pousse aux plus héroïques ou aux plus criminels délires. C'est ce dont les représentations théâtrales, les batailles, les journées révolutionnaires, ont montré grand nombre d'exemples. On pourra donc dire que ce ne sont plus ici des relations purement corporelles et mécaniques, une masse se forme des atomes auparavant séparés et l'union s'opère par l'intérieur, à l'aide de l'émotion ou du sentiment commun, mais il faudra bien cependant reconnaître que les lois selon lesquelles s'unifie et se renforce le sentiment sont des lois très simples et tout à fait analogues à celles qui régissent les agglomérations corporelles. Les masses sociales, les ensembles sociaux spontanément formés ne sont pas identiques aux masses matérielles, elles sont cependant tout à fait semblables et régies par un déterminisme de même nature.

Il est donc permis de conclure que l'impression sociale est fonction à la fois de l'intérieur et de l'extérieur, mais ce qui est proprement social vient de l'extérieur et est, sinon exclusivement d'ordre mécanique, du moins d'ordre psychologique très simple et presque mécaniquement déterminé. C'est le corps qui parle au corps, et non pas seulement dans l'éloquence, mais dans la musique, dans la poésie, dans l'amour. Les actes sociaux, les relations sociales rentrent dans le domaine d'un déterminisme tout voisin de la mécanique, car les corps ne sauraient communiquer autrement que par des actions ou des réactions mécaniques, par des correspondances de mouvements.

Aussi, malgré son apparente complexité, la vie sociale est-elle plus unie, plus simple, plus facile à expliquer que la vie morale, la vie extérieure de l'homme a bien moins de richesse et de profondeur que sa vie intérieure. Celle-ci a des pics sourcilleux et des précipices pleins d'abîmes, des contours sans cesse variés et imprévus, qui créent dans l'âme une variété infinie de paysages intérieurs. On ne peut arriver à dérouler ces replis : chaque effort pour voir plus loin crée, en effet, de nouveaux paysages, et la vie augmente et varie par l'effort même que l'on fait pour s'en emparer ; la vie extérieure, au contraire, ne se développe qu'en surface, les êtres et les choses se jouent à la superficie de nous-mêmes, ils se chassent et s'excluent les uns les autres, une partie de la vie extérieure est toujours occupée à tuer, à mutiler, ou du moins à déformer les autres parties, et ce n'est qu'en pénétrant à l'intérieur que les images de l'extérieur ont des chances de durée et de survie. Notre âme leur prête asile et permet à leur souvenir de demeurer à l'ombre de nos sentiments et de nos propres pensées. Les autres ne vivent pour nous que lorsqu'ils vivent en nous.

La vie sociale créée par la communication des corps, par es dcorrespondances et des répercussions de mouvements ou de sentiments, est donc tout entière dominée par les lois d'un déterminisme mécanique. Ce sont des forces qui agissent les unes sur les autres et qui réagissent, tantôt s'additionnant et s'accordant et tantôt s'opposant, tantôt en paix et tantôt en lutte, tantôt triomphant les unes les autres et d'autres fois maintenues en équilibre. Un déterminisme rigide en conditionne toutes les manifestations. Tout se passe comme si les êtres sociaux n'étaient que des mannequins ou des automates. Tout acte social se ramène, en somme, à une imitation ou à une opposition, à des convergences ou des divergences. On se répète, on s'imite, on s'accorde ou on se bat. Cependant, en dépit de ces apparences qui réduiraient la vie sociale à un mécanisme superficiel, cette vie a aussi ses profondeurs. Car les actes sociaux de l'homme ne sont pas exclusivement corporels et mécaniques : il y a aussi dans l'esprit des représentations sociales qui conditionnent les actes. Nous sentons notre isolement, et dès que nous le sentons, nous le souffrons : notre pensée ne peut pas plus vivre dans l'idée de la solitude que notre corps ne peut vivre dans la solitude réelle. Nous ne pouvons agir seuls et nous ne trouvons aucun charme aux jouissances que nous ne pouvons partager. Cénobites de l'action, nous ne pouvons pas être des ermites de la pensée (1). Nous agissons en pensant aux autres, nous voulons nous concilier leur pensée, tout au moins sentir notre vie multipliée par le spectacle que nous leur donnons de la nôtre, ou par ceux que la leur peut nous fournir ; nous voulons agir sur eux, agir en eux, leur résister si nous les détestons, leur plaire si nous les aimons et à notre tour sentir en nous leur action. Nous aimons étendre sur d'autres vies la tente de notre vie et, par contre, nous aimons à vivre à l'ombre de la vie des autres. C'est ainsi qu'une partie de notre vie intérieure se reflète et s'exprime dans la vie sociale. Quelle est au juste cette partie et en quoi se distingue-t-elle de la vie morale ?

Si nous examinons nos actes sociaux, nous voyons, d'une part, qu'ils ne sont sociaux qu'autant qu'ils se réalisent à l'extérieur ; d'autre part, qu'ils ont des antécédents intérieurs, parmi lesquels peuvent se trouver des décisions morales. Il

1. Cf. notre *Crise sociale*, ch. II, in-12, LECOFFRE.

se peut qu'un acte social tel que l'héroïsme d'un d'Assas ait pour cause la libre décision d'une volonté vertueuse; mais alors même que d'Assas, en poussant le cri qui l'a immortalisé, n'eût fait que suivre des motifs déterminants, sans aucun usage de sa liberté, la valeur sociale de son acte serait demeurée entière. La liberté essentielle à l'acte moral ne l'est donc pas à l'acte social. Ce qui est proprement social consiste dans le déterminisme réciproque des pensées sur les actions, des actions sur les pensées, de l'intérieur sur l'extérieur, de l'extérieur sur ses diverses parties. A la racine profonde de nos actes se trouve la moralité libre qui leur donne leur sens éternel; une fois librement produits, ils produisent à leur tour infailliblement des conséquences intérieures et extérieures, intérieures dans notre vie propre, extérieures dans la vie des autres. Ce sont ces dernières infaillibles conséquences qui sont proprement sociales. Et ne sont pas moins sociales les conséquences que peuvent avoir sur les autres hommes toutes nos autres actions, qu'elles émergent sans que nous y prenions part des fonds les plus obscurs de nous-mêmes ou qu'elles résultent infailliblement, sous le clair regard de l'intelligence, des habitudes ou des désirs que nous connaissons mais que nous ne maîtrisons pas.

En dehors de toute intention, ces conséquences, qui sortent de notre être sans que nous ayons aucunement pensé au bien ou au mal des autres, produisent du bien ou du mal, elles sont ou bienfaisantes ou malfaisantes. Et alors même que nous agissons librement, il ne faut pas s'étonner si les conséquences ne répondent pas toujours aux intentions morales de l'être qui les a posées. Nous ne pouvons ajuster nos actions au bonheur ou au malheur des autres êtres qu'à la double condition de savoir d'abord en quoi consistent pour chacun de ces êtres le bonheur et le malheur; de connaître ensuite avec certitude et précision les moyens par lesquels nous pouvons produire ce bonheur ou ce malheur. En face de l'Amateur des jardins, l'ours bien intentionné ne se trompe pas en pensant que la mouche peut troubler le sommeil de son compagnon, mais quand il prend un pavé pour chasser la mouche, il se trompe grossièrement, et sa bonne intention morale se tourne en un acte antisocial.

Ainsi, dès que le moral émerge des lacs intérieurs où la liberté le produit, dès que l'acte accompli constitue un événement de notre vie, il modifie tout notre intérieur et, par l'infinie variété de ses contre-coups, il modifie aussi tout le milieu social dans lequel nous sommes plongés. Le moral tout intentionnel est l'œuvre pure de la liberté, il réside au fond de l'esprit; seule la conscience l'aperçoit et Dieu seul a le pouvoir de l'apprécier et de le juger; le social, c'est tout l'ensemble des déterminations par lesquelles notre vie influencée par celle des autres influe à son tour sur elle, et si le moral, en son fond invisible et inviolé, demeure distinct du social, il n'en a pas moins une influence sociale : l'homme vertueux, s'il est aussi sage et éclairé que bien intentionné, sera bienfaisant pour son milieu, tandis que l'homme vicieux, à moins de se tromper dans ses calculs, sera malfaisant pour ceux qui l'entourent. Mais toujours, de toute manière, il faudra distinguer entre le moral et le social, car l'utilité et la nocuité sociales sont deux faits d'ordre positif toujours différents des bonnes ou des mauvaises intentions des agents sociaux, tellement différents qu'ils peuvent leur être diamétralement contraires. La valeur du moral se détermine par celle de l'intention, c'est-à-dire de l'idée première que l'agent a voulu réaliser ; la valeur du social se mesure au bien ou au mal effectivement produits.

C'est ainsi que les caractères du moral et ceux du social, loin de s'identifier, paraissent presque s'opposer en un parallélisme constant : le moral réside à l'intérieur de nous-mêmes et dans ce que cet intérieur enferme de plus intime, dans la volonté, dans la liberté : il vaut ce que valent nos intentions, il dépend constamment de nous, il est purement spirituel ; tandis que le social, au contraire, est indépendant de toutes nos prévisions. Dès que l'action est sortie de nous, elle nous échappe, répandant à travers le monde le plaisir ou la douleur, édifiant des âmes ou bouleversant des vies, en dépit et souvent tout à l'encontre de toutes nos intentions. Elle n'est plus qu'un des rouages du mécanisme déterminé des événements. Nous ne pouvons plus rien sur elle et elle acquiert dans l'universel déterminisme une puissance redoutable. Longtemps après que nous aurons été déposés immobiles dans la tombe, nos paroles, nos actions agiront encore et produiront la série infinie de leurs conséquences. Cette série ne s'arrètera qu'avec le mécanisme du monde et les communications corporelles des ètres vivants. Tel que nous le connaissons, le social paraît donc être en fin de compte d'ordre corporel. Une société d'esprits ne saurait être soumise aux lois que nous constatons dans nos sociétés humaines. Mais parmi les hommes mortels, dans la vie que nous vivons tous, non seulement la société a besoin des corps afin de pouvoir s'établir et se conserver, mais il n'est même pas concevable comment des esprits caractérisés par la conscience que chacun d'eux a de soi pourraient arriver à communiquer entre eux. Et si cette vue étonne quelques lecteurs, on peut tout de suite les rassurer en leur rappelant que le spirituel suffit au moral et que si le social ne peut contenir en lui le moral, il n'est pas du tout impossible et il est même certain que le moral est assez vaste, assez riche et assez profond pour contenir en lui tout ce qu'il y a dans le social non seulement de meilleur mais même de réel et de positif.

CHAPITRE III

Loi morale et Loi sociale

« Deux choses, dit Kant, remplissent l'âme d'admiration et de respect, le ciel étoilé au-dessus de nos têtes et la loi morale dans nos cœurs. » Cette assimilation de la majesté de la loi morale en nous à la majesté des étoiles peut induire à croire que la loi du ciel intérieur ressemble à la loi du ciel extérieur. Et de même que celle-ci est constituée par un ordre constant qui trace aux masses énormes et lumineuses une route toujours la même et les soumet toutes, malgré l'immensité des distances, à des attractions semblables, de même on pourrait être tenté de penser que la loi morale est constituée par un ordre fixe, immuable, universel, qui déterminerait une fois pour toutes et pour l'universalité des consciences tous les actes qu'elles devraient faire pour mériter la qualification de morales. C'est bien ainsi qu'on se représente d'ordinaire la loi morale, sous les espèces d'un formulaire ou d'un code rédigé une fois pour toutes, s'imposant à tous les hommes, leur commandant de faire certaines choses, leur interdisant d'en faire certaines autres. Car que pourrait bien être une loi qui ne serait pas universelle? Une prescription qui ne s'adresserait qu'à quelques êtres humains, à plus forte raison qui ne s'adresserait qu'à un seul, pourrait-elle mériter le nom de loi? Et une prescription pareille édictée seulement pour quelques-uns ou pour un seul, ne manquerait-elle pas précisément du caractère essentiel qui constitue une législation, c'est-à-dire de l'universalité? Si la loi morale n'est pas universelle, si elle ne s'applique pas à tous les hommes, si elle ne les régit pas également tous, dans tous les temps et dans tous les lieux, il semble bien qu'elle ne mérite plus le nom de loi, qu'elle ne soit plus ni rationnelle ni raisonnable, car ce qui est rationnel est ce qui vaut partout et toujours, et ce qui est raisonnable, c'est ce qui, dans la conduite humaine, se conforme au rationnel.

Et cependant, il est tout aussi incontestable que chacun de nous a des devoirs particuliers, qui sont nôtres, qui ne sont ceux d'aucun autre homme. De même que

Non omnia possumus omnes

ne doit-on pas dire aussi : *Non omnia debemus omnes*? Si la loi morale paraît être universelle, en face de cette universalité, il n'est point douteux qu'il existe une spécialisation du devoir ou des devoirs. Cette universalité contredit-elle cette spécialisation? La législation morale universelle n'est-elle pas le genre dont la législation spécialisée serait l'espèce, ou bien y a-t-il une différence générique et essentielle entre les deux sortes de législation? C'est ce que nous voudrions tout d'abord examiner.

I

Il y a une loi morale. Dès que le cours de nos actes tombe sous le regard et sous les prises de la raison, nous sentons à chaque moment surgir du fond de nous-mêmes l'idée qu'il y a une action, une seule action, celle-ci et non pas une autre, qui doit relier de façon légitime notre passé à notre avenir. Cette idée ne résulte pas toujours de notre passé immédiat, parfois même elle est en contradiction avec lui : ce passé immédiat peut être plongé dans les ténèbres de l'erreur, dans les fumées aveuglantes de la passion, l'idée qui le contredit luit à travers les ténèbres ou les fumées comme une flamme très pure. Et nous saluons sa légitimité, nous reconnaissons en elle et la couronne et le sceptre qui l'investissent d'autorité. Par elle seule, nous serons véritablement nous-mêmes, par elle seule nous vivrons notre véritable vie : les autres idées contraires, rafales violentes des désirs, mécanismes dominateurs des habitudes et des routines, enlisements des préjugés, suggestions des mots, prestige des formules, peuvent avoir beaucoup plus de force et même bouleverser l'âme, l'idée de ce qu'il faut faire brille toujours claire, droite, comme un feu que les tempêtes n'éteignent pas. Oui, nous sentons qu'il faut que nous fassions cela, ou du moins qu'il le faudrait si nous voulions nous conserver purs, obéir à ce qu'il y a en nous de plus nôtre, tellement nôtre, tellement profond, que c'est quelque chose de dominateur et de supérieur. En face de cette idée, nous sentons passer sur notre âme l'émotion frémissante du respect. En voyant ce que nous devons faire, nous nous sentons en présence de la majesté du devoir qui n'est lui-même que l'expression de la loi. Nous nous sentons sous le joug de la législation morale.

Cette législation régit tout notre intérieur, et dans l'intérieur spécialement ce qui est volontaire, libre, intentionnel. Elle dit bien moins : Tu dois faire ceci ou cela, que : Tu dois orienter ta vie vers ce but ou vers cet autre et, par suite, tu dois vouloir de telle ou telle façon. Ce que nous devons, c'est le vouloir conforme à la loi, c'est l'orientation de l'âme, c'est la destination de nos forces. Le chapitre précédent nous l'a montré : nos décisions ne portent que sur les fins, ce sont nos intentions qui constituent nos actes moraux, et notre vie morale à son tour dépend de l'orientation morale que nous lui donnons. Et il semblerait bien que rien n'est facile comme de suivre l'orientation morale, puisqu'elle consiste uniquement à nous diriger vers nous-mêmes, à nous empêcher de nous égarer, de nous perdre, de dissiper et nos forces et notre vie, et cependant, rien, au contraire, n'est difficile comme de se vouloir véritablement, comme de vouloir sa propre vie. Parfois dupes de nos sens, nous regardons comme nôtre ce qui nous attire et nous séduit et ne s'adresse qu'à la surface de nous-mêmes, nous détourne de nous, nous distrait et nous divertit; d'autres fois, dupes de notre imagination, nous nous rangeons sous une force qui nous en impose, qui nous courbe, qui nous ploie, mais nous diminue, nous amoindrit et ne nous concentre pas, nous voulons réaliser des formules que nous n'entendons pas, faire nôtres des idées que nous n'avons pas, dans lesquelles nous n'entrons pas. Nous nous agitons dans un monde d'apparences où passent des vents merveilleux, rapides, chargés d'aromes enivrants et subtils, nous sommes tentés d'abandonner notre voile aux vents violents, embaumés et délicieux qui nous égarent et nous mènent aux abîmes, tandis que nous ne savons pas reconnaître la force tranquille du pur courant aérien qui seul peut conduire au port. Nous confondons la violence et la force, le charme qui enivre, l'habitude qui endort, les formules qui engourdissent avec la joie et la paix qui sauvent, les fonctions de la vie avec la vie même. Nous ne voulons pas tenir compte de la durée, nous voulons regarder notre vie non pas comme une unité solidaire dont toutes les parties sont liées et qui n'est vraiment vécue que si ces parties sont concordantes et harmonieuses, mais comme une suite de fragments dont chacun ne fait que paraître puis disparaître. Nous voulons juger de la vie sur ces fragments isolés, découpés arbitrairement dans le temps, et ainsi, au lieu de vouloir notre vie totale, intégrale, nous ne la voulons que morcelée et parcellaire, préférant la partie au tout. Notre loi nous oblige à vouloir le tout, à lui subordonner les parties, à tout considérer d'une vue d'ensemble. Une idée centrale doit donc dominer toute notre vie, lui donner son orientation, et c'est de cette orientation que se tireront les directions particulières. Cette idée, pour ne pas risquer d'être une source de trouble, de désordre, de heurts, de secousses, de perte de temps et de vie, doit surgir du fond de notre être, être l'expression consciente de ce qu'il y a de plus intime, de plus essentiel en nous, elle constitue par conséquent la loi de nos actes, se confond avec notre législation. L'idée qui nous guide, notre pensée directrice est bonne si elle est susceptible de mettre en ordre toute notre vie, par conséquent si elle est telle que ni notre situation sociale, ni nos capacités intellectuelles, ni nos forces physiques, ni rien de ce qui est inhérent enfin à notre nature ne s'oppose expressément à sa réalisation, si au contraire il y a harmonie entre toutes nos puissances et cette idée. A vrai dire, l'idée qui remplit ces conditions ne fait que nous révéler à nous-mêmes, elle est le cri de notre âme, le désir profond de notre être, le vouloir-vivre de notre vie. Si nous nous connaissons véritablement, si nous avons su nous trouver et nous découvrir, cette idée sera pour nous l'expression même de notre loi. C'est ainsi que la loi morale ne cesse pas d'avoir une universalité, la loi de chacun de nous régit l'universalité des actes de chacun de nous et, par là même, puisque nous sommes des hommes, contient aussi une part de généralité humaine, d'universalité au sens ordinaire du mot. Car dans cette idée il y aura toujours, il doit y avoir une partie et comme un noyau central qui représentera les fonctions humaines que nous avons communes avec tous les hommes, notre législation aura donc une part de généralité nécessaire. Mais il y aura aussi toute une partie qui devra être uniquement conforme à la réalité de notre être individuel, et c'est celle-ci qui, étant plus proche et à la fois plus concrète, plus réelle et mieux connue, doit par conséquent dominer l'autre et au besoin la faire ployer. Car ce n'est pas l'humanité qui fait que nous sommes hommes, mais c'est parce qu'il y a des hommes qu'il y a une humanité. Comme disait Aristote, Callias n'est pas Callias parce qu'il est homme, mais il n'est homme que parce qu'il est Callias. Et donc, sous le vain prétexte qu'il convient de respecter l'humanité en soi-même, il ne faut pas s'exposer à se mutiler, à s'atrophier et à descendre au-dessous de la vie et de l'existence même. C'est ici la raison seule, non pas la raison impersonnelle, mais notre raison, la raison de chacun de nous qui doit et peut nous montrer quels sont en nous les axes solides qu'à tout prix il faut maintenir, les clefs de voûte qu'on n'a pas le droit d'ébranler, axes solides et clefs de voûte sans lesquels la vie ne peut pas être vécue ; quels sont enfin les germes, les fleurs et les fruits de vie qui, si on les fait avorter, se flétrir ou se corrompre, laissent la vie si désenchantée, si décolorée, si pâle, si vide qu'elle ne vaut plus la peine d'être vécue, et qui la rendraient enfin si odieuse à la raison qu'à une telle vie nous devrions préférer la mort. C'est ainsi que notre loi assure l'homogénéité, le concert, la constance de la vie. Mais une fois que dans le for le plus intime de nous-mêmes nous nous sommes décidés, une fois le choix arrêté, la décision prise, la loi ne va pas plus loin : nous pouvons nous tromper sur les moyens, elle n'en demeure pas moins satisfaite si notre ignorance ou si notre erreur ne peut nous être imputable. A plus forte raison, ne régit-elle nos mouvements extérieurs, nos gestes, ce qu'on appelle nos actes que dans la mesure où ils dépendent de nos intentions et de notre volonté. La loi morale ne régit que l'intérieur. Elle est tout entière spirituelle ; elle ne régit que l'âme et par l'âme seulement tout ce que l'âme commande.

Cette loi est une loi de la volonté, de la liberté, elle indique non ce qu'il est nécessaire, mais ce qu'il est raisonnable de faire. A l'inverse de toutes les autres lois, elle ne constate pas ce qui est, elle dit ce qui doit être, ce qui devrait être et qui peut-être ne sera pas. Par là elle se distingue des lois physiques. Elle dit qu'à tel moment tel être doit faire telle chose, elle ne dit pas que cet être infailliblement la fera. Elle ne dit pas davantage que tous les êtres humains la doivent faire. Chacun de nous, à chaque heure, a son devoir propre. Et par là aussi elle se distingue des commandements sociaux qui s'adressent toujours à une communauté d'hommes auxquels ils imposent l'obligation d'accomplir ensemble des actes semblables.

II

A l'origine de la morale, ainsi que nous l'avons vu, il semble bien que toute la moralité se trouve contenue dans les commandements imposés par des autorités. Être moral, pour l'homme primitif, comme pour l'enfant, c'est obéir, c'est accomplir des actes extérieurs, c'est exécuter des gestes. Avec Socrate, avec les stoïciens et surtout avec le christianisme, la moralité devient essentiellement intérieure. Cependant l'enseignement moral a ordinairement conservé dans ses formules quelque chose de ses origines sociales. On parle des commandements de Dieu ou du Décalogue comme d'une loi promulguée dans une société, édictée par quelque législateur.

Peut-être est-il nécessaire, pour donner un enseignement, de parler à peu près ainsi. Il y a néanmoins bien de la différence entre un commandement de Dieu et une prescrription quelconque d'un législateur humain, une différence telle qu'à vrai dire il y a presque contradiction. Outre qu'un législateur humain peut se tromper et que Dieu ne se trompe pas, la législation divine a ceci de particulier qu'étant la législation constitutive de l'être même qu'elle régit, cette législation ne peut jamais s'imposer à cet être comme du dehors ; elle vient de Dieu, sans doute, mais aussi bien elle est en l'homme tout intérieure puisqu'elle est son principe d'être et de vie. Un commandement de Dieu, un devoir, ne peut être qu'autonome, il ne saurait être hétéronome. La loi de Dieu, pour nous être supérieure, ne nous est pas étrangère puisque c'est cette loi même qui nous constitue, qui nous fait être ce que nous sommes. En lui obéissant, c'est à ce qu'il y a de plus nôtre en nous que nous obéissons encore.

La loi morale, la loi du devoir n'est ni physique ni sociale, et c'est pour cela qu'il nous paraît que le devoir, expression de la loi morale dans chaque conscience, ne doit pas être regardé comme tout à fait universel, c'est-à-dire le même pour tous les hommes en tous temps et en tous lieux. On nous dit que de même que partout et toujours une pierre abandonnée à elle-même doit tomber selon les lois de la pesanteur, de même partout et toujours l'homme doit dire le vrai, respecter le bien d'autrui. Or, il nous paraît qu'il y a ici une équivoque et une équivoque importante qu'il est bon de dissiper. Si l'on veut dire que la loi morale est obligatoire pour tous les hommes, on a raison ; si l'on veut dire encore que tous les hommes, dans les mêmes circonstances, devraient faire la même chose, on a raison encore quoique la formule n'ait plus alors le sens qu'on lui prête, nous le ferons voir tout à l'heure : si l'on veut dire enfin que l'on peut énoncer des règles générales d'action commune : *il faut rendre à chacun ce qui lui est dû, la vérité est respectable*, et autres de même nature, et que ces règles doivent être observées par tous les êtres raisonnables, on a de nouveau raison, et c'est ce que nous reconnaissions il n'y a qu'un instant quand nous faisions voir que dans la loi de chacun de nous il entre une part qui correspond à ce qu'en chaque homme on est en droit de rapporter à ce que l'on appelle l'humanité. Mais si, en disant que la loi morale est universelle, que le devoir s'impose également à tous les hommes, on voulait dire, comme la formule semble l'indiquer, que tous les hommes ont les mêmes obligations, que tout ce qui est commandé aux uns est également commandé aux autres, que tout ce qui est interdit aux uns est également interdit aux autres, il faudrait alors reconnaître l'ambiguïté de la formule. Car tout le monde sait bien que chacun a ses devoirs propres et particuliers. Mais ne faut-il pas suivre la voie jusqu'au bout et dire qu'il n'y a pas de devoirs qui soient généraux, universels, qu'il n'y a que des devoirs propres ou particuliers? C'est bien, ce semble, à cette conclusion, en apparence hardie, mais qui l'est infiniment moins qu'elle ne le paraît, qui même, à vrai dire, est communément acceptée sinon clairement et ouvertement professée, qu'il faut aboutir.

Lorsqu'on fait voir aux moralistes qui admettent l'universalité du devoir, que les actes les plus différents, quelquefois les plus opposés ou même les plus contradictoires, ont été regardés comme également obligatoires par des consciences humaines, ils aiment mieux avoir recours à mille subtilités plutôt que de reconnaître que la loi du devoir pourrait bien n'être pas la même pour tous ni ordonner à tous les hommes les mêmes choses. Et ils nous disent que si la morale paraît avoir changé, ce n'est pas la loi en elle-même qui a changé, mais la connaissance que nous en avons. Nul n'est tenu d'agir que selon ce qu'il croit être juste et bon, et s'il se trompe de bonne foi, il fait bien; la justice et la bonté ne changent pas pour cela, leur nature reste la même. — Mais tandis qu'ils répondent ainsi, les moralistes ne voient pas qu'ils transposent tout le sens de la question. Car ils reconnaissent eux-mêmes que ces hommes qui se sont trompés de bonne foi ont bien fait, qu'ils ont par conséquent obéi à la loi morale. S'ils veulent ne pas se contredire, ils doivent donc reconnaître que la législation à laquelle ces hommes n'ont pas obéi est une législation différente de la loi morale, autrement ces hommes auraient obéi à la loi tout en lui désobéissant, et par conséquent les hommes peuvent être également moraux en faisant des actions très différentes. Or, comment concilier ce fait avec la prétendue universalité de législation? A moins que l'on ne soutienne que c'est cela même qui constitue l'universalité de la loi morale, que chaque homme soit obligé d'obéir à la conscience. Et cela sans doute est incontestable, mais alors on change tout le sens des mots.

Faire, comme Kant, résider l'universalité dans la forme impérative absolue de la prescription, c'est sans doute échapper aux plus fortes objections, mais c'est encore donner lieu à une équivoque. Car, pour savoir quelles sont les actions qui sont obligatoires et les distinguer de celles qui ne le sont pas, Kant formule cette règle : « Agis toujours de telle sorte que la maxime de ton action puisse être érigée en loi universelle pour tous les êtres raisonnables. » Ce qui signifie évidemment que l'universalité doit être le caractère essentiel de la législation morale, à tel point que c'est cette universalité même qui nous est caution du bien-fondé du devoir tel que l'aperçoit notre conscience morale.

Il nous semble qu'il faudrait renoncer à ces formules inexactes ou tout au moins équivoques. Ce faisant, d'ailleurs, on n'innovera en rien sur le fond, on pensera comme, depuis le christianisme, ont pensé tous les moralistes chrétiens quand ils n'ont fait que de la morale, on parlera seulement d'une façon qui s'accordera d'aussi près que possible avec la pensée.

Sans doute, en un sens, il demeure toujours vrai de dire que la loi morale est universelle, et il est vrai encore que, sans cette universalité, comme il n'y aurait pas de rationabilité, il n'y aurait non plus ni législation ni loi : mais, dans un autre sens, il est non moins vrai de dire que la loi morale n'est pas universelle. Les mêmes choses ne sont pas ordonnées à tous, permises à tous, défendues à tous. Les devoirs, tous les devoirs sont individuels, personnels, fonctions des circonstances et des personnes. Il y a sans doute quelques actions qu'aucun homme ne peut se permettre parce qu'elles contredisent essentiellement son humanité, parce que, ce faisant, il cesserait d'être un homme, et, cessant d'être homme, il ne serait plus lui-même. Il y a de même des poisons destructeurs de l'économie organique générale. Mais ces actions bien définies et défendues sous peine de lèse-humanité sont en petit nombre. Quant aux prescriptions positives on peut dire qu'il n'y en a peut-être pas une ou, s'il y en a, il y en a un très petit nombre, dont on puisse dire : « En tout temps, en tout lieu, dans n'importe quelle circonstance ou dans n'importe quel cas un être humain, quel qu'il soit, doit la respecter, lui obéir, faire ce qu'elle commande, ne pas faire ce qu'elle suppose interdit. » Saint Thomas dit expressément, en un endroit, que si Dieu le commandait, on pourrait, sans injustice, tuer un innocent, commettre un adultère ou un vol (1). On ne s'éloignera pas de sa pensée si on l'interprète ainsi : Tout l'ordre moral repose sur la raison ; toutes les choses commandées le sont parce qu'il est raisonnable que d'ordinaire ces choses soient réalisées dans l'humanité ; toutes les choses défendues le sont parce qu'il est raisonnable que d'ordinaire ces choses ne soient pas réalisées par les hommes, mais ne peut-il pas se présenter certains cas où une raison supérieure, et qui sera bien l'équivalent de ce que saint Thomas appelle un ordre de Dieu, pourra et devra se subordonner une raison inférieure ? Et saint Thomas reconnait ailleurs que dans des temps de persécution, par une inspiration de l'Esprit divin, plusieurs saintes femmes ont pu, sans pécher, se précipiter elles-mêmes dans les flammes (2). Mais tout cela ne revient-il pas à dire que, quelle que soit la rationabilité, la sainteté, l'universalité d'un précepte déterminé, il n'est jamais absolument impossible qu'une raison supérieure, véritablement divine, vienne substituer au devoir ordinaire et général un nouveau devoir plus rare, mais non pas moins obligatoire ?

Kant affirme que tout être humain à notre

1. *Sum. theol.*, Iª IIæ, q. xciv, art. 5, ad 2.
2. *Ibid.*, IIª IIæ, q. lxiv, art. 5, ad 4.

place devrait faire ce que nous nous sentons obligés à faire et que nous ne pouvons nous sentir obligés qu'autant que nous pensons que tout être humain à notre place devrait l'être comme nous. Parler ainsi, c'est bien moins affirmer, comme on le croit, l'universalité que l'individualisation de la loi morale. Car en disant que tout être humain, à notre place, devrait se sentir obligé comme nous-même et agir comme nous faisons, qu'est-ce autre chose que dire : Si un autre homme était moi, il aurait les mêmes obligations, il devrait agir comme moi ? Car comment un homme autre que nous peut-il être supposé à notre place ? Ce n'est pas depuis Leibnitz que l'on peut contester ce point : un homme ne peut être qu'à une place, et aucun autre homme que lui ne peut occuper sa place. Pour que cet homme pût être à ma place et dût agir comme moi, il faudrait qu'il eût dans les veines exactement le même sang que j'ai dans les miennes, qu'il eût les nerfs et tout le corps faits comme mes nerfs et mon corps, qu'il fût le descendant de tous mes ancêtres, qu'il eût pris la même nourriture et suivi le même régime que moi, qu'il eût reçu la même éducation, pris les mêmes habitudes, qu'il fût marié si je suis marié et avec la même femme que moi, qu'il fût célibataire si je suis célibataire, qu'il eût des enfants si je suis père et exactement les mêmes enfants, qu'il eût avec les mêmes hommes et les mêmes choses toutes les mêmes relations, bien plus, qu'il occupât au même moment le même lieu de l'espace, c'est à toutes ces conditions, et seulement à ces conditions, qu'on pourra dire que cet homme est à ma place, dans des circonstances pareilles à celles où je me trouve, et que mon cas peut chercher sa règle dans son cas. Mais il est évident que son cas est le mien même, qu'il n'y a pas là la moindre universalisation, mais uniquement répétition. Cet homme est mon sosie, il me répète, il n'est pas un exemplaire agrandi ou épuré que je devrais reproduire ou imiter, il est moi-même, il n'a rien de plus, rien de moins que moi. Dire que je dois faire ce que cet homme ferait, ou que je ne fais bien que si je conçois que cet homme à ma place agirait comme je fais, c'est tout simplement dire que je dois faire ce que je dois faire et que je fais bien si je fais ce que je dois faire. Le problème est individuel, je dois le résoudre à mes risques et périls. Toute action morale pose un problème et chacun de ces problèmes n'est susceptible que d'une solution individuelle, personnelle. Chacun le résout pour soi par ses propres forces, comme il peut et comme il sait. Et cela ne veut pas dire qu'il n'y a aucune espèce de loi, que chacun résout le problème comme il veut, selon un caprice de sa fantaisie, cela veut dire que chacun le résout à sa façon, ne peut que le résoudre ainsi et que la loi morale est d'une tout autre nature que les lois physiques ou les lois sociales. Ce qui signifie tout simplement que la loi morale a son originalité propre, et cela sans doute n'est pas étonnant, puisqu'elle est la loi morale, qu'elle règle une suite d'événements, un ordre des choses. A la fois cet ordre apparaît comme nécessaire, rationnel, dépendant de la raison et non pas de la volonté, et cependant il s'adresse à des volontés et peut n'être point réalisé. Ressortissant à la raison de même que la loi physique, la loi morale réclame la soumission de la volonté comme fait la loi sociale, elle tient à la fois de l'une et de l'autre, mais demeure par là même originale. Elle ne constate pas l'ordre nécessaire des choses faites, elle détermine l'ordre rationnel des actions que l'on devrait faire, mais que peut-être on ne fera pas.

Le problème moral est un problème qui ne comporte que des solutions singulières, les questions qui y sont posées sont, en effet, des questions d'ordre concret toujours posées en fonction d'une personne donnée, à un moment déterminé du temps, en un point déterminé de l'espace. En cela, d'ailleurs, le problème moral ressemble à tous les problèmes d'ordre pratique. Aucune formule ne détermine ni ne peut déterminer quels sont les mouvements exacts par lesquels seront assemblées et mises en place toutes les pierres d'un pont. Entre la formule générale et la réalisation concrète il subsiste un intervalle qu'aucune logique ne peut combler et qu'Aristote avait déjà constaté (1). La sensation, l'apprécia-

1. Cf. *An. pr.*, I, 6; 281 b, 14.

tion, le coup d'œil et le tour de main de l'ouvrier seuls font passer la formule générale à la réalisation singulière et de l'abstrait tirent un concret. Par conséquent, lorsque nous disons que la morale ne renferme que des cas et ne peut se formuler en des lois générales et universelles, nous ne disons rien que de très facile à entendre et à accepter, rien même qui ne soit en réalité accepté par tous. Il y a seulement ici cette différence, c'est que dans les cas que nous venons de citer il existe entre les formules générales et les réalisations concrètes un infranchissable hiatus, tandis que dans la morale la législation du devoir s'applique immédiatement aux actes concrets sans qu'on sente aucune lacune entre l'acte et la loi qui le régit. Et c'est par là que la morale se rapproche des conditions essentielles de l'existence de l'art.

Car cela ne veut pas dire que l'on ne puisse en morale comme partout formuler des prescriptions générales. Il est évident, en effet, que les formules impératives du Décalogue demeurent universelles et ne sauraient être mises en question. Toujours et partout l'on pourra dire : « Il faut rendre à chacun ce qui lui est dû, à Dieu ce qui est dû à Dieu, aux pères et aux mères ce qui est dû aux pères et aux mères ; on n'a le droit de ravir à l'homme ni sa vie ni ses biens ; on n'a pas le droit de le frustrer de la vérité ; on se doit à soi-même de ne pas sacrifier à ses désirs même les plus vifs la dignité de sa vie. » Si l'on veut, comme tous le font, donner à ces prescriptions l'épithète de morales, on le peut assurément, et en un sens l'épithète est méritée, puisque ces prescriptions ont pour objet un ordre très général qui, en effet, regarde les mœurs, mais il peut être aussi bien permis de dire que ces prescriptions ne constituent pas véritablement la législation des mœurs. Si on les examine de près, on s'aperçoit bien qu'entre ces formules si générales qu'elles demeurent tout à fait vagues et les mœurs réelles, les actes concrets, les intentions de la vie morale, il y a une telle distance que les actes les plus différents peuvent être regardés comme satisfaisant à cette législation. Car si tout le monde convient qu'il faut rendre à chacun ce qui lui est dû, la difficulté commence dès qu'on cherche à savoir précisément ce qui est dû à chacun. Or, c'est cette détermination même qui donne lieu au devoir, à la véritable prescription et par conséquent à la législation morale proprement dite. Et il est facile de voir que cette détermination de ce qui est dû à chacun ne peut être faite une fois pour toutes, que ce qui est dû varie selon chaque cas particulier, et par conséquent qu'une décision pratique singulière doit intervenir chaque fois pour édicter la prescription. Chacune de nos actions morales est soumise à un devoir, et chacun de nos devoirs est singulier. Nous devons cela aujourd'hui, demain les circonstances seront changées et nous devrons autre chose ou, si les circonstances sont à peu près les mêmes, nous devrons à peu près la même chose : mais jamais nous ne pourrons devoir faire exactement tout à fait la même chose, puisque demain ne peut pas être aujourd'hui et qu'il y aura toujours quelque chose de changé.

III

Il y a cependant un ordre moral : parmi les alternatives possibles d'action une seule est vraiment morale. Et il y a par suite une législation, une loi morale. Seulement cette loi paraît bien être d'une tout autre nature que celle qu'on lui a d'ordinaire attribuée. Elle ne se condense pas en une formule qui exprime, grâce à l'abstraction, une multitude d'événements qui se répètent infailliblement et peuvent se reproduire à l'infini. Elle ne ressemble pas à la loi physique. Toute une école de moralistes s'obstine à confondre la morale avec la science des mœurs. La loi morale n'est guère à leurs yeux qu'une loi abstraite de l'observation des événements moraux, dans le genre des lois chimiques ou biologiques, la morale n'est alors qu'une physique des mœurs. Mais cette manière de concevoir la loi morale ne peut que détruire la morale, car une physique des mœurs doit, comme toute physique, regarder tous les événements moraux comme également légitimes : puisqu'ils sont, ils ont tous le droit d'exister ; chacun d'eux dépend de ses antécédents et amène ses conséquents, ils sont ce qu'ils peuvent être, ce qu'ils doivent être; ils peuvent être agréables ou douloureux, utiles ou nuisibles, aucun d'eux n'est véritablement condamnable, puisque tous sont inévitables.

Chose étrange! la plupart des moralistes spiritualistes ou chrétiens, tout en réprouvant cette assimilation de la morale à une physique amorale, prétendent conserver la même conception de la loi morale considérée comme une formule générale à laquelle devraient se conformer les actes humains pour être moraux. Le traité des lois par lesquels s'ouvrent les traités de morale est tout entier basé sur la conception stoïcienne — toute physique par conséquent — et empruntée à Cicéron d'une loi éternelle qui ordonne et commande tout, les pensées et les volitions dans le cœur des hommes comme la marche des astres dans le ciel, et c'est dans cette tradition que Kant a puisé l'idée de la phrase célèbre que noús rappelions au début de ce chapitre. Cette loi éternelle, souveraine, immuable, se révèle au cœur et à la conscience de tous les hommes sous la forme de la loi naturelle qui est une sorte de recueil de prescriptions communes et générales chargées d'empêcher les mœurs humaines de se corrompre et de se dissoudre. De physique qu'elle était elle devient ainsi à peu près sociale, codifiant les prescriptions du législateur universel en vue de la production du bien général.

Et presque tous les auteurs classiques passent

ainsi comme sans effort et sans remarquer l'hiatus, en tout cas sans le faire remarquer, de la loi morale conçue comme loi physique à la conception de cette même loi regardée comme sociale. Il est vrai que la plupart d'entre eux considèrent la législation physique du monde comme une sorte de législation sociale. A leurs yeux, Dieu comme législateur de l'univers agit tout à fait de même que comme législateur de l'humanité. Ils n'ont pas vu la différence qu'il y a entre des lois dont les formules n'expriment que des répétitions de faits toujours semblables entre eux, toujours mesurables et d'autant plus légaux que les mesures y sont plus identiques, et cette autre loi qui commande des actions toujours différentes les unes des autres, toujours variables, auxquelles les mesures objectives ne s'appliquent pas. Les lois physiques leur paraissent être des commandements que Dieu, une fois pour toutes, a donnés aux choses. *Semel jussit, semper parent*, pourraient-ils dire en changeant le mot de Sénèque.

Mais il semble bien plutôt qu'il faille dire que la loi morale n'est, à proprement parler, ni physique ni sociale. Elle n'a pas le caractère des lois physiques, elle n'impose pas à chaque homme de répéter aveuglément les actions des autres hommes ; elle n'a pas le caractère des lois sociales, car elle ne prescrit pas principalement aux hommes d'agir uniformément afin de sauvegarder la communauté sociale, mais elle commande, au contraire, à chacun de nous de se conduire d'une façon particulière et originale, d'ordonner ses actions en vue de sa fin propre et particulière, et non pas tant de ressembler aux autres que de développer, de réaliser sa propre formule de vie, d'être son être, de vivre sa vie.

Nul exemple ne peut mieux montrer la différence qui sépare les actes régis par la seule loi morale de ceux qui dépendent des lois physiques ou des lois sociales que celui de l'acte d'amour. En lui-même, par les désirs qui l'amènent, par les gestes qui le réalisent, il est d'ordre nettement physique ; quand un être humain l'accomplit par soumission aux lois conjugales, il entre dans l'ordre social. Dans les deux cas, que l'être humain soit dominé par les puissances de son être matériel, ou qu'il subisse l'ascendant des lois sociales, il obéit à un ordre tout extérieur qui le domine et en un sens l'asservit, ce sont des forces redoutables, mystérieuses qui ploient le corps ou subjuguent la volonté ; il ne saurait y avoir là rien de proprement moral. Et il y a immoralité dans le premier cas parce que la volonté cède à des forces d'ordre incontestablement inférieur, c'est l'esprit qui abdique et passe sous le joug du corps. L'immoralité est à son comble quand l'acte sacré qui devait assurer la continuité de l'espèce est accompli pour des fins étrangères à l'espèce, étrangères au désir même, par exemple, pour satisfaire la cupidité. De là vient l'horreur qu'a toujours inspirée la prostitution vénale, tandis que si la passion paraît souvent condamnable, elle n'excite jamais la même sorte de répulsion. L'immoralité est moindre lorsque la correspondance des deux désirs marque du moins, par cet accord même, une dépendance vis-à-vis de quelques-unes des lois qui régissent l'union des êtres. Dans l'acte accompli par ce que l'on appelle devoir conjugal, il peut de même y avoir immoralité si celui qui, sans désir, se prête au désir de l'autre, le fait pour des motifs bas, par crainte ou pour conserver une situation acquise, le luxe ou les jouissances que peut donner la fortune. L'acte est moral au contraire et peut même atteindre à la plus haute moralité quand celui qui l'accomplit sans désir a jugé bon dans son cœur l'ordre matrimonial, quand, alors même que toutes les torches d'amour seraient renversées, il estime bon de se soumettre aux grandes lois du mariage par lesquelles les familles s'établissent et les sociétés se conservent. A défaut des flammes vives de l'amour, le noble feu du devoir excite l'être à se donner bien moins à un autre être qu'à la race tout entière. La loi n'est plus extérieure, mais supérieure, l'épouse chrétienne rentre dans la morale par un détour. Et cela est toujours possible pourvu seulement que l'âme ait appris à se dominer elle-même et à faire entrer sa vie dans un ordre supérieur.

C'est ce que n'ont pas su voir, de George Sand à Ibsen et à MM. Paul et Victor Margueritte, tous ceux qui ont revendiqué les droits de l'amour.

Sans doute, il faut reconnaître qu'un acte d'amour accompli sans amour est un mensonge et, s'il est imposé avec violence, une monstrueuse oppression, mais ces écrivains n'ont pas compris le sublime privilège de la créature humaine qui peut jeter dans des cieux plus hauts l'ancre d'amour que ne retient plus le sol conjugal, qui dès lors ne ment plus en se prêtant au désir en vertu d'un amour plus vaste et d'ordre sublime, qui n'est plus esclave puisqu'elle veut, accepte et bénit son esclavage.

Il reste cependant vrai que l'acte d'amour accompli par amour, dans la communion complète des âmes, est le type même de l'acte moral. Ce ne sont pas les sens seulement qui s'épanouissent, ce sont les plus profondes fibres de l'être, les plus hautes conceptions du gouvernement de la vie. Tellement vécues, si intimement ressenties qu'elles sont à peine pensées. Le vertige de l'Infini élève au-dessus du temps les deux êtres qui s'étreignent, et ils sentent passer sur leur âme le souffle de l'éternel. Ils savent qu'ils ont touché le tuf immobile de l'existence et ne peuvent plus se concevoir désunis et séparés, c'est l'éternité de l'amour qu'ils réclament et que leurs soupirs proclament. Ils sont époux et non pas amants, et toute la stabilité des lois conjugales n'est, à vrai dire, que le développement dans le temps de la loi d'amour. Ce qui fait la merveille et ce qui produit l'extase c'est la rencontre harmonieuse de deux êtres, la fusion intime de deux âmes dans l'exaltation simultanée des deux corps. Deux ne font qu'un, ils sont et ils se sentent ensemble. Les deux lois selon lesquelles chacun d'eux était constitué et faisait dans l'univers sa partie se sont trouvées harmoniques et de leur rencontre est résulté cet enchantement qui, s'il est basé sur un accord foncier, véritable, ne saurait qu'être immortel. C'est en se développant et en gardant la pureté de soi-même que chacun d'eux a rencontré l'autre. Et dès qu'ils se sont trouvés, rencontrés et reconnus, l'émerveillement s'est produit. Dans le don absolu de soi, chacun d'eux se trouve comme redoublé et par delà la conscience s'accomplit le mariage des âmes, ne laissant au souvenir que la vision infinie des cieux entrevus et l'écho lointain des musiques mystérieuses. Plus les deux époux s'unissent, plus chacun demeure lui-même et plus ils sont purs. L'amour ne peut être que stable, il ne peut être qu'unique, il ne peut être que pur. L'amour libre n'est pas la reconnaissance des droits de l'amour, c'est la confusion du passager et de l'éternel, du véritable et du faux amour, c'est le sacrifice du pur à l'impur. Si donc être moral c'est vivre selon sa loi, aimer c'est au premier chef être moral puisque c'est aussi bien vivre selon sa loi propre et sentir l'accord de cette loi propre avec d'autres lois. Ainsi comprend-on un degré d'amour où les sens n'ont plus de part, où la loi individuelle vibre d'accord avec toutes les autres lois et où, éprouvant cette universelle harmonie, elle ne consent pas à risquer de ne plus l'entendre en restreignant à quelque être ou à quelques êtres sa capacité de sentir. Les duos ne conviennent pas à toutes les voix. Il y en a de si puissantes qu'elles ne peuvent que chanter seules ou bien soutenir les chœurs.

Mais de toutes manières l'acte moral est un acte essentiellement vital propre à l'être qui le produit, tout intérieur à cet être et il n'est moral que parce qu'il est conforme à la loi constitutive de l'être même qui le produit. Cette loi ne se distingue pas de la loi morale et, bien que nous l'affirmions singulière, nous ne contredisons cependant en rien l'opinion commune des philosophes qui regardent la loi morale comme un élément de l'ordre éternel.

Car la conception d'un ordre éternel, d'une loi éternelle, loin d'impliquer que les ordonnances de cette loi sont nécessairement générales, abstraites, telle que peut seulement se les représenter notre intelligence, paraît bien impliquer, tout au contraire, une organisation ordonnée et singulière de tous les concrets, telle que aucun ne se répète ni se ressemble, que chacun occupe sa place et son rang et que l'harmonie admirable de l'ensemble est faite précisément de la valeur singulière et propre de chacun des éléments. C'est ce qui, depuis Leibnitz, est devenu familier à tous les esprits philosophiques. Nous ne pouvons nous reconnaître dans l'immense variété des événements et des êtres qu'à l'aide d'idées générales, de conceptions, de formules que nous regardons comme universelles, et puisque, grâce à ces idées, à ces conceptions, nous arrivons à trouver notre chemin dans les forêts touffues de l'expérience, puisque ces formules réussissent et nous permettent de dominer la nature et de nous accommoder l'avenir, il faut bien, sans doute, que nos généralisations aient un fondement, qu'elles entretiennent quelque correspondance avec la nature des choses; mais cependant, il faut bien avouer que le concret seul existe réellement et le singulier, que c'est dans les êtres que les lois sont impliquées, que ce sont enfin les êtres qui sont la raison de l'existence des lois et non pas les lois qui sont la raison de l'existence des êtres. Si l'on admettait un mécanisme aveugle et brut, on serait bien forcé de n'admettre que la réalité des concrets et on ne saurait expliquer par quel mystère les généralisations abstraites qu'élabore l'esprit humain peuvent réussir dans un monde à la construction duquel aucune pensée n'aurait présidé. Que si l'on admet, avec le spiritualisme, avec le christianisme, que le monde est l'œuvre d'une Pensée ou d'un Dieu, on ne peut pas davantage s'empêcher de reconnaître que ce sont les êtres que Dieu a voulus, les êtres concrets, les êtres singuliers, et que la souveraine Pensée n'a pas eu besoin d'idées générales pour se représenter à la fois tous les concrets, ni de formules législatives pour les organiser tous et en faire un ensemble harmonieux. Penser par idées générales est un avantage pour l'homme par rapport aux êtres d'ordre inférieur qui ne peuvent penser qu'avec des sensations ou des images, mais la représentation directe et concrète des concrets, quand elle peut exister sans limites, est supérieure à la représentation par des idées abstraites et générales. L'ordre du monde est un ordre concret, singulier, défini dans l'espace et dans le temps. Et l'ordre de nos actions n'est qu'une partie de l'ordre du monde, il est donc défini dans l'espace et dans le temps.

A chaque moment donné de notre vie, toutes les fois que nous y réfléchissons et que par la réflexion nous nous arrachons au déterminisme intérieur ou extérieur et revendiquons notre liberté, une action et une seule se présente à nous comme devant être élue, préférée, choisie, par conséquent, comme devant être faite; il y a toujours une action raisonnable à faire, il n'y en a qu'une seule, et c'est celle qui s'accorde à la fois avec l'humanité qui est en nous et avec l'individu humain que nous sommes. Ce qui détermine la rationabilité de cette action, qui lui donne sa raison d'être, c'est tout l'ensemble de son environnement, tout ce qui l'a précédée, tout ce qui l'accompagne, ce qui doit la suivre, tout ce qui fait d'elle une partie dans notre ensemble, une réalisation partielle de l'idée initiale qui exprime notre vie et où elle se résume. Cette action doit relier notre passé à notre avenir, nous relier harmonieusement au reste du monde, elle constitue un anneau de la double solidarité qui nous enchaîne à la fois et aux autres et à nous. Le devoir consiste à réaliser cette action unique qui nous fait vivre de concert avec le monde, sans laquelle l'accord est rompu, par laquelle seule l'accord pourra s'établir entre le passé de notre vie et l'avenir qui va suivre. Ce qui fait le tragique de la destinée morale, c'est que souvent l'action qui est nécessaire à l'harmonie intérieure de la vie est aussi celle qui ne peut manquer de rompre l'harmonie de la vie avec le milieu où elle se développe. Les conversions ne sont des crises si douloureuses que parce que, d'une part, elles marquent une contradiction entre deux parties d'une même vie et que, d'autre part, elles ne peuvent manquer d'être regardées du dehors comme des apostasies. On ne se convertit qu'à la condition d'être un renégat. Et l'humiliation profonde qui accompagne le repentir naît du désaveu que l'homme qui se repent se voit forcé de jeter sur une partie de sa vie. La pire horreur du désordre, c'est qu'il ne peut se réparer que par un autre désordre, moins grand, sans doute, avantageux, à tout prendre, mais réel, mais attristant, mais douloureux, mais tragique.

IV

Quand on en est venu à considérer la législation morale de ce point de vue qui semble bien être le vrai, on ne peut plus que s'étonner de l'indignation qu'a provoquée la casuistique. Car, en vérité, il n'y a plus que des cas de conscience, les règles générales ne constituent que des habitudes de penser, des sortes de cadres vagues, à peu près suffisants pour le train ordinaire de la vie, là où il n'y a ni tentation ni suggestion d'aucune sorte qui nous pousse hors du courant, c'est-à-dire là où la moralité entre à peine en jeu, mais dès que, avec les désirs et les suggestions, des questions se posent, des doutes surgissent, la conscience se trouve en présence d'un cas singulier, précis, et elle devient justiciable de la casuistique. A proprement parler, non seulement la casuistique est une partie indispensable de la morale, elle est la morale même. Mais si la casuistique triomphe, ce triomphe n'est pas partagé par les casuistes. Car Pascal a eu raison de s'en prendre à eux et de les stigmatiser, non, sans doute, dans le détail, où, plus d'une fois, ce sont eux qui ont raison contre lui, mais dans le procès général qu'il poursuit contre eux. C'est qu'en effet les casuistes ont détruit la casuistique, ont méconnu sa nature et sa raison d'être : au lieu de bien voir que les cas de conscience étaient des cas singuliers, dont la solution ne pouvait être déduite de formules générales, ils se sont, au contraire, efforcés de ramener toute la casuistique à des règles générales, simples, d'où l'on devait pouvoir, à coup sûr, pour affermir la conscience ou pour l'informer, tirer des déductions parfaitement claires. Et en cela, ils se mettaient en opposition avec le plus grand parmi leurs maîtres. Car aussitôt après avoir dit que quant aux principes communs de la raison pratique aussi bien que de la raison spéculative, la même vérité ou certitude est également chez tous et est également connue par tous, saint Thomas ajoute : « Mais pour ce qui est des conclusions propres de la raison pratique, ni la vérité ou certitude n'est la même pour tous, ni même pour ceux pour lesquels elle est la même, elle n'est pas également connue. Pour tous, en effet, ceci est droit et vrai qu'il faut agir suivant la raison. Or, de ce principe, il suit comme conclusion propre que les dépôts doivent être rendus ; et cela est, en effet, vrai dans la plupart des cas ; mais il peut arriver quelque cas où il serait dangereux et par conséquent déraisonnable de rendre un dépôt : par exemple, si le déposant réclame un dépôt pour combattre sa patrie ; et la conclusion paraîtra de plus en plus détaillante à mesure qu'on descendra à des détails plus particuliers (*et hoc tanto magis invenitur deficere, quanto magis ad particularia descenditur*), par exemple, si l'on disait que les dépôts doivent être rendus avec telle précaution ou de telle manière. Plus on énumérera de conditions particulières, plus il y aura de chances pour qu'il n'y ait plus de certitude soit à rendre, soit à ne pas rendre... Il faut donc dire que pour certains principes propres qui sont comme des conclusions de principes communs, la loi naturelle est la plupart du temps la même pour tous, et selon sa certitude et selon la connaissance qu'en ont les hommes, mais dans un certain nombre de cas elle peut n'être plus aussi droite ni aussi connue (1). »

Ces enseignements de saint Thomas sont d'ailleurs tout à fait conformes avec toute la pratique du catholicisme. Seule la conscience claire et certaine décide souverainement de ce qui est bien et de ce qui est mal pour elle, aucune autorité ne saurait prévaloir contre sa voix, c'est encore un enseignement que l'on peut tirer de saint Thomas (2), et quand la conscience individuelle hésite, se trouble, ne sait pas se décider, elle s'ouvre alors au confesseur ou au directeur, lui fait connaître son

1. *Sum. theol.*, Iª IIæ, q. XCIV, art. 4.

2. *Ibid.*, IIª IIæ, q. CIV, art. 5. — « Les sujets ne sont obligés d'obéir à leurs supérieurs que dans les choses pour lesquelles ils sont eux-mêmes soumis à leurs supérieurs et dans lesquelles les supérieurs eux-mêmes ne se mettent pas en opposition avec une puissance d'un ordre plus élevé. » — On a essayé dans une polémique récente de soutenir que saint Thomas, par ce texte, ne reconnaissait pas la primauté de la conscience. L'abbé MURRI, dans la *Cultura sociale*, l'avait affirmé, un rédacteur de la *Civiltà cattolica* a vivement combattu l'abbé MURRI, et il s'en est suivi une polémique dans le détail de laquelle on nous pardonnera de ne pas entrer. Mais nous tenons à dire ici notre sentiment parce que ce point est très important. D'un côté, il ne paraît pas douteux que le texte même de la *Somme* ne vise

état, le plan de vie intérieure où son action doit se réaliser et porter ses fruits, et l'œil du confesseur ou du directeur, pur des passions, des habitudes, libéré des préjugés de celui qui le consulte, juge le cas, prononce et décide, et décide non pas d'après des règles générales, en tirant mécaniquement les conclusions de quelque syllogisme systématiquement orienté tantôt vers l'indulgence, tantôt vers la sévérité, mais en demandant au bon sens, aux intuitions de la raison pratique la solution singulière du cas singulier. C'est par là que le confesseur ou le directeur ne fait aucune violence à la conscience qui s'ouvre à lui, il juge à sa place, en s'y mettant véritablement, en bannissant seulement les causes qui risqueraient de troubler la vue intérieure, les préjugés d'habitude, de langage ou d'éducation, les brouillards de la crainte ou les fumées de la passion. La conscience du confesseur n'est autre que la conscience même du consultant,

que les abus de pouvoir commis par les supérieurs, leurs usurpations ou leurs révoltes. A ses yeux, c'est la puissance supérieure, visible, extérieure, qui doit être obéie de préférence à la puissance inférieure rebelle. Par exemple, si un prêtre ordonne ce qui est défendu par un évêque, si un maître des novices ordonne ce qui est défendu par le supérieur, il faut désobéir au prêtre ou au maître des novices pour obéir à l'évêque ou au supérieur. — Mais si le texte de saint Thomas a ce sens littéral obvie, je crois qu'on peut dire que son esprit porte bien plus loin. Car il est de doctrine que la conscience claire et certaine a toujours droit à l'obéissance, et ainsi cette conscience claire et certaine semble bien être le supérieur des supérieurs. Si donc, pour lui obéir, on désobéit à une autorité visible, on paraît bien être dans le cas indiqué par saint Thomas.

elle est seulement libérée, épurée et assainie. Ce qui a toujours choqué dans les casuistes, c'est qu'ils ont prétendu résoudre du dehors des cas qui ne peuvent se juger et se bien juger que du dedans, et ce qui les a rendus véritablement odieux, dans deux sens différents, c'est que par des vues tout à fait étrangères au bon ordre intérieur des consciences, ils ont orienté leur casuistique tantôt du côté de l'indulgence, « mettant des coussins sous les coudes des pécheurs », « enlevant les péchés du monde », tantôt du côté de la sévérité, damnant tout le monde, plongeant les hommes dans le désespoir et parfois les rejetant ainsi au libertinage. La casuistique n'est pas une science, non plus que la pratique de la décision morale. Casuistique et décision sont des arts. C'est un art que de trouver pour soi-même ou pour les autres la décision juste, comme c'est un art d'appuyer l'archet comme il faut, de mesurer sur le marbre la portée d'un coup de ciseau, ou sur la toile l'effet que devra produire tel mouvement de la main. Car en tous ces exemples, il s'agit toujours de produire un acte singulier qui doit être en harmonie avec ceux qui le touchent immédiatement, qui le conditionnent et qu'il conditionne, et par eux avec le reste du monde. L'homme vertueux est un artiste, et le plus grand des artistes, car sa vie n'est pas seulement un poème, poème de raison, poème de courage, poème de justice, de modération, de sagesse, d'énergie et de beauté, mais un poème qui s'accorde avec le cantique universel des êtres, avec la mystérieuse épopée des choses où la majesté silencieuse des étoiles répond à la majesté morale intérieure.

Et de même que les lois célestes ne peuvent qu'exprimer les raisons cachées de l'existence des cieux, de même la loi morale ne fait qu'exprimer la raison dernière ou l'âme de l'homme vertueux. Ce n'est pas un cercle rigide, brutal, peut-être mal fait, où la vie doive s'enfermer au risque de se mutiler, de s'atrophier, peut-être de se corrompre ; elle n'est pas distincte de l'essence même de cette vie. Ainsi rien de ce que la loi exige de chacun de nous ne saurait nous mutiler ni nous atrophier, puisque la loi est notre être même, ce qu'il y a de plus profond, de plus radical en nous, elle ne peut donc qu'être ajustée à nous, puisqu'elle sort de nous et ne fait que nous exprimer nous-mêmes.

V

La loi sociale, nous devons bien nous y attendre, présente de tout autres caractères. Et d'abord, devant régir à la fois les actions et réactions réciproques d'un certain nombre d'individus, il est évident qu'elle ne peut que s'appliquer également à tous les êtres qui lui sont soumis, et il est inévitable dès lors qu'elle pèse inégalement sur chacun d'eux. Car les sujets de la loi ne sont pas égaux, et par le fait seul qu'elle est commune à tous, égale pour tous, qu'elle doit peser d'un même poids sur le fort et sur le faible, il ne peut pas ne pas se faire que là où le fort peut aisément résister, le faible ne soit écrasé. L'égalité dans l'application de la loi est cause de l'inégalité des charges. Et ainsi, dès l'abord, on aperçoit dans la loi sociale quelque chose qui paraît irrationnel. Dès que plusieurs hommes sont assemblés et qu'on leur applique une règle commune, il ne peut pas ne pas se faire que quelques-uns soient avantagés tandis que quelques autres seront disgraciés. Car la règle ne peut elle-même se régler que sur la moyenne, et par conséquent tous les individus qui s'écartent de la moyenne ne peuvent qu'être ou lésés ou favorisés par la loi, et l'être d'autant plus qu'ils s'écartent davantage de la moyenne. Or, la moyenne, à vrai dire, n'existe pas, c'est un milieu abstrait autour duquel oscillent de plus ou moins près les individus concrets, mais qui ne se réalise exactement en aucun d'eux. C'est ainsi que la règle du silence indispensable à la bonne tenue, au bon ordre d'une classe, pèse très lourdement sur un certain nombre d'écoliers, tandis que quelques-uns d'entre eux n'en souffrent aucunement. Et de même le pas moyen adopté pour les marches de l'armée fatigue à la fois les plus grands et les plus petits. Toute loi sociale, toute règle, étant commune, est ainsi mal ajustée; quand on apprécie et juge la loi, si on a dans l'esprit le concept abstrait de la justice morale, on devra à peu près nécessairement trouver toute loi injuste. Aucune ne va tout à fait bien aux hommes concrets. A peu près toutes les blessent, et par conséquent les irritent, les poussent à la révolte. C'est la loi qui fait le péché, disait saint Paul, et nos anarchistes ajoutent : c'est la loi qui est cause des désordres, des révoltes des opprimés. Et chacun des hommes soumis à la loi est un opprimé. Vouloir faire tirer tous les chevaux avec le même collier fait d'après des mesures moyennes, c'est vouloir qu'ils se blessent tous et qu'ils refusent l'effort ou qu'ils ruent dans les brancards. Les caractères et les volontés des hommes sont comme leurs corps : chaque caractère, chaque volonté a sa manière propre d'agir et de réagir comme chaque corps a ses mesures particulières. Les habits faits en confection sur des mesures moyennes habillent à peu près tout le monde mais ne vont bien à personne. Il en est de même des lois sociales. Pour qu'une loi fût vraiment juste, vraiment équitable, il faudrait qu'elle fût faite sur mesure comme les habits. Mais dès lors elle cesserait d'être une loi sociale, car que pourrait être une loi sociale qui ne serait pas commune ?

Et par le fait seul qu'elle est commune, la loi sociale ne peut être qu'extérieure, elle s'impose du dehors et ne régit que les actes extérieurs. La loi commande des mouvements et des gestes, elle ne saurait avoir prise sur la pensée ni sur l'intérieur de l'âme. La loi qui m'ordonne de payer l'impôt ne saurait m'imposer l'obligation d'éprouver une joie intime à m'acquitter entre les mains du percepteur, et pourvu que le soldat accomplisse les gestes et les actes qui lui sont commandés comme ils lui sont commandés, la loi militaire se déclare satisfaite. La sorte d'irrationalité que nous découvrions tout à l'heure dans la loi sociale, qui la fait, parce qu'elle est commune à tous, peser inégalement sur chacun de ses sujets, lui vient précisément de ce qu'elle ne conditionne et ne règle que les actes extérieurs. Car, ne régissant que les corps, elle ne saurait être autonome, elle s'impose du dehors et d'une façon toujours plus ou moins arbitraire et artificielle à des hommes qui ne sont pas faits à sa mesure, mais qu'elle veut réduire à la sienne. Le législateur humain, de même qu'il ne peut pas tout, ne sait pas tout. Si bien intentionné qu'il puisse être, même si éclairé qu'il soit, il ne peut, dans l'infinie complexité des problèmes sociaux, connaître toutes les données ni par suite en tenir compte. Il établit des moyennes, il se trace des voies directrices selon les lignes de visée qui lui paraissent être les plus compréhensives, mais, étant homme, il ne peut tenir compte de tous les concrets, il est obligé de demeurer dans l'abstrait et dans le moyen pour rester dans le commun ; les raisons profondes qui relient le concret à l'abstrait, l'individuel au général, lui échappent, car il n'est pas Dieu. Et la loi, dès lors, au lieu d'apparaître aux consciences individuelles et raisonnables comme l'expression même de leur raison d'être, se présente comme un joug qui, si bien qu'il puisse être modelé, pèse sur les nuques, courbe les épaules et fait sentir une sujétion extérieure qui suscite instinctivement des révoltes, et non pas seulement des révoltes désordonnées, fondées sur l'instinct du désordre, sur la fantaisie ou sur le caprice, mais des révoltes dont le ferment est d'autant plus fort qu'il a son indéniable principe dans la justice et dans la raison.

Commune, extérieure, hétéronome, la loi sociale est encore fragmentaire. Elle nous oblige à faire telle action en tel temps et en tel lieu, puis telle autre en un autre temps et en un autre lieu, sans s'inquiéter de nous indiquer comment nous pourrons remplir l'entre-deux. Aucun lien ne paraît unir entre elles les diverses prescriptions. Il semble en beaucoup de cas que ce soit l'arbitraire pur qui ait présidé à la confection des lois. Pourquoi est-il défendu en France de cultiver le tabac sans autorisation de l'État, tandis que l'on peut impunément fabriquer de l'alcool? C'est ce qui sans doute peut s'expliquer, et on en a donné des raisons. Mais outre que ces raisons pourraient bien n'être que des arguments de politiciens ou d'avocats et non pas des raisons vraies, est-ce que ces raisons apparaissent clairement à la moyenne des justiciables, et la plupart ne doivent-ils pas être tentés de regarder l'obligation ainsi créée par la loi comme purement arbitraire et tout à fait hasardeuse ? La défiance instinctive que les meilleurs même, parmi les citoyens, éprouvent vis-à-vis des lois fiscales provient de cette incohérence évidente dans toutes les législations. Et ce n'est que par là que l'on peut trouver quelque fondement à la doctrine bien connue d'un certain nombre de moralistes qui soutiennent que lorsqu'une loi fiscale édicte une pénalité contre ceux qui viendraient à frauder la loi, le contribuable a le droit de choisir en toute conscience entre l'observation pure et simple de la loi, la contribution certaine et le risque de la pénalité. Selon ces moralistes, la loi en disant au citoyen : « Acquitte ce droit ou, si tu ne l'acquittes pas, tu seras passible d'une forte amende », lui dirait équivalemment : « Je te donne à choisir entre deux choses : un droit modéré certain ou une amende énorme incertaine ; la modération de l'un compense sa certitude, et l'énormité de l'autre est compensée par son incertitude. Tu peux donc faire ce que tu voudras, ce que tu jugeras le plus conforme à ton intérêt. » D'où il suit évidemment que, quelque parti que prenne le contribuable, il se trouvera d'accord avec la loi. Que ces moralistes fassent un paralogisme, cela ne paraîtra pas douteux parce que le vœu de la loi est évidemment d'établir la certitude de l'impôt et non pas que le citoyen soit laissé libre de choisir entre la fraude et le paiement de l'impôt, mais qu'il sache bien au contraire qu'il doit payer et ne pas frauder. Ce qui a donné à cette argumentation un semblant de consistance, c'est précisément le caractère évidemment arbitraire de presque toutes les mesures fiscales. Et comment toutes ces prescriptions pourraient-elles échapper à l'arbitraire puisque, pour qu'elles le fissent, il faudrait que la science financière, que la science économique, que toutes les sciences sociologiques fussent achevées ? Car on ne pourra établir des impôts de façon scientifique et par conséquent tout à fait rationnelle que lorsqu'on pourra déterminer exactement par la science financière quels sont les besoins de l'État, par la science économique et par l'ensemble des lois sociologiques quels sont les impôts qui réuniront à la fois le rendement, l'innocuité économique et la facilité avec laquelle ils sont susceptibles d'être perçus. Et ce qui est vrai des lois fiscales est vrai de toutes les lois sociales, elles ne formeront un corps organique dont toutes les parties seront liées, où toute la vie sociale de chacun des citoyens recevra des directions cohérentes, elles ne seront par conséquent à l'abri du reproche d'arbitraire que lorsqu'elles seront scientifiques, et elles ne seront scientifiques que lorsque les sciences sociales seront achevées. Mais comme les sciences sociales ne pourront jamais s'achever, les lois non plus ne pourront jamais arriver à être organisées par des principes susceptibles de s'ajuster au niveau de la raison. Ce qui revient à dire que les lois sociales demeureront toujours imparfaites et inachevées, inadéquates par conséquent à leur si noble fonction. Le législateur humain ne pouvant tout connaître ne peut pas légiférer sûrement pour des êtres qu'il ne connaît pas. Il ne les pénètre pas, il doit risquer constamment de les blesser et, voulant les faire vivre, de les conduire à la mort. Aussi ses commandements sont-ils extérieurs, inadéquats, présentent des apparences d'injustice. La loi morale, au contraire, exprimant avec le fond de chacun des êtres qu'elle régit la raison et la volonté du souverain Législateur, émerge du fond de nous-mêmes, courbe la volonté en s'imposant à notre raison, elle ne peut que nous faire vivre, nous agrandir sans risquer jamais de nous mutiler, elle assure la continuité harmonieuse et constante de notre vie, qui ne sera jamais plus intense, plus haute et plus belle que lorsqu'elle se maintiendra sous la loi.

Et c'est cette loi morale même qui, toutes les fois que notre conscience n'y fera pas une opposition expresse et formelle, nous imposera l'obligation d'obéir aux lois sociales malgré toutes leurs imperfections. Ces imperfections sont inévitables. Même la part d'injustice que l'on ne peut éviter ne saurait être une excuse pour se dispenser d'observer les lois. L'organisation sociale est une organisation humaine qui, comme toutes les organisations humaines, expose à des accidents, fait courir des risques. Tous les ans, par cela seul qu'il y a des chemins de fer, un certain nombre d'êtres humains sont victimes de déraillements, de rencontres de trains ou d'autres semblables catastrophes ; si tous ces accidents ne sont pas inévitables, il y en a cependant un bon nombre qu'aucune prévision humaine dans l'état imparfait de nos connaissances ne saurait empêcher, tels que ceux qui résultent de la folie subite d'un employé, de la brusque rupture d'un frein, d'un rail ou d'une poutre de pont, de la destruction d'un signal par un orage, d'une chaussée par une trombe ou par une inondation. On est donc en droit de dire que ces accidents font comme partie intégrante de l'existence des chemins de fer, puisque, dans la condition des choses humaines, il n'est pas possible que l'exploitation des chemins de fer existe sans que se produisent des accidents de ce genre. Il en est tout à fait de même dans l'institution sociale. Elle est humaine, imparfaite, et des accidents peuvent et doivent même s'y produire, des catastrophes déplorables mais que nulle bonne volonté n'est capable d'éviter ; à plus forte raison un grand nombre de souffrances individuelles plus ou moins légères doivent-elles résulter et inévitablement résulter du jeu de l'institution. Il convient d'employer tous les efforts à diminuer le nombre des souffrances individuelles, leur intensité, et le nombre des catastrophes, mais on ne peut supprimer tout accident. Il faut donc se résigner à courir le risque de ces malheurs individuels et accidentels pour garder un bien qui vaut plus que tous ces maux, si déplorables qu'ils soient.

C'est donc la résignation vis-à-vis des maux inséparables de l'existence sociale que nous enseigne cette distinction que nous avons faite entre la loi morale et la loi sociale. Car puisque l'être humain a besoin de la société pour vivre et pour se développer et que le premier devoir est de conserver la vie, il s'ensuit que l'homme ne saurait être moral s'il ne se soumet pas aux nécessités des législations sociales. Il doit apporter aux inévitables violences que peut lui faire subir la législation sociale la docilité d'un sujet soumis. Il ne songera pas même à se révolter contre les apparences d'injustice. Il n'exigera pas de la législation sociale ce qu'elle ne peut nous donner. Et s'il donne avec générosité sa soumission, il peut aussi y mêler quelque dédain. Car la loi sociale ne peut que bien rarement arriver à l'opprimer. Si elle lui enlève ses raisons de vivre, il est obligé de lui résister. Mais la plupart du temps elle ne saurait lui commander que des actes extérieurs, des mouvements et des gestes. Son âme lui reste intacte que la loi sociale ne peut atteindre, où il se retrouve tout entier. Il peut, jusqu'à un certain point, abandonner le dehors parce que le dedans lui reste. Et qui pourrait le lui enlever, lui ravir sa vie intérieure? Un Socrate, un Épictète, les martyrs chrétiens ont montré comment on pouvait même en captivité, même en esclavage, même sous le glaive, conserver sa vie véritable et garder sa liberté.

CHAPITRE IV

Justice morale et Justice sociale

Depuis que l'homme a pris conscience de lui-même et de ses rapports avec ses semblables, toute la vie de l'humanité n'est qu'une continuelle aspiration vers la justice. Les psaumes bibliques l'invoquent, Hésiode la fait asseoir à côté de Zeus, Pythagore essaie de la définir, Socrate, Platon, Aristote, en précisent la nature, le droit romain s'efforce de la traduire en préceptes législatifs. Jésus proclame la béatitude de ceux qui en sont affamés et assoiffés, et, depuis le christianisme, tous les efforts des grands cœurs pitoyables comme tous les élans des faibles opprimés ont eu pour but d'établir le règne de la justice. Ce règne n'est pas encore venu : jamais la plainte des malheureux, des pauvres et des souffrants, n'est montée plus exacerbée, plus criante vers le ciel, sans doute parce que jamais les misérables n'avaient eu pareillement conscience de leur misère. La civilisation, en les éveillant à la connaissance d'eux-mêmes, leur a donné la conscience de leur condition. Ils ont senti leur malheur et ont essayé d'y remédier. Ils unissent leurs forces pour soulever les lourdes pierres qui pèsent sur eux et ils les ébranlent au risque de renverser avec elles tout l'édifice social.

Jadis, tout ce qui était présenté aux hommes comme venant de Dieu était par là même réputé juste, la conscience humaine aujourd'hui ne consent à reconnaître pour divin que ce en quoi elle discerne le caractère de la justice. Et cette justice sans laquelle Dieu ne nous paraît pas pouvoir exister, à laquelle nous voulons que toute législation humaine se conforme, est celle-là même que conçoit notre conscience morale. Nous nous sentons nous-mêmes obligés à la justice, c'est-à-dire à respecter le droit des autres, à leur rendre ce qui leur est dû, nous sentons que les autres ont envers nous les mêmes obligations, et nous concevons alors un ordre universel où tous les droits seraient respectés, où aucune injustice ne se produirait, où la paix universelle régnerait enfin, selon le mot du Psalmiste, sous le baiser de l'universelle justice, *justitia et pax osculatæ sunt*. Cet ordre d'universelle justice, notre conscience l'exige. Et nous imaginons ou bien nous rêvons un ordre social humain où régnerait également la justice. La justice morale nous paraît comme le type auquel doit se conformer toute justice sociale, si bien que cette dernière ne saurait exister si elle ne présente pas tous les caractères de la justice morale.

Or, il n'est malheureusement pas malaisé de faire voir que ce que l'on appelle justice sociale est tout autre chose que la vraie et complète justice, qu'il s'y mêle toujours de l'imperfection et de l'injustice. En sorte que si l'on exige de cet ordre social qu'il se modèle sur le type de la justice morale, on doit infailliblement arriver à condamner comme injustes toutes les organisations humaines. On voit tout de suite quel est le danger. Comme, d'une part, au nom de l'idéal de justice que l'on s'est construit, on ne considère comme ayant droit à l'existence que les sociétés justes, et que, d'autre part, en fait, il n'existe ni ne peut exister aucune société vraiment et tout à fait juste, on en vient à vouloir renverser et détruire chacun des édifices sociaux. Aucun ne répondant à l'idéal, ils sont donc tous condamnables et condamnés, de là les incessantes révoltes, l'état permanent de révolution. Si un Proudhon, après tant d'autres mais avec plus de vigueur et de netteté que tout autre, a divinisé la Révolution, c'est qu'il y a vu comme une quête incessante de la justice. Et on a eu bien raison de réunir en un compagnonnage solidaire la Libre pensée et la Révolution, les libres penseurs et les révolutionnaires, car Révolution et Libre pensée désignent bien moins une doctrine qu'une méthode, elles ne constituent pas la conquête définitive d'un idéal, mais la recherche perpétuelle de cet idéal. Le chemin leur paraît presque préférable au but. Les révolutionnaires s'attardent dans la période critique de l'action, comme les libres penseurs dans la période critique de la pensée. Et c'est pour cela qu'Auguste Comte condamne les uns et les autres. Ce sont des démolisseurs et non pas des organisateurs et des constructeurs. Mais cette désorganisation est fatale dès lors qu'ils ont assigné pour règle à toute organisation un idéal impossible à réaliser. Les exigences d'un Descartes vis-à-vis de la vérité scientifique rendent cette dernière inaccessible à l'esprit humain ; les exigences d'un Rousseau, d'un Kant, d'un Fichte ou d'un Proudhon vis-à-vis de la justice sociale rendent celle-ci impossible à réaliser, et c'est ainsi que la critique cartésienne doit infailliblement aboutir au scepticisme qui est l'anarchisme de la pensée, tandis que la critique révolutionnaire doit infailliblement aboutir à l'anarchisme qui n'est autre chose qu'une sorte de scepticisme social.

Si donc nous arrivons à distinguer clairement la justice morale de la justice sociale, si nous arrivons à montrer que ce que l'on nomme justice dans les organisations sociales n'est à vrai dire qu'un jeu de forces où quelques idées morales entrent sans doute comme facteurs, mais non pas comme seuls facteurs, ni même peut-être comme facteurs principaux, si l'on voit bien comme conséquence que ce que l'on appelle justice ne devrait pas usurper ce nom, et enfin qu'il n'y a pas place dans les sociétés humaines pour une justice conçue sur le type absolu de la justice morale, nous aurons par là même exorcisé la chimère au nom de laquelle l'anarchisme fait de la Révolution une sorte de religion. Ces libres penseurs et ces incrédules sont en effet des croyants, ils adorent la Justice, se prosternent devant le Juste. Mais inconséquents avec leur manière religieuse de penser, au lieu de placer leur Dieu dans un empyrée transcendant, ils veulent le trouver réalisé sur la terre, l'incarner parmi les hommes. Il convient donc de montrer que la justice absolue à laquelle l'homme aspire et qu'il adore en son cœur, dont il éprouve la noble et fière nostalgie, ne se rencontre pas sous les tentes humaines, elle vit sans doute dans le cœur de quelques héros, quelques hommes justes lèvent parmi leurs frères la sérénité de leur front comme les palmiers élèvent dans l'oasis la verdure de leur feuillage, mais les relations humaines ne sont pas réglées par la justice. Ce n'est pas la justice qui règne en maîtresse souveraine sur les sociétés humaines, c'est la puissance et la force. La justice peut modérer la force des puissants, exciter celle des faibles ; mais, outre que ces forces lui sont trop souvent rebelles, outre que, parfois, faute de pouvoir la bien connaître, elles ne se règlent pas tout à fait sur elle, elle ne parvient elle-même à produire quelque effet, à se réaliser si peu que ce soit que par les forces qui la traduisent et se mettent à son service.

I

Qu'est-ce donc d'abord que la justice et quelle idée nous en faisons-nous ? Quelle idée les hommes s'en sont-ils faite ?

A l'origine la justice était toute légale, entièrement extérieure. *Justum est quod placuit regi* ou *legi*. Tout ce que le souverain ordonne ou la loi est juste par cela même. Qu'est-ce que le *jus* pour les vieux Romains ? C'est ce qui est reconnu ou sanctionné par la loi. La loi dit le droit tout d'abord parce qu'elle le crée. La loi ordonne, édicte un commandement, un *jussum*. Cet ordre devient un droit, le *jussum* devient un *jus*. A l'origine donc la justice, comme d'ailleurs toutes les autres idées morales, ainsi que nous l'avons déjà remarqué (1), exprime exclusivement une conception sociale. Ce n'est que plus tard, sous l'action de la réflexion philosophique des Socrate, des Platon, des Aristote, des Stoïciens et des juristes, disciples de ces derniers, que l'idée de justice change de sens et de sociale devient morale.

Il en est de même chez les Hébreux. Dans les premiers livres bibliques, la justice c'est l'obéissance à la loi de Dieu, le juste est l'observateur de la loi. Et Dieu est juste parce qu'il pose la loi. Plus

1. Chap. I, p. 12.

tard, dans les psaumes, dans les prophètes, l'idée se développe et devient plus profonde : il y a une justice intérieure distincte des observances légales, et cette justice est « celle qui garde la route de l'innocence ». A quoi Jésus-Christ ajoute que « la justice de ses disciples ne doit pas être semblable à celle des scribes et des pharisiens », qu'elle doit consister dans la soumission intime du cœur à la loi divine, dans la recherche du royaume et dans l'obéissance à ses lois, et cette justice consiste à ne pas faire à autrui ce que nous ne voudrions pas qu'on nous fît (1), à rendre le bien pour le bien, c'est-à-dire à rendre à chacun ce qui lui est dû.

C'est bien aussi à cette idée qu'arrivaient peu à peu les Grecs. Dès le temps de Pythagore, ils concevaient la justice comme une sorte d'égalité, et Aristote distingue avec netteté la justice légale, qui résulte de l'observation des lois, de la justice qui est une sorte d'égalité. Et enfin, en développant ces idées, on en est venu à constituer la doctrine classique de la justice divisée en justice commutative et justice distributive. La justice commutative consiste dans une égalité simple et plate, par exemple le juste prix d'un objet sera la quantité de monnaie égale à la valeur de l'objet, un échange sera juste quand les objets échangés seront d'égale valeur. Et c'est ainsi que la justice commutative préside à toute restitution : il faut restituer des

1. *Tob.*, IV, 14.

richesses de qualité égale et en quantité égale à celles que l'on a reçues.

La justice distributive n'est pas aussi simple. elle ne se contente pas de considérer les objets auxquels s'applique l'idée, elle se complique de considérations subjectives, elle ne veut pas que tous les hommes soient traités également, elle exige que chacun soit traité suivant ses mérites, suivant ce qu'il a produit. Cette justice est la seule véritable. car, d'une part, il n'y a de justice que vis-à-vis des personnes, et d'autre part. la justice commutative n'est qu'un cas particulier de la justice distributive, le cas dans lequel les deux personnes liées par des relations juridiques sont toutes les deux sur le même plan, ont une importance tout à fait égale, comme par exemple, le vendeur et l'acheteur. C'est cette justice qui est la seule véritable où, dans les relations civiles, chacun reçoit exactement selon ses mérites. où, dans les sanctions pénales, chacun est puni selon le degré de sa culpabilité, où chacun aussi est récompensé selon la valeur de ses vertus.

Or, il est aisé de montrer que ces conditions qui constituent l'essence de la justice n'appartiennent qu'au domaine moral, ressortissent uniquement à la conscience morale, et que ce que l'on appelle justice sociale n'a avec la justice véritable que de lointaines analogies.

Et il semble d'abord que l'on doive dire que la justice est une vertu sociale, qu'elle ne peut exister que dans et par la société, car si la justice consiste essentiellement à rendre à chacun ce qui lui est dû, il est bien évident qu'elle règle les rapports de l'homme avec ses semblables et par suite qu'elle ne peut exister que là où il y a société. Il y a là quelque chose d'incontestable, la justice est une vertu qui ne peut exister que dans un esprit social. Mais en même temps et par là même qu'elle est une vertu, elle réside dans un être individuel, elle a sa source dans une volonté morale. La justice, vertu morale, d'un seul mot, la justice morale, est donc la loi d'après laquelle la volonté morale mérite d'être appelée juste; la justice, vertu sociale, d'un seul mot, la justice sociale, réside dans l'ensemble d'actions, de pratiques par lesquelles l'homme réalise vis-à-vis de ses semblables ses intentions morales de justice. La justice morale réside donc tout entière dans l'individu moral, bien qu'elle ait pour objet les cosociétaires de cet individu; la justice sociale n'existe que dans les relations réelles, positives de l'individu avec ses semblables. Ici encore, comme partout ailleurs, le moral est individuel, intérieur et intentionnel, le social est commun, extérieur et actuel.

Quand est-ce qu'un homme est moralement juste, quand est-ce qu'il mérite, aux yeux de sa conscience, d'être appelé de ce nom? Où est le juste et à quoi se reconnait-il?... Le juste est l'homme qui, s'étant apprécié dans la pure sincérité de son intelligence et ayant de même apprécié les autres, se traite intérieurement lui-même et traite les autres exactement selon qu'il s'est apprécié et a apprécié les autres. Nul ne peut lui demander ni exiger de lui autre chose. Il ne peut juger que selon son savoir et selon son intelligence, il ne peut bien vouloir qu'à la condition de conformer sa volonté à ce qu'il connaît. S'il est juge, il est juste en exprimant tout haut les verdicts de sa conscience ; s'il est employeur, il est juste en conformant le salaire qu'il donne à ses employés à la valeur qu'il attribue à leur travail : s'il est employé, il est juste en réclamant le salaire qui correspond à la valeur que lui-même attribue à son travail propre ; s'il est législateur, il est juste en rédigeant, en votant des lois qui lui paraissent devoir procurer le bien général. Ici, sans doute, comme partout, la justice est bilatérale, elle va d'un homme à un ou à plusieurs autres hommes, mais elle va d'un homme réel et concret à d'autres hommes non pas réels et concrets, mais simplement représentés dans la pensée du premier, ou, mieux, elle va d'un homme réel à l'idée que cet homme se fait d'autres hommes. Et ainsi, il peut toujours s'établir une exacte proportion : car la volonté se décide d'après ses idées, d'après les connaissances de l'esprit, et se conforme à ces connaissances.

Être juste, c'est sans doute agir en vue de ses semblables, mais, du pur point de vue moral, c'est, avant tout, revêtir son âme de justice, c'est regarder les autres comme d'autres nous-mêmes et c'est ne rien leur faire de ce que nous ne voudrions pas qui nous fût fait. La justice morale est donc d'abord intérieure et, si l'on ne peut la concevoir sans une application sociale, elle ne saurait pas exister davantage sans la décision morale. A vrai dire, moralement est juste celui qui conforme son intention à sa vue claire de la justice. Il est justifié, au sens moral et simplement naturel du mot, par sa seule bonne volonté, alors même qu'il se tromperait, quels que puissent être les effets sociaux de sa décision. Sa conception des choses ou des actions justes ne se rapporte qu'à ses idées, et il est vrai que ces idées représentent des hommes, ses semblables, ses frères, mais tant que la justice demeure simplement morale, enfermée dans l'enceinte où le moi se justifie intérieurement, elle ne se rapporte qu'à des idées. Ainsi, du moment que nous voulons être justes, nous le sommes et ne pouvons pas ne pas l'être. Cette justification intérieure, cette justice morale consiste en ce que, quels que soient nos intérêts propres, nous nous refusons à déprécier autrui au delà de ce à quoi nous consentirions à être dépréciés nous-mêmes si nous étions à sa place. Notre sentiment de justice est ainsi plutôt négatif, nous manquons à la justice si nous sentons que nous serions révoltés si on nous traitait comme nous voulons traiter les autres : si je ne rends pas un dépôt qui m'a été confié, si je viole un secret, si je donne à mes ouvriers un salaire insuffisant, je suis injuste, parce que je ne voudrais pas qu'on ne me rendît pas le dépôt que j'aurais confié, parce que je ne voudrais pas qu'on violât mon secret, qu'on me donnât un salaire insuffisant pour me faire vivre. Comme c'est moi qui fais les évaluations, qui conforme, après, ma volonté à ces évaluations, il est évident que je suis moralement juste si je le veux et que même je puis atteindre à la perfection de la justice. Il est, en effet, nécessaire, pour être véritablement juste, que la perfection soit atteinte. A cause même du caractère négatif de la justice, qui consiste à ne pas faire ce qui est injuste, il s'ensuit bien que dès que l'on est juste on doit l'être parfaitement, et qu'une décision peut être plus ou moins injuste, mais non pas plus ou moins juste, car s'il y a des degrés dans l'injustice, parce que l'on peut plus ou moins s'écarter de la justice, il ne saurait y en avoir dans la justice, puisque la justice est un minimum au-dessus duquel les décisions et les actes peuvent sans doute monter, mais au-dessous duquel ils ne peuvent descendre sans tomber aussitôt dans l'injustice. Au-dessus des plaines de la justice, s'élèvent les collines et les hautes montagnes de la charité. La justice ne rend que ce qui est dû, que ce qu'il serait mal de ne pas rendre; la charité ajoute à ce qui est strictement dû la grâce du don volontaire. La justice rend, la charité donne et se donne. La justice est symbolisée exactement par la ligne droite au-dessous de laquelle il n'y a que déviation et écarts; la charité est symbolisée par la grâce et l'envolement de la ligne courbe qui, comme poussée par une force surabondante, s'élève au-dessus du niveau plat et répand, comme de régions supérieures, la grâce enchanteresse et souverainement aimable de sa libre bienfaisance.

II

C'est que la justice consiste uniquement à ne pas léser le droit. Ce que nous ne pouvons accepter raisonnablement qu'on nous fasse, ce que, par conséquent, nous ne devons pas faire aux autres, c'est ce qui est contre notre droit. Mais qu'est-ce que le droit ? Rien ne semble plus difficile à définir. Car presque tout le monde le définit : ce qui est dû à un homme, ou ce qu'il est juste de lui rendre. Mais tout de suite après, si on demande : Qu'est-ce qui est dû ? ou : Qu'est-ce qui est juste ? on répond : Ce qui est dû à un homme, c'est de respecter son droit, ou : Ce qui est juste, c'est ce qui est conforme au droit. En sorte que l'on définit d'abord le droit par le devoir, puis le devoir par le droit ; ou bien d'abord le droit par le juste et ensuite le juste par le droit. Mais on peut tirer du précepte biblique rappelé il y a un instant : « Ne fais pas à autrui ce que tu ne voudrais pas qu'on te fît », une définition suffisante ou du moins une conception assez claire de ce en quoi consiste le droit. Si la justice envers les autres a pour mesure l'opposition de votre volonté à vous laisser traiter de telle ou telle manière, cela tient évidemment à ce que vous regardez votre volonté, dans certaines circonstances, comme contenant la règle et la mesure du droit. Est injuste, contraire au droit, ce que vous ne voulez ni pour vous ni pour les autres, c'est-à-dire ce qu'une volonté humaine raisonnable ne peut vouloir pour un homme, quand elle se place à un point de vue universel et dès lors impersonnel. Ma volonté n'est donc règle de justice, mesure du droit, que lorsqu'elle n'est plus ma volonté propre, individuelle, sujette à des caprices, à des fantaisies et par suite à des injustices, mais lorsqu'elle exprime et signifie la volonté essentielle de l'être humain, le vouloir-vivre et le vouloir-être d'un être raisonnable, c'est-à-dire d'un être qui sait tenir compte de ses rapports avec l'universel ensemble des êtres. Est de droit, juste par conséquent, ce que nous ne pouvons pas ne pas vouloir. Notre droit a pour mesure ce qu'exige notre essentiel vouloir-vivre, notre volonté raisonnable. Par cela seul qu'il existe, l'être raisonnable a le droit d'être, et par cela seul qu'il vit, le droit de vivre, et son droit va aussi loin que va son pouvoir tant que la raison, par la considération du droit tout égal des autres, ne lui impose pas des barrières. Je suis, je vis, j'ai le droit d'être, le droit de vivre et de développer ma vie jusqu'au temps où je rencontre une autre vie semblable à la mienne qui veut aussi se développer. A ce moment, les deux droits sont en présence et semblent hostiles. En réalité, ils ne le sont pas, car ils résident l'un et l'autre en des êtres raisonnables, et aucun de ces deux êtres ne continuerait à mériter le titre de raisonnable si chacun voulait vis-à-vis de l'autre user de la violence. La raison leur fait voir à tous les deux qu'ils sont également respectables et que le seul moyen qu'ils puissent avoir pour développer leur vie consiste à composer l'un avec l'autre, à ne pas se buter ni à s'immobiliser l'un l'autre ; surtout à ne pas se heurter, se combattre et s'amoindrir ainsi en tâchant de s'entre-détruire. Le devoir d'être raisonnables leur impose le respect mutuel de leurs droits réciproques, le devoir de la justice. Et ainsi, c'est de la raison que dérive la justice, qui n'est que le respect du droit. Le droit, à son tour, se confond avec le vouloir-vivre essentiel de l'être raisonnable. Lui aussi a ses origines profondes dans la raison. Et par la raison dans l'organisation intégrale de l'être humain, dans l'ordre universel dont cet être fait partie et, par conséquent, dans la fin ou dans la destination de cet être. Le droit de l'homme, c'est, en fin de compte, l'ordre dans lequel chaque homme a sa place, l'universelle harmonie où chaque voix chante son air et fait sa partie. Nous avons droit à être des êtres ordonnés, harmonieux et concertants, la justice consiste à ne déplacer personne, à ne tirer personne hors de l'ordre, à n'imposer de fausses notes à aucune voix, et quand nous restons dans l'ordre, quand notre voix suit avec justesse le concert universel, nous sommes justes nous-mêmes.

III

Quand nous avons un devoir de justice à remplir vis-à-vis des autres hommes, nous n'avons pour être moralement justes qu'à nous régler sur notre raison, sur les jugements de valeur qu'elle prononce. Nous serons à la fois juge et partie dans notre propre cause, et il ne peut en être autrement. Tout notre effort doit tendre à éliminer de nos jugements la partialité, à dissiper les brumes de l'intérêt ou les nuées de la passion. C'est ainsi que nous devons respecter la vie, l'honneur, les biens de nos semblables, que nous devons respecter les contrats, garder fidèlement les promesses, payer à quiconque nous cède une richesse quelconque, denrée ou travail, non seulement le prix convenu, mais le juste prix, mais nous ne pouvons devoir en conscience que ce que en conscience également nous estimons juste. Et, par exemple, tandis que les uns se croiront liés par la lettre de leurs promesses ou de leurs contrats, d'autres pourront en interpréter l'esprit, et les uns et les autres aboutiront à des décisions fort différentes. La justice pour les uns consistera dans le respect de la lettre stricte ; pour les autres, dans le respect de l'esprit. Il semblera aux uns que, quoi que ce soit que l'on ait promis ou convenu de faire, pourvu que ce ne soit pas mal en soi, il faut le tenir, quel que doive en être le résultat, alors même que cela changerait du tout au tout les charges qu'on a acceptées. Mais les autres estimeront, et, ce semble, à meilleur droit, que des promesses ne sauraient obliger lorsqu'elles forcent à faire ce à quoi on ne pensait point s'engager en les faisant, à se donner un mal sur lequel on ne comptait pas, à diminuer sa vie dans des proportions qu'on n'avait pas prévues, que même on ne pouvait pas prévoir. Une promesse peut-elle engager au delà de ce que contient l'idée que s'en fait celui qui promet ? Et de même pour les contrats : on peut parfaitement soutenir qu'un contrat dont les conséquences imposent tout à coup des charges que l'on ne prévoyait pas, qu'on ne pouvait pas prévoir, qui ne correspondent pas à un accroissement semblable de charges pour l'autre partie contractante ne saurait lier la partie lésée. Le Code lui-même admet en certains cas la résiliation de contrats semblables. Mais dans tous les cas où les aggravations imprévues de charges ne sont pas aisément appréciables du dehors, et ne crèvent pas, pour ainsi dire, les yeux, la société ne saurait admettre le non-accomplissement des promesses, la rupture des contrats. N'y a-t-il pas cependant des charges intérieures, des aggravations morales qui, par suite d'inévitables changements survenus dans les parties, peuvent devant la conscience être regardées comme les équivalents des circonstances extérieures qui, aux yeux même du Code, rendent les promesses caduques et résiliables les contrats ? Moyennant une indemnité, je me suis engagé à laisser passer sur mon fonds mon voisin et les membres de sa famille. Si, au bout de cinquante ans, cette famille est devenue tellement nombreuse que, même sans abus de sa part, je sois comme dépossédé par le passage de tous ces gens, serai-je encore en conscience tenu par mon contrat? Et je puis avoir promis de même d'héberger un homme sa vie durant : si cet homme change tout à fait de caractère, si, d'aimable et de paisible, il devient insupportable et hargneux ; si moi-même je deviens malade ou moins fortuné ou qu'il m'incombe des charges inévitables nouvelles, suis-je encore obligé par ma promesse? Je vais vivre en de perpétuelles tortures morales, voir toute ma vie s'effondrer, la justice m'oblige-t-elle à faire ces sacrifices, à m'imposer cette mutilation, cette atrophie vitale à laquelle, quand j'ai fait la promesse, je ne songeais pas, je ne pouvais pas songer ?... Que la société, dans un intérêt social, oblige à respecter tous les contrats, à tenir tout ce que l'on a promis, cela est non seulement concevable mais raisonnable ; mais on conçoit aussi bien que la conscience morale ne soit pas aussi uniforme que la loi sociale, et qu'elle ne voie de justice que dans la fidélité aux promesses telles qu'on a su les faire, aux contrats dont on a connu ou pu connaître les conséquences. Et les aggravations douloureuses qui n'atteignent que l'intérieur et comme le cœur de l'être sans paraître à l'extérieur peuvent sans doute, au même titre que les aggravations de charges matérielles, être considérées par la conscience comme des motifs de libération des promesses, de résiliation des contrats.

V

Pour ce qui est du juste prix des salaires ou des richesses commerciales, il est bien clair que la conscience ne nous oblige en justice qu'à payer le prix auquel nous estimons la valeur des richesses ou du travail. Une fois porté notre jugement sur la valeur, nous sommes justes toutes les fois que nous ne payons pas un prix inférieur à cette évaluation, c'est nous, et nous seuls, en définitive, qui l'établissons. L'état général du marché, les demandes de la contre-partie peuvent nous fournir des données, des bases d'appréciation, mais nous pouvons aussi avoir un jugement différent, car il se peut que nous soyons seuls à connaître tel ou tel fait qui augmente la valeur réelle et la met au-dessus des prix demandés et il se peut aussi que, ne tenant compte que de nos besoins ou de nos désirs, nous jugeons que la valeur pour nous est très justement inférieure non seulement aux prix demandés mais même à la moyenne des prix. C'est pour cela que les économistes distinguent deux espèces de valeurs, les valeurs utiles et les valeurs en échange, les choses valant tantôt d'après leur utilité pour nous, tantôt d'après l'appréciation moyenne qui préside en général aux échanges. Et si dans le premier cas cité plus haut nous sommes obligés en conscience et en justice de majorer les prix demandés, nous restons également dans la justice. en toute sûreté de conscience dans le second cas en diminuant les prix. Nulle force ici ne pèse sur nous, ne s'impose à nous en dehors de l'ascendant lumineux de la raison et de la pression impérative de la justice. Nous estimons des valeurs et nous égalisons les prix aux valeurs. C'est bien la justice même. Mais une telle justice n'en est pas moins, comme tout ce qui est purement moral, individuelle, unilatérale. Et quoi que nous en puissions penser, nous rendons bien moins justice aux autres que nous ne nous faisons justes nous-mêmes.

Si maintenant de cette justice telle que notre conscience nous dit qu'il faut la réaliser, nous nous élevons à l'idée d'une justice idéale, parfaite, telle qu'elle serait comme le type auquel doit se conformer toute conscience morale, voici ce que nous trouvons : Tout homme doit être respecté dans ses droits essentiels ; nul n'a le droit de léser la personne d'un autre homme, de diminuer sa vie, de peser sur lui pour l'amoindrir à son profit ; chaque homme, en échange de ce qu'il donne ou promet, doit recevoir autre chose de valeur toute pareille. Ce qui se résume en ceci : Bien d'autrui tu ne prendras. Dénier à un homme un de ses droits ou s'opposer, sans une raison supérieure, à son développement, c'est lui prendre ce qui lui appartient ; ne pas compenser ce que l'on reçoit de lui par quelque chose de valeur égale, c'est aussi évidemment le léser. Et peu importe qu'en acceptant ce qu'on lui offre en échange de ce qu'il donne, il paraisse accepter d'être lésé. En réalité, il n'accepte pas. Car il n'accepte l'échange que par ignorance ou par force. Et dans aucun des deux cas il n'est vraiment libre. Ignorant, il ne sait pas ce qu'il fait ; contraint, il ne fait pas ce qu'il veut. L'idéale justice réclame donc une équivalence complète dans les valeurs échangées. Ce qui suppose l'existence d'une commune mesure des valeurs, d'une règle qui assure l'exactitude des évaluations qui permette, diraient les économistes, de ramener la valeur en utilité à une valeur en échange. Nous verrons plus loin que dès que l'on veut passer à l'application, on constate que cette commune mesure n'existe pas. Aussi bien, quand on passe ainsi à l'application, on sort du moral pour entrer dans le social ; mais tant qu'on demeure dans le moral pur on n'a à s'inquiéter que des conditions idéales de la justice, et il suffit que l'on puisse concevoir une commune mesure des valeurs pour que l'on ait ainsi une conception suffisante de la justice.

VI

La justice n'a pas seulement pour objet de régler les échanges entre les hommes, elle règle aussi les rapports des hommes avec les conséquences de leurs actions. Il paraît juste que les hommes soient responsables, que les bonnes actions aient d'heureuses conséquences pour leur auteur; et non moins juste que les mauvaises actions aient de mauvaises conséquences. L'idée de responsabilité, de sanction, paraît bien impliquée dans l'idée même de la justice. C'est ce qu'exprime l'adage vulgaire : Il est juste que les bons soient récompensés et que les méchants soient punis. La raison semble exiger que les conséquences des actes retournent à leur auteur avec la qualification même qu'elles méritaient au moment où elles émanaient de sa volonté, c'est-à-dire que le bien produise le bien, que le mal enfante le mal. Et la raison réclame encore que le bonheur ou que le malheur qu'apportent ces conséquences à l'auteur des actions soient exactement proportionnés à la bonté ou à la malice des actes. Qu'un enfant qui a trop mangé par gourmandise souffre d'une indigestion, cette conséquence nous paraît juste, mais s'il mourait de cette indigestion, il nous semblerait que la punition a dépassé la juste mesure. Que l'inventeur d'un mécanisme ingénieux qui abrège le travail et augmente les bénéfices dans une industrie tire profit de cette invention, cela nous semble la justice même, tandis que si c'était un autre que l'inventeur qui en tirerait profit, nous trouverions que c'est injuste. Et de même, qu'un malfaiteur mette une poutre sur un rail pour faire dérailler un train, si par un hasard quelconque c'est lui qui est tué et non pas les voyageurs, on ne peut s'empêcher de reconnaître qu'il y a dans cet événement imprévu une raison véritable et même quelque élégance. Et nous trouvons cela juste.

L'idée de la justice pénale, de la justice-sanction, n'est nullement l'idée d'une sorte de talion, d'un mal qu'une volonté sensible inflige à une autre volonté sensible pour se venger du mal que cette dernière lui a fait subir; il n'y aurait dans une telle vengeance à peu près aucune sorte de justice, ce serait simplement un mal ajouté à un premier mal, deux maux au lieu d'un. Casser un bras à celui qui m'a cassé le bras, cela ne répare pas le mien, cela fait simplement deux bras cassés au lieu d'un. Il y a donc là une aggravation du mal, une déraison, et par conséquent point de justice. Mais que dans un ordre de choses bien agencé l'intervention d'un agent perturbateur doive nécessairement produire des perturbations et par conséquent des maux pour tous les êtres sensibles qui sont solidaires de cet ordre, et dès lors que l'agent perturbateur lui-même, sensible comme les autres, doive un jour ou l'autre recevoir le contre-coup douloureux des perturbations qu'il a causées et le ressentir avec d'autant plus d'intensité qu'il en est le seul auteur, c'est là une conception parfaitement raisonnable et rationnelle : c'est l'agent lui-même qui, en posant dans un ordre donné un acte perturbateur, a posé les conséquences dont les contre-coups l'atteignent. Il a voulu agir comme s'il était en dehors de l'ordre dont il fait partie, traiter les hommes et les choses autrement que la raison et l'ordre et la justice le réclamaient, il était inévitable que, étant homme et voulant agir comme s'il n'était pas homme, étant citoyen et voulant agir comme s'il n'était pas citoyen, il soit violemment ramené, et par la force seule des choses, à se rappeler misérablement qu'il ne peut s'échapper hors de l'humanité, ni s'évader hors de sa patrie. C'est pour cela que l'homme doit se soumettre aux lois essentielles de sa nature. Nous n'avons pas plus le droit de vouloir, sous prétexte d'élévation, de noblesse ou d'héroïsme, refuser satisfaction aux exigences nécessaires de notre nature, comme si nous voulions vivre sans manger ou sans dormir, que nous n'avons le droit de sacrifier les exigences essentielles et supérieures aux désirs inférieurs et accessoires. Pour être juste vis-à-vis de lui-même comme vis-à-vis des autres, l'homme a besoin de se connaître tel qu'il est, et de connaître les autres. L'ordre humain n'est pas plus un ordre idéal que l'imagination a tout loisir de construire avec des aspirations purement spirituelles, qu'un ordre grossier et tout corporel, que les sens ont tout pouvoir de conduire au gré de leurs excitations, au vent de tous leurs désirs. On ne fait pas ce qu'on veut, on fait ce qu'on peut. Et souvent le bien véritable, la justice vraiment juste, se trouve dans des actes moyens, que la prudence commande et qui ne paraissent à l'imagination ni très héroïques ni très séduisants.

Mais, quoi qu'il en soit, la sanction juste nous paraît être la conséquence infaillible, proportionnée et de même sens qui résulte d'un acte accompli, bonne si l'acte est bon, mauvaise si l'acte est mauvais. Quand nous sommes nous-mêmes, dans un ordre social donné, les ministres de la sanction, il faut, pour que nous soyons moralement justes, que nous jugions selon notre conscience, c'est-à-dire selon nos lumières, désignant pour les récompenses ou pour les places que nous avons à distribuer, ceux qui nous paraissent le mériter, et dans l'ordre même où les range leur mérite; distribuant les châtiments, les punitions, les pénalités à la fois d'après les usages, les coutumes, les lois sociales, et d'après ce que nous estimons raisonnable et équitable. Mais si ces conditions sont nécessaires, elles sont également suffisantes. Nous sommes justes dès que nous les remplissons. Nous n'avons pas à nous préoccuper de savoir si les récompenses ou les punitions dont nous disposons sont idéalement justes, si elles sont tout à fait proportionnées au mérite de nos justiciables, il suffit que nous suivions notre conscience, indépendamment des passions, des amitiés ou des haines particulières, des considérations de personnes, de parti, de religion, de tout préjugé et de toute prévention. Ici encore la justice morale, bien qu'ayant un rôle social, demeure tout entière individuelle, intérieure, et ne dépend que de l'intention.

VII

La justice morale est donc vraiment juste et ne peut que l'être puisque, dès que la volonté morale adhère de tout son pouvoir à la justice, elle est par là même justifiée. Le juste qui se sent juste se fait juste par sa seule volonté. Il ne peut donc pas manquer de l'être.

Mais dès que de la volonté des agents moraux nous passons à la réalisation de cette volonté, dès que nous considérons comment cette volonté de justice se réalise en passant dans le domaine social, aussitôt nous voyons toutes les choses changer. C'est qu'ici ce n'est plus le vendeur seul ou l'acheteur seul qui décide en lui-même du juste prix, ce n'est plus le patron seul ou l'ouvrier seul qui évalue en lui-même le taux du juste salaire, le juste prix réclame l'assentiment commun du vendeur et de l'acheteur ; le juste salaire, l'assentiment commun du patron et de l'ouvrier. Il se peut, il arrive, il doit arriver que l'évaluation du vendeur, si moral et si juste qu'on le suppose, diffère de celle de l'acheteur, de même qu'il arrive, qu'il doit arriver que l'évaluation du patron diffère de l'évaluation de l'ouvrier. Or, tant qu'il y aura discussion, mésentente entre les parties, la justice n'existera pas. En tout cas, rien ne prouvera que l'évaluation de l'une des parties est plus juste que celle de l'autre, et le fait de la contestation sur la justice équivaudra à une constatation d'injustice. Le vendeur et l'ouvrier réclameront contre les bas prix, l'acheteur et le patron se plaindront de l'élévation des prix.

Pour que toute contestation cessât, pour que l'entente s'établît définitive, pour que la justice fût saluée et reconnue également par tous, pour que son règne arrivât véritablement et s'établît dans les relations sociales, il faudrait découvrir cette commune mesure des valeurs dont nous parlions plus haut. Cette découverte suffirait, mais elle est absolument nécessaire. Si, en effet, il était possible de déterminer exactement la relation équitable, l'équivalence entre deux éléments économiques quelconques, le rapport d'une denrée, d'un produit, ou d'un travail quelconque à un prix quelconque, c'est-à-dire, en fin de compte, à une quantité déterminée de monnaie, on pourrait alors déterminer exactement les valeurs respectives des divers éléments économiques et les échanger équitablement. Toute la justice sociale repose donc, comme l'a si bien vu Karl Marx, sur la théorie de la valeur. Si l'on peut trouver une unité de valeur, il est possible d'évaluer justement tous les éléments économiques, facteurs et produits; mais si on ne peut pas trouver une unité de valeur qui permette de mesurer toutes les valeurs, de les exprimer en nombres, il n'y aura aucun moyen de prouver que des valeurs sont équivalentes, puisqu'on ne peut mettre en équation que des quantités de même espèce.

Mais on sait bien — on sait trop — que toutes les théories de la valeur sont contestées, contestables, insuffisantes. Et elles ne peuvent qu'être insuffisantes. Dire avec Lassalle et Karl Marx que l'unité de valeur doit être cherchée dans l'heure de travail c'est, en dehors de bien d'autres difficultés qu'il est inutile de soulever ici, supposer qu'il n'entre dans la valeur des produits et des richesses aucun autre élément appréciable que le travail humain qui a réalisé cette production. Mais il n'est pas possible de nier que les produits valent pour nous surtout par l'estime que nous en faisons, par le besoin ou par le désir que nous en avons. Tarde l'avait excellemment remarqué : le désir, l'élément psychologique est un des facteurs essentiels de l'économie politique. Si long qu'ait été le travail employé à construire un pont ou une maison, la maison ou le pont n'auront aucune valeur si aucun homme ne désire passer sur le pont ou habiter la maison. Si l'on met à part les objets absolument indispensables à la vie, tous les autres dont on peut, à la rigueur, se passer doivent une bonne partie, parfois la plus grande, de leur valeur au désir qu'en ont les consommateurs. L'ancienne économie politique faisait dépendre la valeur uniquement de la force des désirs tendant à s'équilibrer, de ce qu'elle appelait la loi de l'offre et de la demande. Et pour elle la valeur se confondait ainsi avec le prix. Du moment qu'un objet avait été payé de tel prix, que ce prix avait été accepté par les deux parties, ce prix représentait la valeur exacte de l'objet. C'est contre cette confusion de la valeur vraie et du prix réel que se sont élevées les critiques non seulement des socialistes mais de tous les chrétiens sociaux, et en général de tous ceux qui ont une nette conception de la justice. Car il peut se faire que l'une des deux parties se trouve dans la nécessité d'accepter un prix quelconque, alors même qu'elle estime ce prix inférieur à la valeur de l'objet. Un homme qui meurt de faim peut céder contre un morceau de pain un objet précieux, il ne s'en estimera pas moins lésé, et son acceptation ne peut être regardée comme une ratification de l'acte abusif par lequel le détenteur du morceau de pain l'a forcé à se dépouiller. Il en est de même de l'ouvrier misérable en face du patron aisé. Et il peut en être à peu près de même des patrons vis-à-vis des exigences ouvrières. Les exigences ouvrières ne peuvent imposer au patron la continuation du travail, mais elles peuvent lui imposer la ruine. Car s'il continue de travailler, travaillant à perte il ne peut que se ruiner, et s'il cesse de travailler il se ruine encore puisque ses bâtiments, ses machines, qui couvraient et au delà les emprunts qu'il avait pu faire, perdent leur valeur et ne couvrent plus ses dettes. En choisissant l'un ou l'autre des deux partis, le patron ne les accepte librement ni l'un ni l'autre, il fait comme l'ouvrier tout à l'heure, il va au plus important et au plus pressé, cependant il ne cède qu'à la force. En n'acceptant pas de payer le prix réclamé par ses ouvriers, le patron n'a pas prétendu fixer la valeur de leur travail, il a seulement fait voir qu'il ne pouvait pas ou ne voulait pas payer ce prix. Et de même l'ouvrier en acceptant le prix du patron n'a pas reconnu que son travail ne valût que le prix payé, il a simplement manifesté qu'il aimait mieux accepter ce prix que de mourir de faim.

L'acceptation d'un prix ne prouve donc rien quant à la valeur de la chose payée de ce prix. Elle ne prouve qu'une chose, c'est que celui qui accepte a des raisons psychologiques pour l'accepter, soit que ces raisons dérivent d'une nécessité ou seulement d'un désir. Le prix varie non seulement avec le désir du demandeur, mais est même en rapport avec tout l'ensemble de son caractère. Par exemple, un marchand peu scrupuleux majorera les prix à un acheteur dont il devinera la fierté, l'orgueil, qui l'empêchent de marchander.

Autre donc est le prix, autre la valeur. Il semble que pour déterminer très exactement la valeur, on ait besoin d'éliminer tout ce qui est d'ordre subjectif ou psychologique pour ne retenir que les éléments d'ordre mesurable et objectif. Pour cela il faudrait trouver une unité de mesure commune aux deux facteurs de toute production économique, la matière issue de la terre et le travail. Ce n'est qu'en regardant la matière comme un facteur économiquement négligeable que Lassalle et Karl Marx ont pu donner l'heure de travail comme unité de valeur. Mais il est trop clair que la matière vaut par elle-même, qu'un caillou pointu a plus de valeur qu'un caillou informe et qui a besoin d'être taillé, qu'une banane a plus de valeur qu'une épine et un bâton de coudrier plus de valeur qu'une tige de chardon. Il y a déjà dans une matière naturellement plus utile comme du travail accumulé. Il y a des qualités différentes de pierres, de bois et de plantes. Et de même il y a des qualités différentes de travail : l'heure de travail de l'ingénieur vaut évidemment davantage que celle du manœuvre ou du tâcheron, l'heure de travail d'un Pasteur vaut davantage que celle de son garçon de laboratoire. Il y a ainsi des qualités différentes dans la matière et dans le travail, et ces différentes qualités ne sont pas susceptibles de se ramener à une mesure commune. Il faut donc en revenir pour établir les valeurs à des estimations qui, toutes, sont commandées par des sentiments intérieurs, par les besoins ou par les désirs.

VII

Parmi ces besoins et ces désirs, il en est qui sont d'ordre tout à fait intime et très différents de la satisfaction que chaque partie peut espérer de l'opération économique. Chaque partie fait en effet entrer en ligne de compte non seulement l'utilité ou l'agrément qu'elle attend de l'objet même, mais encore son estime personnelle, sa dignité, sa fierté propre, le prix auquel elle s'estime elle-même. Il arrive fréquemment qu'un producteur ou un commerçant refusent de céder un produit à un prix même rémunérateur non pas seulement parce qu'ils trouvent le gain trop faible, mais parce qu'ils se sentiraient pour ainsi dire diminués en l'acceptant. De même un travailleur, quand il n'est pas dans l'extrême besoin, ne consent pas parfois à travailler au-dessous d'un prix qu'il s'est fixé à lui-même, d'après l'estime qu'il a pour son propre travail. C'est ce qui arrive surtout dans les professions dites libérales, au barreau, dans la médecine, le professorat, la littérature. L'avocat, le médecin, le professeur, l'homme de lettres, se croiraient diminués s'ils acceptaient d'être « honorés » au-dessous d'un certain taux. Et de même bien des patrons estiment qu'ils se diminueraient s'ils consentaient à réduire la quotité de leurs gains. En sorte qu'il faut mettre au nombre des éléments psychologiques de la valeur non seulement le désir mais encore l'estime que chacune des deux parties a pour elle-même, pour son travail, pour l'emploi de ses facultés. Aussi voyons-nous que le prix qui, s'il n'est pas la valeur même, est du moins le signe auquel on reconnait les variations de la valeur, varie avec l'estime que les parties ont pour elles-mêmes. Les gains des patrons ont été d'autant plus forts que les patrons s'estimaient davantage et estimaient moins les ouvriers, que les ouvriers s'estimaient inférieurs à leurs patrons. A mesure que l'ouvrier s'est estimé davantage, qu'il a pris une plus nette conscience de sa valeur, qu'il s'est senti soutenu par l'opinion publique, le patron, de son côté, a estimé davantage le travail, et le taux des salaires a augmenté. Ainsi la diminution des bénéfices patronaux, l'augmentation des salaires ouvriers, est bien moins socialement le résultat de la recherche d'une justice idéale que la tendance vers l'équilibre de deux forces opposées. Le patron, le maître persuadé de sa valeur et de l'infime valeur de l'ouvrier, regarde d'abord comme juste de prélever la part du lion sur la richesse produite; son idée change quand il se voit imposer par l'opinion publique ou par ses propres réflexions une estimation différente; l'ouvrier, à son tour, demeure résigné tout le temps qu'il s'estime très inférieur; dès qu'il se compare, qu'il prend conscience de sa valeur, de son rôle dans la production, il ne se laisse plus faire, il proteste, il résiste; par ses résistances et par ses protestations, il attire l'attention sur lui, il se concilie l'opinion publique, et, appuyé sur cette force, il peut désormais prétendre à des avantages que le patron n'ose plus lui refuser. La force patronale dictait autrefois la loi, maintenant elle la subit. Et un jour viendra qui n'est pas loin où la force syndicale ouvrière, mal instruite des conditions du marché, voudra imposer au capital et au patronat des conditions telles que le capital se dérobera et qu'on ne trouvera plus de patrons. Car le capital ne consentira plus à s'employer, à sortir des coffres-forts ou des bas de laine le jour où le taux de l'intérêt ne compensera plus les risques du placement. Et aucun patron ne consentira à faire ce dur et difficile métier lorsque les avantages du patronat se trouveront réduits à l'excès.

Mais, de toute manière, on voit bien que ce que l'on appelle justice sociale est quelque chose de très différent de la justice, ce n'est qu'un jeu mobile de forces qui tendent à s'équilibrer; il y a paix sociale dans les rares moments où l'équilibre semble établi, et il semble alors, dans le silence des réclamations, que le règne de la justice soit arrivé. Ce qui prouve qu'il ne l'est pas, c'est que dès que l'une des deux forces vient à s'estimer davantage, aussitôt la paix est troublée, l'équilibre cesse, et là où auparavant paraissait régner la justice, tout le monde voit l'injustice. Il n'y a donc en tout cela que des oscillations de forces, quelque chose de tout mécanique.

Les idées morales ont cependant leur influence dans ce mécanisme : ce sont par exemple les idées chrétiennes, les idées sociales qui, relevant peu à peu dans l'ouvrier le sentiment de sa dignité, ont augmenté sa force de résistance et lui ont inspiré ses initiatives de revendications; et ce sont ces revendications et ces idées qui, agissant à leur tour sur l'opinion publique, ont mis sa puissance au service du prolétariat, ce sont elles enfin qui, influant sur l'esprit des patrons mêmes, ont paralysé leur action et énervé leur capacité de résistance. Mais les idées, après avoir fait dans les consciences leur œuvre morale, dès qu'elles ont produit des phénomènes sociaux, ne se sont plus montrées que comme des forces. Le problème social n'est pas tant un problème de morale qu'un problème de mécanique, mais d'une mécanique où la morale exerce son influence.

VIII

Dans les jugements des tribunaux civils on peut observer des faits analogues. Autrefois, les classes supérieures étaient manifestement favorisées. Le Code civil même a fait preuve d'étranges partialités, comme quand il disait que le maître qui affirme avoir payé les gages de ses domestiques en sera cru sur parole, tandis que la parole du domestique ne vaudra rien (1). Autrefois, les locataires, gens de peu, étaient fortement malmenés par la jurisprudence ; aujourd'hui que beaucoup de magistrats, au lieu d'être propriétaires, sont locataires, le sens de la jurisprudence est en train de se retourner. A mesure que chaque citoyen prend conscience de sa

1. Art. 1871. Abrogé par la loi du 2 août 1868.

valeur, en proportion croît le respect qu'on lui accorde, l'attention que l'on prête à ses revendications, la confiance que l'on a dans sa parole ou son témoignage. Mais ici encore le juge, tout en jugeant selon la justice de son cœur, obéit à la force des idées, il respecte qui se respecte et il estime qui s'estime. La justice profonde paraît jusqu'ici avoir gagné. Il peut se faire qu'elle y perde dans l'avenir. Déjà, devant certains juges, la robe du prêtre qui était autrefois une garantie de faveur est une source de défaveur. On a vu le président Magnaud traiter les vagabonds plus favorablement que de pauvres congréganistes. Dans certains arrondissements, les châtelains et les gros bourgeois n'osent guère citer en justice leurs voisins prolétaires ou petits fermiers. De même qu'autrefois la loi jouait pour eux, aujourd'hui elle joue contre eux. Et ce sont bien toujours les jeux de la force, mais ce n'est pas le règne de la justice.

Il faut remarquer aussi que la responsabilité civile est quelque chose de très différent de la responsabilité morale. Moralement nous ne pouvons être responsables que du bien et du mal que nous avons expressément voulu, librement posé; civilement, chaque citoyen est responsable de tout dommage causé à autrui « par le fait des personnes dont on doit répondre, ou des choses que l'on a sous sa garde. Le père, et la mère après le décès du mari, sont responsables du dommage causé par leurs enfants mineurs habitant avec eux.

Les maîtres et les commettants, du dommage causé par leurs domestiques et préposés dans les fonctions auxquelles ils les ont employés (1). » Pour que la responsabilité morale existe, l'intention, la volonté de nuire sont indispensables : la responsabilité civile est, au contraire, toujours présumée, car, dit le Code, « la responsabilité ci-dessus a lieu, à moins que les père et mère, instituteurs et artisans ne prouvent qu'ils n'ont pu empêcher le fait qui donne lieu à cette responsabilité (2) ».

Dans la justice pénale, nous constatons des faits d'un autre ordre, mais qui ne sont pas moins éloignés de la justice essentielle.

Les anciens et le moyen âge en particulier considéraient l'office du juge au criminel comme un office essentiellement moral. Le châtiment était une punition, une sanction d'ordre moral qui devait être équivalente à la faute, d'abord pour satisfaire l'idée de justice, ensuite pour permettre au criminel de rentrer dans l'ordre, de compenser par sa douleur le mal qu'il avait pu commettre, de payer enfin sa dette, selon la coutumière formule, et par conséquent, sa dette payée, de pouvoir se considérer comme libéré, comme acquitté, ayant ainsi reconquis son innocence sociale première. L'idée de l'expiation, aussi vieille que le monde et

1. Code civil, art. 1384.
2. Code civil, art. 1384.

si éloquemment développée par Platon dans le *Gorgias*, semble bien avoir présidé à toutes les conceptions criminalistes des anciens. Le magistrat était donc l'agent de la vindicte publique, il sanctionnait les méfaits. Et non seulement il ne devait pas condamner un innocent ni acquitter un coupable, mais il devait appliquer ou même au besoin inventer des châtiments proportionnés aux délits. De là l'incroyable variété des supplices, les bastonnades, les roues, les écartèlements, les ongles de fer, les tortures épouvantables, le tenaillement des mamelles de Ravaillac, le plomb fondu coulé dans celles de Damien, la langue coupée aux blasphémateurs, et les châtiments honteux infligés aux adultères.

Ce ne fut qu'avec Beccaria, au XVIIIe siècle, qu'une conception différente commença à se faire jour. On se rendit compte que l'homme poursuit une tâche impossible et usurpatrice en s'arrogeant le droit de juger au moral. Il ne peut juger qu'au social. Nul homme ne peut mesurer la malice morale d'un autre homme. Et l'Évangile disait déjà : « Ne jugez pas et vous ne serez point jugés. » Les intentions dernières, reculées, profondes, sont inattingibles. Qui peut savoir pourquoi, en dernière analyse, un autre a agi, quelle idée obscure de bien ou de mal lui a inspiré son acte, dans quelle mesure il était véritablement libre et responsable au moment où il l'a commis ?

Mais quiconque a un peu de clairvoyance peut

aisément voir quels sont les effets sociaux d'un acte quelconque : si ces effets sont mauvais, l'acte est donc nuisible et par suite punissable ; si ces effets sont bons, l'acte est bienfaisant et dès lors mérite une récompense. Peu importent les intentions, qu'on ne peut d'ailleurs atteindre. Peu importent les causes, les effets sont là, les actions et leurs conséquences qui parlent pour elles. L'acte nuisible devra donc être réprimé. Réprimé et non pas puni. La répression sociale n'a rien de ce qui caractérise la sanction morale. Elle ne vise pas à la justice, mais à la défense sociale. La société n'a pas le souci d'être juste mais uniquement de vivre, de se préserver, de se défendre.

C'est pour cela que le jury devrait réprimer les crimes communs avec d'autant plus de sévérité qu'ils sont plus communs. Car plus une pratique criminelle est répandue, plus elle est dangereuse pour l'ordre social, plus elle met la société en péril, il faudrait donc défendre contre elle la société avec une vigueur rigoureuse. Au contraire, nous voyons que le jury, très sévère pour les crimes inouïs, extraordinaires, est plein d'indulgence pour les crimes très fréquents, tels que les infanticides ou les meurtres passionnels. C'est que le jury juge, non pas d'après des principes sociaux, mais d'après des idées morales. Moralement, en effet, un acte mauvais est d'autant plus excusable que, sa pratique se trouvant plus répandue, il est suggéré avec plus de force aux délinquants par les lois de l'imitation sociale ; mais socialement, au contraire, l'acte est d'autant plus dangereux que sa pratique est plus répandue. Ici on voit très nettement combien le social est différent du moral : le jury, obéissant à des idées morales, juge au rebours de tout l'intérêt social. De même en pédagogie, plus un enfant est porté par tempérament à commettre telle ou telle faute, plus il est excusable moralement, et cependant si on veut le corriger, il convient d'être d'autant plus rigoureux dans la correction, précisément pour opposer ce contrepoids douloureux aux impulsions du tempérament.

Comment la répression sociale pourrait-elle atteindre à la justice, puisque les juges ne peuvent apprécier la malice des actes, puisqu'ils ne connaissent pas les intentions intérieures ? Comment pourraient-ils proportionner les peines aux délits, puisqu'ils ne savent pas quels effets le châtiment doit produire sur la mentalité du criminel ? Ils ignorent également et l'essence intime de la faute, sa gravité et l'efficacité du châtiment. C'est pour cela que toute punition sociale a des apparences d'injustice, qu'on peut toujours la contester et la critiquer. En pédagogie, ces punitions sont indispensables. Il est nécessaire de réprimer, en leur associant une douleur, certaines tendances fâcheuses qui se manifestent chez l'enfant. Mais toutes les punitions, les plus bénignes aussi bien que les plus sévères, courent le risque d'exciter chez l'enfant une révolte. Un enfant qui, pour avoir trop mangé, souffrira d'une indigestion ne se révoltera point. Il reconnaît, en effet, il sent en lui-même le lien qui unit sa douleur à sa gourmandise. Mais qu'on inflige une punition à ce même enfant, il pourra très bien la contester et se révolter, car cette punition, qui ne résulte pas de la faute même, qui a été posée par la volonté des parents ou des maîtres, paraît par cela seul contenir en elle quelque chose d'arbitraire puisqu'elle ne dépendait que de la volonté de ceux qui l'ont imposée. Voilà pourquoi Jean-Jacques Rousseau et Herbert Spencer ont soutenu qu'il ne fallait pas inventer de punitions, mais laisser les conséquences inévitables de l'acte commis par l'enfant le punir naturellement. Il y a certainement dans cette doctrine de l'utopie, de la chimère, et par conséquent du danger, mais il y a aussi quelque bien fondé. Quelle suite nécessaire y a-t-il entre une impolitesse et une privation de dessert, entre un acte d'insubordination et une privation de sortie? Et comment reconnaître un lien de justice entre la faute et la répression?

Et quelle suite nécessaire peut-on voir entre un vol et la réclusion, entre un délit de chasse et une amende de 16 francs? D'après quel barème social le législateur a-t-il établi la graduation des peines? Et d'après quelles indications le juge doit-il l'appliquer?

Tous les problèmes les plus ardus sur le libre

arbitre et sur la responsabilité se poseraient devant la conscience du juge s'il prétendait remplir l'office d'un juge moral. Il ne peut avoir à s'en inquiéter. Il lui suffit que son justiciable soit semblable au commun des hommes, qu'il jouisse de ce que l'on appelle communément liberté, que, par conséquent, il ait la responsabilité que l'on s'accorde à reconnaître à la moyenne des hommes. Peu importe que la liberté dont il est ici question soit la liberté vraie, au sens métaphysique du mot. La société se défend et, comme elle a le droit de vivre, elle a celui de se défendre ; elle a donc le droit de museler les êtres dangereux et de travailler à les rendre inoffensifs, d'inspirer à ceux qui voudraient les imiter assez de terreur pour qu'ils soient guéris de cette imitation, d'enlever du milieu social les êtres nuisibles, de supprimer enfin radicalement les êtres enragés et venimeux. Un chien enragé, disait Spinoza, est excusable d'être enragé, et cependant on a le droit de l'étouffer. La société n'a pas besoin de faire de métaphysique, l'expérience commune suffit à guider sa route. Scientifiquement, on peut distinguer l'homme moyen, commun, à peu près normal, de l'homme anormal C'est sur le premier que la répression peut porter. La répression, dis-je, et non pas la punition. Vis-à-vis de l'homme anormal, la société, préventivement, a le droit de prendre des mesures de précaution et, par exemple, d'enfermer les fous dangereux. Vis-à-vis des êtres normaux, elle n'agit pas préventivement, elle suppose la normalité et par conséquent l'innocuité des actes. Elle attend donc pour sévir que le délit soit commis. C'est le fondement de la liberté civile. Ainsi, toute pénalité légale est un acte non pas de vengeance ni d'expiation, mais de défense sociale. Toute peine est bonne qui produit les effets sociaux que l'on attend d'elle, et toute peine est mauvaise qui produit des effets nuls ou antisociaux. La pénalité sociale doit, par conséquent, non pas seulement ni même surtout faire souffrir le délinquant ou le criminel, mais avant tout l'amender et intimider les autres. Il n'entre pas là d'autre idée que celle d'un calcul d'utilité. La meilleure peine n'est ni la plus rigoureuse ni la plus débonnaire, c'est celle qui produit le plus d'effets. Sur ce terrain une science pénale peut s'établir de même qu'une science pédagogique. L'enfant d'ailleurs qu'au lycée ou dans sa famille on est obligé de punir, n'est-il pas le délinquant d'une petite société, comme les justiciables de la police correctionnelle ou des cours d'assises sont les délinquants de la grande ?

Mais, dans tout cela, il n'est pas, il ne saurait être, il ne doit pas être question de justice. La justice n'intervient dans la conscience du législateur que pour l'obliger à édicter les pénalités qui paraissent efficaces pour la répression de tel délit et dans la conscience du juge que pour lui faire discerner l'innocent et le coupable et pour voir parmi les coupables quels sont ceux auxquels il convient, d'après la loi, d'appliquer telle ou telle pénalité. Si l'on considère parfois les intentions, ce n'est pas parce que ces intentions aggravent ou diminuent la malice morale de l'acte coupable, c'est simplement parce qu'elles peuvent servir à faire varier la quantité du danger social. Un homme qui en a tué un autre sans intention est moins dangereux qu'un homme qui a eu l'intention de tuer mais qui n'a fait que manquer son coup. Le premier est moins nuisible et donc moins antisocial. Mais ces intentions même dont la loi tient compte ne sont pas les intentions morales dernières, qui demeurent obstinément cachées dans le sanctuaire intérieur où ne pénètre que l'œil de Dieu, ces intentions doivent se manifester par des marques objectives, extérieures, visibles, palpables, telles enfin que les témoins aient pu les constater et que les juges puissent les apprécier.

Par là même que la loi n'atteint que les actes antisociaux, combien d'actes injustes échappent à sa répression, soit que l'injustice demeure irréalisée dans les intentions de l'injuste, ou que, même réalisée, elle échappe à la connaissance des autres hommes, soit que, trop subtile et trop difficile à atteindre, elle ait échappé à la prévoyance du législateur ! La difficulté d'atteindre le crime, les fausses apparences, les hasards, les faiblesses de l'entendement des juges, les défaillances ou les excès de mémoire des témoins, les préjugés ou les ignorances des délinquants, tout cela augmente encore la distance qui sépare la justice sociale de la véritable justice. Il est inévitable que beaucoup de coupables échappent à la répression, et malgré toutes les précautions il parait non moins inévitable que des innocents soient quelquefois condamnés. Cela fait partie de cette masse confuse d'aléas désastreux et accidentels, déplorables mais inévitables, que nous avons montrés à la fin du dernier chapitre, inhérents à l'institution sociale. Qui ne sait pas tout peut se tromper, et inévitablement un jour ou l'autre se trompe.

Ce n'est pas une raison pour se révolter. Les erreurs judiciaires font partie intégrante de l'institution humaine. Il faut donc que la loi sache les prévoir et ouvre une large porte à leur revision. Mais c'est selon les formes sociales réglées par les lois, et selon ces formes seules, que ces erreurs doivent être réparées. On ne peut appliquer à la justice humaine les règles de la justice morale. Et par cela seul que la Thémis humaine porte en mains une balance où tous les citoyens sont pesés avec les mêmes poids, ce symbole, qu'on croit être celui de l'équité, est au contraire, ainsi que nous le remarquions au chapitre précédent, à cause de l'inégalité des hommes entre eux, le symbole de l'iniquité morale. C'est pourquoi il s'est manifesté de nos jours, par exemple dans les arrêts de tel président célèbre, une tendance à régler les pénalités sur les dispositions des individus, sur leur caractère plus encore que sur leurs actes ;

la loi de sursis due à M. le sénateur Bérenger est un résultat de cette tendance. On propose de même d'individualiser la peine (1), c'est-à-dire de libérer les condamnés non pas d'après la sentence du juge, mais d'après leurs dispositions au cours de leur internement. Toutes ces tendances. qui reviennent au système « paternel » des justices répressives de l'ancien régime, si individuelles qu'elles paraissent, n'en restent pas moins sociales. ayant pour but la défense ou la préservation de la société, elles ne sont point morales, car elles n'ont pas pour but d'établir sur terre le règne de la justice.

Ce n'est pas dans les lois, ce n'est pas dans les palais législatifs ni dans les prétoires, ni dans les prisons, ni au bagne, ni au pied de l'échafaud qu'il faut chercher la justice : législateurs, juges, gendarmes, geôliers et bourreaux ne s'inquiètent que de préserver et de défendre l'état social ; ne leur demandez pas d'être justes, il leur suffit de n'être pas véritablement et foncièrement injustes. Si vous cherchez la justice, vous ne la trouverez que dans le ciel, dans ce ciel intérieur qui est le cœur de l'homme juste, dans ce ciel supérieur qui est l'être même de Dieu. Ainsi que chantait le vieil Hésiode : « La justice, vierge immortelle, est assise au pied du trône du maître des dieux. »

1. Voir le beau livre de M. SALEILLES : *l'Individualisation de la peine*, in-8°, ALCAN.

CHAPITRE V

La Bonté

Nous n'avons jusqu'ici constaté guère que des distinctions entre ce qui en nous nous est apparu comme proprement et spécialement moral et ce qui nous paraît relever exclusivement de la sociabilité et mériter par conséquent le nom de social. Et ainsi il a pu paraître que nous nous rangions au nombre de ceux qui, mettant les relations sociales tout à fait en dehors de la morale, soutiennent qu'il existe entre la morale et les lois sociales une sorte de cloison étanche, une séparation absolue. D'après une certaine école, en effet, la politique devrait se construire tout à fait en dehors des considérations morales, et les dispositions intérieures de l'homme vertueux ne pourraient ni ne devraient avoir aucun retentissement sur les actes sociaux qu'il accomplit à titre de citoyen ou d'homme d'État. L'homme d'État se gouverne et gouverne par raison d'État, le citoyen se gouverne par raison civique. Or, il s'en faut bien que telle soit notre pensée. Non pas que si elle nous paraissait juste rien au monde pût nous empêcher de le proclamer, mais parce que si quelques-uns des concepts sociaux et moraux — et ce sont précisément ceux-là mêmes que nous avons étudiés jusqu'ici, — par exemple les concepts de loi et de justice, se présentent en morale et en sociologie sous des aspects très différents et même presque opposés, il ne s'ensuit pas nécessairement que la séparation soit complète entre le domaine social et le domaine moral. Les analyses précédentes nous ont montré, et il était utile qu'elles le fissent pour dissiper un certain nombre de malentendus et même d'erreurs dont quelques-unes sont dangereuses et pourraient être redoutables, que si le moral et le social ne sont pas complètement et entièrement séparés, ils doivent du moins être soigneusement distingués.

Mais nous voici arrivés à l'analyse d'un sentiment ou d'une vertu où nous allons découvrir et comme expérimenter le point de rencontre du moral et du social, où nous allons voir les deux domaines tellement impliqués l'un dans l'autre qu'on ne peut les séparer ni même les distinguer, car si le social n'y est pas en même temps moral il n'a plus aucune valeur, et si le moral n'y est pas social il cesse aussitôt d'exister. Ce sentiment, cette vertu n'est autre que la bonté. Je dis : bonté et non : charité, parce que la bonté est une qualité naturelle que tous les moralistes connaissent et reconnaissent, tandis que la charité n'est pas également reconnue par tous, qu'elle est contestée par quelques-uns et n'a même pas été connue par tous les fondateurs de systèmes de morale. Et si la charité est évidemment, et par sa définition même, une vertu morale qui contient nécessairement en elle une application au social, il n'en est pas tout à fait de même de la bonté.

Il n'en est pas non plus de même de la solidarité, ni de la pitié qui sont des vertus ou des sentiments que l'on rapproche ordinairement de la bonté et à tel point qu'on en fait comme des espèces et tantôt des succédanés et tantôt des sortes de dépendances. C'est ce que nous ferons voir aisément après que nous aurons essayé de pénétrer le caractère essentiel de la bonté.

I

Qu'est-ce donc que la bonté? C'est évidemment le caractère ou la propriété ou la vertu des êtres bons. Et quand est-ce qu'un être est bon? Quels sont les êtres que l'on appelle bons? Il semble que ce qualificatif puisse s'appliquer et s'applique en effet à toutes les sortes d'êtres. Si l'on commence par les plus abstraits et comme les moins réels, on voit qu'il y a de la bonté jusque dans les êtres mathématiques : un cercle est bon quand il est bien construit, quand tous les points extérieurs de la circonférence sont à égale distance du centre; la solution d'un problème est bonne quand elle est exacte. Dans ce sens un être est dit bon quand sa réalisation correspond à l'idée qui a présidé à sa formation. Et il est clair qu'une pareille bonté ne se trouve que dans les êtres que le génie humain réalise d'après des idées préconçues. Ces idées développées dans le discours énoncent la définition de l'être, la bonté de l'être consiste donc ici dans sa conformité avec sa définition.

Quand les êtres inventés par l'homme et réalisés par l'art doivent servir à lui procurer du plaisir ou à lui éviter de la peine, leur bonté consiste à remplir le but que l'homme s'est proposé. Tout objet utile est bon dans la mesure même où il est utile, une bonne table est une table qui remplit les usages que l'on attend d'elle, un bon couteau est un couteau solide et qui coupe bien, une bonne montre est une montre qui marque régulièrement les heures d'accord avec la rotation de la terre et le cours apparent du soleil. Et ici encore la bonté de l'être consiste dans sa conformité avec son idée, avec la loi qui a présidé à sa formation, avec sa définition. Car le but utile poursuivi par l'homme lui a comme imposé la nature et l'ordonnance, donc la conception des moyens nécessaires pour réaliser ce but: cette conception ou idée est la loi même de l'être, et cette loi exprimée en constitue la définition. Ainsi marquer l'heure étant le but de la montre, ce but conditionne les moyens, c'est-à-dire la juste coordination des ressorts, des rouages, du balancier, des aiguilles, cette juste coordination constitue l'idée, la loi, la définition de la montre qui est bonne dès lors qu'elle réalise tous ces moyens et par là marque régulièrement les heures.

Si maintenant nous envisageons les êtres que la nature produit d'elle-même, nous remarquerons en eux plusieurs sortes de bontés, selon qu'on les considère en eux-mêmes ou par rapport à d'autres êtres, en particulier à l'homme; ils ont ainsi une bonté intérieure et propre que l'on peut nommer intrinsèque et une bonté relative que l'on peut appeler extrinsèque. Les minéraux sont ce qu'ils sont et n'ont, pour ainsi dire, pas de bonté intrinsèque; en tout cas, cette bonté n'a point de nuances ni de degrés, elle se confond avec l'existence même, devient purement métaphysique et abstraite et ressemble aussi peu qu'il est possible à ce que nous nommons ainsi. En revanche, les minéraux ont autant de sortes de bonté extrinsèque qu'il y a d'usages auxquels on peut les faire servir. Et c'est ainsi qu'il y a de bonnes pierres, de l'eau bonne et de précieux minerais.

Avec la vie apparait chez les végétaux comme chez les animaux une bonté intrinsèque. Tout être vivant est bon quand il est sain, quand les fonctions de sa vie s'accomplissent et se succèdent normalement. Et la mort même, en tant qu'elle est contenue dans la loi qui préside à l'évolution de l'être vivant, en tant qu'elle est la conclusion nécessaire de la vie, ne saurait être considérée comme un mal, une telle mort est une bonne et non une male mort.

Une vipère ou un crotale qui se portent bien, un mancenillier vigoureux, sont des êtres bons, des êtres qui vivent bien, et le lion superbe, qui casse d'un coup de griffe les reins d'un mouton, est un être d'une admirable bonté. Mais cette bonté demeure tout intérieure. Le mouton, s'il pouvait juger, la regarderait comme une atroce méchanceté. Et de même l'homme trouve méchante la vipère et mauvaise l'ombre du mancenillier. D'ordinaire, l'homme ne juge des qualités des plantes ou des animaux que d'après l'utilité qui lui en revient ou l'agrément qu'il en tire : la bonne vigne est celle qui est d'un bon rapport, le bon cheval est celui qui tire, qui trotte ou galope selon ce que désire son conducteur. Et si la bonté de la vigne et la bonté du cheval sont unies à leur santé, c'est tant mieux, mais ils ne paraîtraient pas moins bons à l'homme si les services qu'ils lui rendent provenaient d'une maladie. Car souvent il trouve bonnes des qualités qui sont mauvaises pour l'être vivant, c'est ainsi que sa gourmandise apprécie le foie gras du canard ou bien de l'oie ou la pléthore graisseuse du bœuf ou du porc, tandis que ces développements anormaux du foie ou du tissu adipeux sont pour ces animaux des maladies véritables.

Il y a ainsi bonté intrinsèque, bonté extrinsèque, l'être est bon pour lui et bon pour les autres. Quand nous arrivons à l'homme, nous trouvons aussi naturellement en lui ces deux sortes de bonté. Un homme vigoureux et sain, qui est à la fois intelligent et énergique, qui domine les événements et ne se laisse pas maîtriser par eux, qui, sans brigandage et sans cruauté inutiles, sait tirer des autres hommes tous les services qu'il en peut attendre pour le développement de sa propre vie, un tel homme, ressemblant de plus ou moins près au héros de Carlyle, au grand homme cher à Renan ou au surhomme de Nietzsche, paraît vraiment jouir de sa bonté intrinsèque, il semble bien qu'il soit bon pour lui.

Cependant il n'en est rien.

Et c'est ici qu'échoue contre les réalités et la nature spéciale de l'homme le rêve de l'égotisme nietzschéen. Ni le délire énergique de Dionysos, ni la contemplation supérieure d'Apollon, ne peuvent suffire à faire que l'homme, tant qu'il demeure enfermé en soi, arrive à se trouver, à se sentir, à se juger bon.

Et cela à cause des raisons mêmes que nous énumérions tout à l'heure et qui font que la bonté interne ou intrinsèque de l'être consiste dans sa conformité aux lois de son être, à la législation de sa vie. Il ne peut être bon que s'il est tout à fait sain. Or, la santé ne peut exister chez un être à la fois intelligent et solidaire de ses semblables qu'à la condition que cette solidarité soit affirmée et reconnue dans la direction et l'organisation de sa vie. Le grand homme qui, selon une image de Renan, ne considérerait l'humanité inférieure que comme une sorte d'humus destiné à sustenter ses racines et à favoriser la plénitude, l'épanouissement superbe de sa vie hautaine et grandiose, ne pourrait lui-même se complaire dans son égoïste grandeur, car son intelligence lui ferait voir avec évidence que. par cela seul qu'il n'est pas isolé et ne saurait vivre dans l'isolement, il n'a pas non plus le droit de s'y enfermer. Si, d'un côté, son égoïsme le pousse à tout ramener à soi, d'autre part, sa raison lui montre que cela est contraire aux lois de la vie humaine. Car si quelques surhommes absorbaient ainsi par en haut, pour en jouir seuls, comme la substance de l'humanité, ce serait une déperdition de forces qui ne pourraient ni se renouveler ni s'accroître, si bien qu'à la fin l'humanité inférieure, épuisée et comme vidée, ne pourrait plus même entretenir l'humanité supérieure. S'il y a des grands hommes et des héros, ces demi-dieux humains ne peuvent alimenter les sources de leur héroïsme et de leur vie même qu'à la condition que de leurs pensées d'en haut quelque chose retourne vers les esprits d'en bas, pour les féconder, les exciter, les revivifier. Le sang énergique et bouillonnant qui est monté au cerveau de l'humanité doit en redescendre sous forme de vérités neuves, d'inventions utiles, d'art, de poésie, c'est-à-dire d'utilité et d'enchantement. Ainsi le grand homme n'est vraiment bon pour lui-même qu'en étant bon pour les autres. Il n'est vraiment et tout à fait soi qu'à la condition de se dépasser et d'aller jusqu'aux autres au delà de soi. Et aucun homme n'est vraiment homme, et par suite n'est un homme bon, s'il reste enfermé en soi.

Aucune vie ne saurait être proprement humaine si elle ne se met pas en communication avec la vie des autres hommes, si elle ne s'en préoccupe pas, si elle ne se met pas à leur service. Il faut vivre pour les autres autant au moins que vivre pour soi. Ceux que nous appelons les autres ne nous sont pas étrangers, ils nous pénètrent, pour ainsi dire, et nous les pénétrons de toutes manières et de toutes parts. A vrai dire, il n'y a pas les autres et moi. La seconde et la troisième personnes ne sont que des abstractions : seule la première personne du pluriel est et réelle et concrète ; il n'y a pas vous, ni eux, ni moi-même, il y a nous et nous tous seulement, solidaires et fraternellement assemblés. Le point de vue de l'égoïsme, si naturel qu'il paraisse, est en réalité monstrueux et contre nature. L'homme isolé n'existe que pour la conscience psychologique et pour l'intelligence qui divise ou sépare pour mieux concevoir ; dans la réalité concrète, c'est l'humanité seule qui existe et ne fait qu'un avec nous. On n'est pas vraiment bon pour soi si l'on n'est en même temps bon pour les autres.

Et cette solidarité de notre être s'étend plus loin encore que les limites de l'humanité. Par notre corps, nous sommes avec les autres corps en de continuels et réciproques échanges ; par notre intelligence, par notre sentiment, par toutes les profondeurs ignorées et seulement entre-aperçues de notre âme, nous vivons de la vie universelle.

Un moment (1), entraînés par la réflexion vers le centre de nous-mêmes, nous avons pu croire que ce centre constituait une île intérieure, de toutes parts isolée du reste du monde, et l'amour, même dans ses transports, nous paraissait impuissant à franchir les barrières de notre être, l'océan paraissait nous enclore et nous enfermer en nous. Mais en même temps nous apercevions comme dans une lueur lointaine des profondeurs sous-jacentes, la terre sous-marine par où notre île intérieure se relie aux autres îles et au continent. Par-delà tous les soupirs et tous les transports amoureux qui retombent comme des pleurs mornes sur la solitude de l'âme, l'aile immense de l'amour plane, et de son vol tout-puissant ombrage la pénétration des cœurs. « Parce que c'était lui, parce que c'était moi », dit Montaigne. Si sur la couche d'ivresse, par-delà les parois du front et le voile des paupières closes, l'âme de l'amie paraît lointaine, irrémédiablement étrangère, c'est qu'une sorte d'alanguissement ou d'impuissance restreint l'expansion de l'être, mais il n'est besoin ni de la communion du baiser, ni de l'étreinte des mains, ni même de la présence pour sentir l'intime union des âmes. Si à l'heure même où j'écris, à des cen-

1. Voir plus haut, chap. II, p. 37.

taines de lieues, une âme fraternelle pleure sur la tombe à peine fermée de sa mère ou de son enfant, ai-je besoin de voir son visage, de sentir frémir sa main, pour que montent en mon cœur tous les sanglots de son cœur? Est-ce que je ne sens pas l'harmonie des ailes qui battent ensemble à travers l'espace et glissent dans le silence d'un vol douloureux et doux? Et est-il même besoin de ces particularités amicales pour que toute douleur soit ma douleur et que toute joie devienne ma joie? L'herbe que le soleil a brûlée, le papillon dont les ailes sont mutilées par la flamme, l'oiseau blessé qui tombe et relève la tête en ouvrant le bec comme pour aspirer encore la vie qui s'échappe, l'enfant qui pleure, la femme qui crie, l'homme qui souffre, toutes ces diminutions de vie diminuent la mienne et j'ai soif avec l'herbe, je frémis à la brûlure du papillon, j'étouffe avec l'oiseau qui expire, et les pleurs de tout enfant, les cris de toute femme, les souffrances de tout homme sont mon angoisse intérieure et tirent des pleurs de mes yeux. « *Quis infirmatur, et ego non infirmor? Quis scandalizatur et ego non uror?* — Et qui donc est infirme sans que je me sente infirme moi-même? Qui est scandalisé sans que je sente le feu? »

Et les joies du monde sont aussi mes joies Quand la chanson s'éveille sur les lèvres des jeunes filles, quand le rire perle sur la bouche des enfants, je sens aussi s'éveiller les oiseaux de la gaieté et le vol des espérances ; et l'épanouissement des fleurs épanouit tout mon être. Mon âme joue avec les jeux de l'insecte, et dans la puissance majestueuse des grands arbres pleins de sève, elle sent s'affirmer la puissance de sa vie. Il n'est pas jusqu'aux glissements silencieux de la lune dans le ciel qui ne me procurent de beaux voyages célestes, son triomphe calme au milieu de la nuit me revient sous forme de sérénité et son évanouissement pâle dans l'aurore me remplit de l'émotion qu'éveillent les choses qui meurent pour laisser place à de plus glorieuses naissances. Et ainsi tout notre être communie à l'universalité des êtres. Le cauchemar de l'isolement, de la solitude, qui risquait de se tourner en une orgueilleuse ivresse, en une malfaisante retraite en soi-même, fait place à l'élargissement. à la socialisation, à l'universalisation de l'être. Je suis toute chose en toutes choses. Je ne suis plus seul. Je suis les autres. Les autres sont moi. Et c'est alors vraiment que je suis.

II

La complexité de ces sentiments qui peut donner lieu à des explications naturalistes ou panthéistes s'accorde bien mieux avec les doctrines du christianisme. Car ce que nous avons dit au moment où nous distinguions le social du moral et où nous découvrions l'être intérieur et le donjon imprenable de la liberté reste toujours vrai. Il reste en chacun de nous un inviolable sanctuaire et qui demeurerait incommunicable si nous ne le voulions pas. Nous ne sommes pas fondus et dispersés dans les autres, notre être n'est pas quelque mouvant et fugitif assemblage qui ne se formerait un moment que pour se dissiper tout de suite après, ainsi qu'un nuage ou un brouillard matinal. Nous sommes en nous. C'est en nous que réside le centre moral, et si ce centre venait à se dissoudre ou à disparaître, la morale aussitôt n'existerait plus. Il y aurait encore société, il n'y aurait plus de moralité. Or, le naturalisme et le panthéisme, en niant la liberté, en supprimant l'individualité, détruisent notre donjon intérieur, démolissent le sanctuaire et en expulsent le dieu. Aucun de nous n'est plus vraiment soi. Notre personne, notre moi n'est qu'une apparence, une sorte de fantôme. Chacun de nous pour lui-même n'est qu'une illusion. Et n'y ayant plus de « moi », il ne saurait davantage y avoir de « nous ». A vrai dire, la pensée personnelle disparaît, et avec elle toutes les autres, il n'y a plus de personne, ce n'est plus ni moi, ni nous, ni eux qui agissent, qui vivent, qui sont. C'est une réalité impersonnelle et indéfinie, quelque majestueux « On » aussi vide que majestueux, la « Substance » de Spinoza, la « Nature » de Diderot, « l'axiome éternel prononcé au sommet des choses » de Taine, ou, si l'on veut, « l'Idée » de Hegel, l'universalité impassible de l'être, dominatrice, souveraine, nécessaire, froide, ne connaissant ni le bien, ni le mal, ni la souffrance, ni la joie, n'ayant ni amour ni haine, multipliant en son vaste sein, sous la poussée d'une Loi intérieure, d'un inéluctable destin, toutes les variétés, tous les phénomènes de l'être, absorbant tout l'être en elle, vraiment Tout, absolument Tout.

En face de cette puissance à la fois formidable et vaine, l'homme peut tantôt s'immobiliser dans le sentiment de sa faiblesse et tantôt s'enorgueillir dans la conscience de son pouvoir. S'il est faible et lâche, il s'abandonnera et laissera sa vie flotter au gré du destin: s'il est courageux et fort, ou bien, convaincu à la fois de sa puissance sur son être intime et de son impuissance sur tout le dehors, comme les stoïciens, il se confinera dans le gouvernement de son âme et traitera tous les autres êtres avec une impassible indifférence puisqu'il ne peut rien sur eux ni par conséquent rien pour eux: ou bien, cédant à son instinct de puissance, il s'efforcera, en dépit de ses doctrines, de dominer le monde, d'asservir les forces de la nature et de faire servir ses semblables à ses propres fins. La valeur de l'être est proportionnelle à la force d'être. Quiconque est fort mérite le trône, et quiconque est faible est destiné à la servitude. Les hommes forts sont sacrés par leur force même comme rois de l'humanité. — Examinez chacune de ces conceptions, analysez toutes les possibilités de leurs aménagements intérieurs, et vous constaterez que dans aucune d'elles il n'y a de place pour la Bonté. Pour être bon il ne suffit pas d'être fort, mais tout au moins il faut être.

Aussi croyons-nous que les seuls sentiments qui se soient jamais accordés avec des systèmes panthéistes ou naturalistes sont ou la bienfaisance ou la pitié. Les anciens Occidentaux ont peu connu la pitié. La souffrance humaine paraît les avoir assez peu émus. Ils se détournaient volontiers de son spectacle plutôt qu'ils n'aimaient à la soulager. C'est en Orient que le bouddhisme, fondé sur la considération des maux qui assaillent l'humanité, a créé une religion de la pitié. Schopenhauer voulut réduire à ce sentiment à peu près toute la morale sociale, tous les devoirs envers les autres êtres. Mais la pitié n'est pas la bonté : elle n'est qu'un sentiment tendre à la vue des maux d'autrui. Pour qu'elle se tourne en bonté, il faut y introduire un principe actif, un élan vers l'être qui souffre, une estime pour cet être, une croyance à sa valeur. Être bon, faire du bien, ce n'est pas seulement délivrer des maux, c'est développer l'être amoindri, c'est l'appeler à un accroissement, à une ascension, à une exaltation de la vie. Mais cela suppose évidemment que la vie a une valeur, que l'être vaut plus que rien. Pour être bon il faut aimer, et le pessimiste ne peut pas aimer, car rien n'est aimable, puisque rien ne vaut. Aussi Schopenhauer condamnerait-il toutes les institutions et toutes les mœurs qui viseraient à augmenter dans le monde l'être et la vie. La bienfaisance véritable selon lui doit tendre au contraire à élever des barrières devant la vie, à refouler par des digues l'océan de l'être.

Les stoïciens ont connu une bienfaisance meilleure et véritablement positive, on peut dire qu'ils n'ont pas connu la bonté ou que, s'ils l'ont connue, c'est par des inconséquences individuelles, et non parce qu'elle résultait de leur système. Comment le stoïcien, convaincu qu'il ne peut rien sur les êtres extérieurs, pourrait-il se proposer de faire du bien à ses semblables, de les aider, de les secourir ou de soulager leurs maux? Il sait seulement que la trame des événements lie sa vie à toutes les vies, à tous les êtres son être, en conséquence il oriente sa pensée, toutes ses énergies intérieures vers la plus grande intensité d'être et de vie, il s'efforce dans le sens de la suppression de la douleur, de la production de la joie, par là même il développe son être intérieur, augmente sa joie intérieure, il est bienfaisant, sa bienfaisance sentie par les autres est aussi par eux jugée bonne, mais en réalité elle ne sort pas de lui-même. C'est envers lui qu'il est bienfaisant, car il ne l'est pas pour les autres : il ne l'est pas parce qu'il est convaincu qu'il ne peut pas l'être, et cette conviction où il est de son impuissance lui ôte la force dont il aurait besoin pour se dépasser. Les autres sont hors de lui, et il ne peut rien qu'en lui et sur lui. Il se cultive lui-même, et rien n'est étrangement éloquent comme la sécheresse d'un Épictète ou même d'un Marc-Aurèle dès qu'ils parlent des autres hommes autrement que d'une façon imprécise et vague.

Cette sorte de bienfaisance intérieure qui manque d'une force extérieure d'expansion et qui, quelles que soient ses œuvres, n'est pas la bonté véritable mais en est seulement la contrefaçon, est celle qui se rencontre chez un trop grand nombre d'hommes qui paraissent bienfaisants et qui le sont même, que l'on honore du nom de bons, mais ne le méritent pas. Ils éprouvent ces sentiments, ces tressaillements que nous décrivions plus haut et, se sentant ainsi émus jusqu'aux entrailles par les joies ou par les souffrances d'autrui, ils se trouvent tendres. Pour donner satisfaction à cette tendresse, pour augmenter cette joie, pour diminuer cette souffrance, ils font des gestes, gestes de pensées, gestes de paroles, d'attitudes ou d'actions, ces gestes vont vers les autres, soulagent des maux, sèchent des larmes, font éclore des sourires, et par cela même les auteurs de ces gestes se jugent bons. Ils ne le sont pas. Car, paraissant agir pour les autres, ils n'ont agi que pour eux, ils ont voulu non pas tant diminuer les souffrances extérieures que satisfaire leur propre besoin de tendresse, non pas tant faire naître les joies extérieures que sentir et développer en eux de la joie. Il leur faut la misère et la souffrance d'autrui pour éprouver la joie divine de donner, de sentir sous leur parole ou leur geste naître un épanouissement d'âme. Et cela nous explique pourquoi tant d'œuvres charitables en apparence et qui devraient entretenir les obligeants et les obligés en un commerce de confiance et de mutuel amour les laissent au contraire séparés comme si chacun d'eux restait sur une rive différente d'un large fleuve. Il manque à toutes ces œuvres la rayonnante bonté. Le malheureux éprouve comme une barrière qui s'oppose aux élans de sa gratitude, c'est que le bienfaiteur est plus préoccupé, selon une parole trop célèbre, de se faire du bien à lui-même que d'en faire au misérable. Il veut moins servir les autres que se servir. Il veut que sa bienfaisance serve à sa culture personnelle, à son avancement intérieur, elle devient ainsi pour lui une espèce d'exercice, une sorte de gymnastique ou de sport. Les malheureux, par la force des choses, deviennent comme les instruments ou les agrès de ces exercices. C'est le vague sentiment de cet égoïsme imprécis et latent qui empêche les malheureux d'éprouver une reconnaissance que dans le fond ils ne doivent pas. Et quand les louanges mondaines s'en vont à ceux dont on salue la bonté, parce qu'ils ont soulagé des infortunes ou même parce qu'ils ont eu pour des déshérités de la vie des gestes tendres, des caresses douces, des paroles apaisantes, ces louanges font luire dans l'âme des bienfaisants comme une atmosphère lumineuse et tiède qui les enveloppe d'une chaude caresse intérieure. Ils se sentent plus élevés et meilleurs, ils s'applaudissent eux-mêmes et jouent sur le velours de la satisfaction qu'ils éprouvent. Et ils sont bons, si l'on veut, ce sont des exemplaires bienfaisants et rares de l'humanité. Cependant ils ne possèdent pas la Bonté.

III

Ainsi la bienfaisance sociale ne suffit pas à caractériser la bonté. On peut être bienfaisant sans être bon. Par opposition à la justice qui n'existe que moralement et est socialement irréalisable, la bonté n'est vraiment morale et de sentiment ne devient vertu qu'au moment où elle revêt, et à l'intérieur même de l'être bon, une forme sociale. C'est dans la bonté, et dans la bonté seulement, que coïncident exactement le moral et le social. Mais ici on ne peut les séparer : sans intention morale, la bonté n'est qu'apparente et ne mérite que le nom de bienfaisance, et la seule intention morale qui l'élève à la dignité de vertu est le propos de servir les autres, d'exonérer leur misère, de promouvoir leur vie, de faire éclore leur joie. Pas de bonté morale qui n'ait un but et ne produise un rendement social.

C'est ainsi que nous distinguons la bienfaisance, la bonté intérieure ou sentimentale et la bonté vertueuse. Celle-ci seule est morale, et c'est celle qui s'oublie elle-même pour se répandre et servir les autres. Une bonté qui demeurerait intérieure et, tout en étant bienfaisante, se replierait sur elle-même ne serait plus la bonté. Être bon pour les autres, c'est répandre au dehors les dons de son être sans penser à soi, uniquement pour servir. La générosité supérieure qui en est l'âme la rend indéfiniment féconde et l'empêche de s'appauvrir. Car plus on donne de soi, et plus, comme par des canaux mystérieux et compensateurs, l'être reçoit l'afflux de sèves intimes, plus il s'enrichit et pourrait constater son accroissement de richesse si seulement il venait à y penser. Mais il n'y pense pas, sa pensée va toujours aux autres sans jamais revenir sur soi autrement que pour s'examiner et se demander de quelle façon il pourrait encore servir. Loin de se satisfaire et de s'applaudir, il constate sans cesse son insuffisance et, voyant tout ce qui demeure à faire pour alléger le poids des maux, il s'accuse de n'avoir pas assez fait. Il a toujours quelque mécontentement de lui-même, et c'est pour cela que les autres en sont si contents. Le port de son âme n'est pas environné de glaces hautaines, une brise tiède et caressante qui vient du large y pousse les autres âmes. Elles s'y sentent chez elles et y trouvent tout aménagé pour les accueillir. Tout le bien qui est en l'homme bon coule hors de lui comme ces ruisseaux de miel dont il est parlé dans l'Écriture, et leur souveraine douceur fait de son commerce un enchantement.

La bonté n'est pas seulement et libérale et géreuse, elle est magnanime encore. Elle touche avec délicatesse aux moindres détails et de toutes les petites pierres fait un édifice de grandeur. S'oubliant sans cesse elle-même et ne se réservant rien, elle en vient, comme par une pente naturelle, aux dons les plus généreux, et le don même de la vie ne saurait lui paraître extraordinaire, car il ne ferait que livrer aux autres en un seul moment et d'un seul coup la source de richesse qui, consacrée tout entière aux autres, ne leur est à l'ordinaire que livrée en détail et goutte à goutte. C'est une grandeur tellement bien préparée qu'elle paraît simple, ordinaire, et ne se remarque pas. Mais quand une fois on l'a pénétrée, l'admiration se joint à l'amour. Car si l'on aime ce qui est bon, l'on doit admirer ce qui est grand, et la souveraine grandeur est celle qui mérite d'être aimée. La bonté, c'est l'aimable même. C'est le rayonnement et la diffusion volontaire du bien intérieur. Or, « le bien, comme le disait Plotin, c'est ce qui donne aux choses les grâces et à ce qui désire les amours ». La bonté possède la grâce parce qu'elle est don, parce qu'elle est liberté.

Il y a toujours dans la justice quelque chose de déterminé, de géométrique et comme de sec et de froid, parce que la raison semble pouvoir en établir l'équation et en dessiner l'épure. Il n'y a place dans le paiement strict d'une dette pour aucune fantaisie, pour aucune délicatesse de l'imagination ou du cœur. *Est, est; non, non.* Il n'y a pas de milieu entre l'injuste et le juste; la justice ne comporte point de degrés. La bonté, au contraire, est toute en nuances et toute en degrés, chaque geste de miséricorde est un poème, chaque parole de réconfort est un chant, les poètes qui font ces gestes, les aèdes qui prononcent ces paroles les revêtent d'un accent tout personnel. Parmi tous les mots de bonté et tous les actes d'amour qui ont émerveillé le monde, aucun n'a copié les autres, chacun est unique, exprimant le moment d'une liberté. Il y vibre, il y palpite, il y vit quelque chose de rythmé, d'ailé, de chantant, infléchi comme la courbe harmonieuse des plages dorées ou des contours augustes du corps humain. C'est par là que la bonté va rejoindre la beauté. Car si c'est une grâce que d'être beau, c'est créer de la grâce que d'être bon, c'est donc une beauté supérieure puisque le bon est créateur et dispensateur de beauté.

C'est aussi par là que la bonté se distingue de la solidarité. La solidarité est un assemblage mécanique d'êtres qui se soutiennent ou s'entretiennent ou s'emboîtent les uns les autres, chacun servant à tous et tous servant à chacun, ainsi que cela se passe dans une voûte où toutes les pierres, par leurs résistances réciproques, se maintiennent suspendues. Une science sociale assez avancée pourrait établir et déterminer l'effort que doit faire chaque individu pour accomplir sa fonction vis-à-vis des autres, de même qu'un calcul d'architecte détermine la poussée à laquelle chaque pierre doit résister. La solidarité finirait ainsi par n'être qu'une forme spéciale de la justice. Et c'est bien de cette façon que l'entendent ceux qui voudraient comprendre dans cette notion toutes les relations sociales, puisqu'ils les ramènent toutes à une sorte de dette. Il n'y aurait plus alors de place pour la liberté, plus de place pour la bonté. Chacun paierait sa dette et serait quitte par là. Même il ferait mal s'il faisait plus, car il dispenserait un autre de payer sa dette et donnerait ainsi une prime à l'injustice. Mais le calcul des dettes sociales, si jamais il doit se faire, n'est pas établi. Le fût-il, il y aurait toujours un certain nombre de mauvais payeurs qui s'efforceraient de rejeter sur les autres le poids qui devrait leur incomber, et il faudrait encore avoir recours à la liberté du bien pour compenser les désordres produits par la liberté du mal. Et ainsi, pourvu que l'on ne supprime pas, en niant la liberté, tout le domaine moral, il faudra toujours laisser une place à la bonté, tout au moins à la bonté réparatrice des maux. Mais si elle peut agir pour réparer, pourquoi ne pourrait-elle pas aussi bien créer et produire ? Pourquoi ne pourrait-elle être qu'un remède et ne serait-elle pas une semence féconde ?...

Pour que l'homme puisse être bon, pour que la bonté puisse exister, il faut donc qu'il puisse donner de soi-même aux autres, qu'il ait le pouvoir de se répandre au dehors, de communiquer avec les autres êtres, de communier avec les âmes, c'est-à-dire, d'un seul mot, qu'il ait puissance d'amour.

Car aimer, ce n'est pas seulement, comme le disait Leibnitz dans une formule célèbre, se réjouir du bonheur d'autrui, *amare est gaudere de felicitate aliena*, aimer, c'est travailler effectivement à cette félicité, et qui ne fait que se réjouir en soi ne sait pas ce que c'est qu'aimer. Car l'amour donne et se donne. L'amour est libéral. L'amour a des ailes pour porter l'âme vers les cieux purs où planent d'autres vols d'âmes, vers les sommets où résident les grands cœurs, vers les plaines où s'attardent les communes médiocrités, vers les bas-fonds où s'étiolent les âmes obscures, vers les marais même où se corrompent les âmes fétides. L'amour est libre. Chaque liberté pressent l'harmonie du monde et travaille à la former. Le poème universel est comme un cantique où chaque être a son vers à dire, comme un chant où chacun remplit sa partie distincte, tout y est réglé, rien n'y est forcé ni contraint. Par le seul fait que l'on veut l'harmonie de l'ensemble, on se veut soi-même et, en voulant sa propre loi, on veut tout de même la loi de tous. Grâce à la composition harmonieuse de l'univers. chaque personne humaine développe sa propre vie en développant la vie de tous et de même sert à la vie de tous en servant la sienne propre. Il y a des principes d'ordre, d'arrangement, de disposition, bien plutôt que des lois universelles, des règles communes. Et chaque être trouve en soi de façon plus ou moins claire ou obscure les données qui le poussent ou l'inclinent, ou l'obligent à remplir sa partie et en même temps lui indiquent comment il doit la remplir. Chaque être, en obéissant aux voix intérieures, en accomplissant sa loi, vit en accord avec toutes les autres lois. Le monde n'est pas une sorte de mécanisme, le monde est un chant, dans l'universalité des êtres un chant de vie, dans les êtres supérieurs qui expriment en beauté tous les autres, un chant de bonté et un chant d'amour.

IV

On voit combien toutes ces idées, qui ne peuvent s'accorder avec le naturalisme ou le panthéisme ni avec aucun système quelconque de déterminisme, s'accordent, au contraire, avec le christianisme.

Au rebours du paganisme qui n'avait su voir dans ses dieux que le *Fatum*, l'inéluctable Parque, la Destinée nécessaire, des forces élémentaires de la nature ou des êtres à passions et à volontés humaines, oscillant ainsi du naturalisme ou du fatalisme à l'anthropomorphisme, le christianisme n'adore en son Dieu que la fécondité et la bienfaisance éternelle de l'amour.

Or, l'amour ne se conçoit que dans un être qui pense, qui sent et qui veut. On n'aime pas sans connaître, on n'aime pas sans éprouver la plus profonde et la plus intense des joies, on n'aime pas sans vouloir le bien de ce que l'on aime. Un être qui ne ferait que connaître n'aimerait pas; aime-t-on les propriétés géométriques? Et un être qui serait emporté par son désir ne connaîtrait pas la forme la plus haute, la plus noble, la meilleure, la plus aimante de l'amour, celle où l'aimant approuve en lui-même l'élan qui le porte vers l'aimé, où il veut le sentiment qu'il éprouve, où il le ferait de lui-même naître si déjà sans lui il n'était pas né en lui. L'amour n'est amour que lorsqu'il est libre, que lorsque le don ineffable ne s'impose pas comme par les ressorts de quelque fatalité, que lorsque l'être se donne vraiment par une grâce toute spontanée et d'autant plus délicieuse. Or, un être volontaire qui pense, qui veut et peut librement se donner jouit de la perfection la plus profonde, la plus radicale qui soit dans l'humanité; c'est précisément ce que l'on appelle une personne. Le Dieu amour ne peut être représenté que comme un dieu personnel. Et cette auguste Personne, essentiellement aimante, verra la nature de son amour convenablement exprimée par le nom de Père. Car l'amour qui donne et se donne, qui donne tout et veut se donner tout entier, fait d'abord le don de l'être, le don de la vie, il produit l'objet même de son amour. Le Dieu amour est donc le Dieu père, il est le père des êtres, et une fraternité réunit également tous les mondes, tous les soleils et tous les atomes : c'est avec raison que François d'Assise saluait les étoiles, la lune, le soleil, du nom de sœurs et de frère; qu'il s'adressait à son frère le loup et à ses sœurs les hirondelles. C'est le même amour dont nous sortons tous.

Mais cependant il y a des êtres qui, par leur ressemblance plus proche avec nous, nous sont plus encore fraternels. Ils peuvent s'entretenir avec nous autrement que par des liens de solidarité mécanique, ils peuvent reconnaître, comme nous, la paternité de Dieu. Ce sont là proprement et plus spécialement nos frères, ceux qui avec nous et comme nous peuvent dire, et seuls peuvent dire : « Notre Père qui êtes aux cieux. » Les autres, parce qu'ils ne savent pas qu'ils en sont, ne sont pas tout à fait de la famille : tous les hommes appartiennent à la grande famille humaine, à la famille des enfants de Dieu parce qu'ils le savent et aussi parce que ce que leur nature leur dispense, leur volonté l'accepte et l'accepte librement. Ils ne restent dans la famille de Dieu que s'ils le veulent bien et s'ils répondent par un amour filial à l'amour paternel, et ainsi non seulement reçoivent pour leurs frères tous les autres hommes, mais se font eux-mêmes leurs frères. Issue de l'amour, la fraternité humaine ne subsiste et ne se cimente que par l'amour. C'est librement que l'on entre, c'est librement que l'on reste dans la famille de Dieu.

Seules des personnes, seuls des êtres libres peuvent former des ensembles qui méritent le nom de fraternels. L'inviolabilité du sanctuaire intérieur, la solidité invincible du donjon moral, l'imperméabilité même de ses murailles, constituent la garantie de l'entente supérieure qui, bien au delà des communications mécaniques, assure la communion des cœurs, fonde sur la pierre sacrée le foyer universel, réalise la cité des âmes. L'hôte inviolable du donjon échappe à toutes les prises de la force et de la contrainte, mais il peut recevoir des dons, se donner lui-même, il peut accepter le don de Dieu et se donner en retour. Au-dedans de son être intime il découvre la racine profonde de son existence, la source mystérieuse d'où jaillissent les sèves de vie, la paternité féconde qui le voulut en l'aimant. C'est dans cette paternité qu'il connaît et qu'il aime tous ses frères. Dès qu'il ne renie pas ses célestes origines, il reconnait la fraternité de la race humaine. Et ainsi l'acte moral par lequel il salue la paternité divine est celui par lequel la société humaine se constitue. La Bonté qui est le sommet du monde moral est aussi bien la base de l'ordre social. Elle seule introduit l'esprit dans les rouages mécaniques et matériels. Elle seule donne un sens supérieur à tous les gestes, à tous les rites sociaux. C'est ce lien universel, ce libre don de Dieu aux âmes, des âmes à Dieu et par Dieu aux autres âmes, que le christianisme a nommé la charité.

« La charité, dit saint Paul, n'est pas ambitieuse, ne cherche pas son bien propre, ne s'irrite pas, ne pense pas le mal.... elle supporte tout, elle croit tout, elle espère tout, elle soutient tout. » Et c'est par là qu'elle réalise l'œuvre d'amour, par son libre élan vers Dieu et de Dieu vers les autres hommes le vol de l'âme dépasse ses propres limites, s'abandonnant et se dépouillant d'elle-même, abat les murailles de son donjon, et par-delà les rivages de son île plonge dans l'océan éternel. Par le renoncement volontaire, par le sacrifice qu'elle a fait de tout elle-même, sa conscience se dilate, s'élargit. Cette conscience qui, lorsqu'elle se cherchait seule, se rapetissait et se réduisait presque jusqu'à n'être plus qu'un unique point central à peu près imperceptible, devient maintenant une immensité remplie de toutes les semences de l'être, de toutes les voix de la vie. L'universel concert chante maintenant dans l'île, et de toutes les îles environnantes, de toutes les mers, de tous les continents et de tous les cieux répondent des concerts semblables. On a perdu soi, on a trouvé Dieu, et en trouvant Dieu on a trouvé Tout. Et dans ce Tout on se retrouve encore soi-même, mais un autre Soi si admirablement agrandi que, tout en sentant bien qu'il est en son fond le même, on ne le reconnaît plus. Le miracle de la Bonté consiste en ce point qu'en se perdant on s'est sauvé et qu'on n'est jamais vraiment bon pour soi qu'au moment où on ne veut pas l'être, au moment où l'on s'oublie. Mourir à soi-même pour naître à Dieu, pour renaître à Soi. Mourir à la vie étroite pour naître à la vie large et surabondante.

C'est par cet acte d'oubli de soi-même, par ce don de soi que le social est constitué sur des bases vraiment morales. Et c'est par là que la société des hommes ne ressemble pas aux sociétés des êtres inférieurs. Nous avons montré que le domaine proprement social était d'ordre matériel, mécanique et déterminé, qu'en particulier dans l'ordre de la loi, dans l'ordre de la justice, toutes les déterminations et toutes les prescriptions ne faisaient et ne pouvaient que traduire des relations dynamiques entre des forces diverses dont il faut d'abord empêcher la destruction réciproque et ensuite assurer la coopération et la convergence. Mais nous voyons maintenant que par-delà la loi et par-delà ce que l'on nomme justice il existe une autre sphère sociale, vraiment et purement spirituelle, admirablement humaine, qui s'élève au-dessus de la justice et ne saurait être emprisonnée dans le réseau précis et fixe des lois humaines, qui s'étend par-delà les lois, et cette sphère sociale spirituelle, la seule qui soit spéciale à l'humanité, n'existe que dans et par la moralité.

Cette fraternelle cité d'amour étant la cité vers laquelle montent toutes nos aspirations et s'envolent tous nos rêves, il n'est pas étonnant que presque tous les penseurs qui tiennent au christianisme aient fait du social une simple dépendance du moral. Ces penseurs n'ont pas eu tort, nous venons de voir pourquoi : la moralisation du social, la spiritualisation de la société, son affranchissement de toute méchanceté par l'observation universelle de la loi de bonté, de la loi d'amour, est l'idéal, et la vraie société serait celle-là. Mais la société réelle, la société telle qu'elle est, est bien différente de la société idéale, de la société telle qu'elle doit être, et en étudiant les faits sociaux tels qu'ils sont, il était également inévitable que nous rencontrassions une législation sociale assez et même fort différente de la législation morale. Voilà pourquoi nos analyses précédentes paraissent conduire à une séparation du moral et du social, voilà pourquoi aujourd'hui nous constatons leur subordination et même leur foncière identité. Les idées morales, à mesure qu'elles pénètrent les âmes, adoucissent les rapports sociaux et, comme une huile onctueuse, empêchent la rudesse des frottements : là où elles sont très faibles, où chacun croit avoir le droit d'espérer l'assouvissement de tous ses désirs, l'ordre ne peut être maintenu que par la force la plus rigoureuse ; là où elles manquent tout à fait, l'ordre est impossible, ce serait la lutte perpétuelle de la tyrannie et de l'anarchie, l'oscillation incessante des révolutions. C'est en ce sens, mais en ce sens seulement, qu'on a eu raison de dire, et c'était bien la vraie pensée de M. Brunetière, que la question sociale est une question morale. Quand la bonté règne, la moralité règle tout et domine tout ; mais quand la méchanceté se montre, ou même seulement l'imperfection, il faut alors, pour sauvegarder la société, faire agir des ressorts, et mettre en vigueur des lois qui opposeront la force à la force. Quana l'homme abdique sa grandeur et descend des hauteurs morales où l'avait placé l'esprit, on ne peut plus lui appliquer les lois pures de la morale et de l'esprit, il faut redescendre pour chercher dans le monde dc la matière les lois nécessaires et protectrices.

CHAPITRE VI

Les Conflits

Dès le début de ces études nous avons dû constater que la moralité intérieure conseille souvent, exige parfois l'exécution de certains actes qui mettent l'agent moral en conflit avec son milieu social. Si toute action qui ne s'accorde pas avec le milieu social paraît, selon les degrés de son importance, inconvenante, délictueuse ou criminelle, on est en droit de dire que la conscience, quand elle oblige l'individu à s'affranchir des conformités sociales, l'oblige par là même à l'inconvenance, au délit, au crime. Il peut donc y avoir et il y a des inconvenances louables, des délits que la moralité approuve, des crimes inspirés par l'amour de la vertu. Rien n'est plus dramatique que ces sortes de conflits où la conscience individuelle se trouve en opposition avec la conscience collective, où un seul homme dresse, en face de ses semblables unis pour le désapprouver et le condamner, la droiture invincible de sa conscience et le sentiment à la fois très net et très vif que seul contre tous c'est lui cependant qui a raison, lui qui, n'étant qu'un seul homme, représente néanmoins l'humanité, à plus juste titre que la foule de ceux qui le désapprouvent ou le condamnent. C'est ainsi que Socrate, bien mieux qu'Anytus et que Mélitus, bien mieux que les juges qui le condamnèrent, représentait la véritable humanité. Les autres n'étaient que des ombres ou des apparences d'hommes, lui était l'Homme.

Quelle est la source de ces conflits? Comment se produisent-ils? Voilà maintenant la question qui vient se poser. Et de la réponse à cette question dépendra la conclusion pratique de tout ce travail qui, après avoir constaté les différences entre le moral et le social, après avoir montré l'existence des conflits, doit aboutir à exposer quels sont les moyens susceptibles de faire disparaître les conflits et capables d'établir ainsi la correspondance nécessaire entre la moralité intérieure et la sociabilité extérieure.

I

L'homme est à la fois moral et social, il a une vie morale intérieure et une vie sociale extérieure. Il ne peut être heureux, sa vie ne peut être tout à fait normale que si sa moralité et sa sociabilité sont toutes les deux satisfaites. Ne pouvant vivre en dehors de la société, il y aurait contradiction à ce que sa conscience, qui n'est en somme ou du moins qui ne doit ou ne devrait être que l'expression et comme la révélation plus ou moins obscure des lois les plus essentielles et les plus profondes de sa vie, lui imposât des obligations véritablement antisociales. Si donc la conscience morale oblige l'homme à se mettre en conflit avec son milieu social, avec la conscience collective, ce conflit provient sans doute de quelque erreur, et c'est ou bien l'individu qui se trompe en croyant qu'il doit faire quelque chose qu'il ne doit pas faire, ou bien c'est la société qui se trompe en imposant à l'individu quelque chose qui ne doit pas être fait. Ce sont les origines de ces erreurs que nous devons rechercher. Il convient donc de décrire les conflits et de reconnaître quels ils sont et quelles sont leurs espèces.

Le premier et le moins grave est celui dans lequel le milieu social cause à la conscience individuelle quelque trouble intérieur ou quelque gêne extérieure. Des actions se produisent sous nos yeux, des paroles arrivent à nos oreilles qui altèrent notre paix, dérangent notre quiétude. Nous étions certains et, sous le choc des pensées d'autrui, voilà que nous nous prenons à douter de notre route; nous étions calmes, et voilà que des gestes ou des attitudes font souffler sur nous un vent de tempête. Et il se peut que ces gestes soient en eux-mêmes les plus innocents du monde, il se peut que ces paroles qui jettent le doute en nous ne soient que les interrogations scrupuleuses que s'adresse une conscience scientifique toute calme en elle-même et indemne de tout mouvement véritablement perturbateur; nous, cependant, n'en sommes pas moins troublés. D'autres fois, le milieu social nous barre la route qui nous paraîtrait la meilleure pour atteindre aux plus hautes cimes morales. Nous voudrions nous recueillir, nous retirer en nous-même, concentrer les énergies de notre âme, et le tourbillon du monde nous emporte et nous dévore, la société mange notre temps, jette au vent comme une poussière la substance de notre pensée, et ainsi s'énerve et s'alanguit tout notre vouloir. Et s'il nous vient, comme au Misanthrope, le désir

> De chercher loin du monde un endroit écarté
> Où d'être homme d'honneur on ait la liberté,

nous reconnaissons bientôt que nous sommes emprisonnés dans les liens sociaux, que nous n'avons pas le droit de nous dérober à nos devoirs de chef de famille ou de citoyen, qu'en nous retirant au désert nous déserterions aussi bien les devoirs qui nous incombent et qu'ainsi, sous le vain prétexte de faire mieux, nous négligerions le devoir de faire bien.

Le conflit n'en existe pas moins, il n'atteint pas jusqu'au paroxysme tragique, mais il déprime et il attriste.

Il devient plus grave lorsque la gène opposée par le milieu social aux aspirations morales va jusqu'à changer tout le sens et toute l'orientation de la vie. Le cas le plus fréquent se rencontre quand la nécessité contraint un homme à prendre une profession où risquent de s'atrophier, avec ses meilleures puissances de vie, ses plus hautes facultés : épris d'art, de philosophie ou de poésie, capable de donner aux hommes de belles œuvres ou de mettre au jour des pensées profondes, un père de famille sera obligé, pour assurer la vie ou le bien des siens, de se faire commerçant. Ce changement de profession n'est pas indifférent à la vie morale, car la vie ne peut donner toutes ses fleurs et tous ses fruits de vertu que dans l'atmosphère laborieuse où peuvent le mieux se développer l'ensemble de ses puissances. Ou encore un jeune homme, une jeune fille, désireraient consacrer leur vie à l'assistance des déshérités inconnus, à la méditation, à la prière, tout leur être éprouve comme un appel qui l'incite à se dépersonnaliser, pour ainsi dire, à s'affranchir de toute particularité de milieu pour se donner tout entier à la bienfaisance, à la charité, à la vérité, à l'amour. Mais des servitudes sociales pèsent sur eux : leur famille a besoin d'eux ou même seulement veut les retenir; les voilà par là même incertains et ballottés, pour faire du bien exposés à faire du mal, pour cultiver leurs plus nobles, leurs plus pures puissances d'amour, obligés de faire souffrir des cœurs qui les aiment et de paraître ainsi blasphémer l'amour. Même quand le devoir social les presse, les oblige à renoncer à leurs plus hautes aspirations, ils ne peuvent presque jamais arriver à l'épanouissement complet de leur être moral : plantes faites pour les serres abritées ou pour les climats exotiques, ils s'étiolent sous les vents du large ou languissent loin des chauds soleils. Un François d'Assise, s'il eût été retenu par le devoir près du comptoir paternel, n'aurait jamais donné au monde l'exquis exemplaire de vie supérieure que vécut l'époux de la Pauvreté. Et combien de Sœurs Pascale qui, semblables à l'héroïne de l'*Isolée*, ne sauraient épanouir toute la pureté de leur âme que dans des retraites libres, parmi des milieux choisis! Le jeune homme, la jeune fille qui trouvent sur le chemin d'un noble amour l'obstacle des oppositions familiales éprouvent de pareils conflits. Et ils les sentent aussi s'élever ceux qui sont en proie aux amours « coupables », parmi lesquels cependant il en est qui sont légitimes, en dépit de toutes les apparences, puisqu'il y a des mariages apparents qui n'en sont pas moins viciés dans leur source et que la vérité, quand elle est connue, oblige à déclarer nuls. Je n'en citerai qu'un exemple, celui de la femme qui, leurrée par les idées fausses et les séductions mondaines, a contracté, selon toutes les règles extérieures, un mariage où il est expressément convenu que les deux conjoints — le mot « complices » ne serait-il pas plus juste ? — se réserveront tous les plaisirs et rejetteront toutes les charges du mariage. Quel drame doit se jouer dans cette conscience lorsque, s'étant reconquise, elle découvre le fond de misère sur lequel elle a essayé de bâtir sa vie ! Le nouvel amour qui lui a dessillé les yeux n'est-il pas le libérateur de sa conscience et le sauveur de son âme ? Et ce cas se retrouve à peu près semblable toutes les fois qu'une conscience catholique reconnaît la nullité canonique d'un mariage extérieur. Dans tous ces cas, la vie, pour être mieux vécue, pour être plus sûre, meilleure, plus haute, réclame et semble exiger, exige même impérieusement parfois des actes, des démarches, des pratiques auxquels le milieu social s'oppose, qu'il méconnaît, qu'il blâme, qu'il raille ou même qu'il condamne expressément.

Le drame atteint toute sa puissance et le conflit est au paroxysme d'abord lorsque le milieu social proscrit et empêche d'accomplir des actes que la conscience morale ordonne impérieusement, sans lesquels la vie paraît incomplète, invalide, déchue, ne méritant pas qu'on la vive ; et surtout, enfin, quand le milieu social exigeant des actes que la conscience condamne, on se sent pris dans l'étau de l'alternative : se révolter ou déchoir, lutter pour la vie contre ces vies plus nombreuses et elles aussi respectables, ou se résigner, sans mourir, à descendre cependant au-dessous de la vie, à se reconnaître soi-même comme dégradé. « Je ne puis pas me taire », dit la conscience des révélateurs. Nathan ne savait pas se taire devant David, non plus que Samuel devant Saül. Jean-Baptiste doit morigéner Hérode. Socrate doit la vérité aux Athéniens, comme Ambroise à Théodose, comme Thomas Becket au roi d'Angleterre, ou Grégoire VII à l'Empereur, ou Boniface VIII au roi de France. Au péril de sa vie ou même de son honneur plus estimé que la vie, telle bourgeoise ou telle paysanne a dû cacher sous la Terreur des prêtres proscrits.

Voilà donc quels sont les conflits qui peuvent s'élever entre la moralité individuelle et les exigences du conformisme social. Les plus bénins sont ceux où la vie intérieure se trouve gênée dans son développement sans courir cependant des risques d'atrophie ou de déchéance. Viennent ensuite ceux dans lesquels la gêne devient si grande que l'atrophie commence et que la déchéance menace. Viennent enfin ceux dans lesquels l'alternative tranchée se pose très nettement : la vie ou la mort, la révolte ou l'abjection.

II

Comment naissent de pareils conflits ? Plus ils sont graves, plus ils nous étonnent, mais les moins graves eux-mêmes sont scandaleux. Car si la société est nécessaire à la vie de l'individu humain, comment pourrait-il se faire que la vie sociale, nécessaire à la vie individuelle, lui fût en même temps hostile et d'une hostilité telle qu'elle paraît parfois exiger sa disparition ? Hors de la société l'homme ne pourrait vivre pleinement, même il ne pourrait aucunement vivre. Comment donc peut-il se faire que la loi sociale, qui est une loi de vie, qui semble bien ne devoir et ne pouvoir être sociale qu'à la condition d'être une loi de progrès, d'ascension et de développement vital, devienne si souvent une loi de gêne, une loi d'atrophie, une loi de mort, si bien qu'excitant tous les enthousiasmes et les plus généreux sacrifices, elle excite aussi et excuse presque toutes les révoltes ?...

La solution ne paraît guère douteuse : les conflits proviennent de la méconnaissance des lois véritables, et tantôt c'est l'individu qui fait de son égoïsme ou de ses passions la loi de sa vie, et tantôt c'est la société, qui impose aux individus des conformismes légaux exigés non par les nécessités sociales, mais par les passions ou les égoïsmes collectifs des plus puissants ou des plus nombreux.

Le cas de l'égoïsme individuel s'opposant aux nécessités sociales paraît peu intéressant : c'est le cas du menteur, du voleur ou du criminel vulgaires, et l'origine du conflit paraît alors avec trop d'évidence pour mériter une description. D'autant que les seuls conflits qui nous intéressent ici sont ceux où le conformisme social s'oppose non pas à l'atrophie, à la déchéance de la moralité, mais au contraire à son développement, à son existence même. Cependant il peut se présenter certains cas où l'on pourrait juger du dehors que l'individu, en se mettant en conflit avec l'ordre social, n'obéit qu'à son égoïsme ou à ses passions et où, au contraire, soit par une erreur invincible de sa conscience, soit par une vue plus profonde de ses propres exigences morales, il n'agit qu'après réflexion, parfois non sans luttes ni sans courage, non pas toujours porté par les pentes les plus faciles, mais pour obéir à ce qu'il regarde comme une loi vraiment supérieure et dominatrice de son développement intérieur. Et non pas pour vivre d'une vie plus basse, plus facile, plus lâche, plus molle et moins bonne, mais pour vivre d'une vie plus noble, quoique périlleuse, d'une vie plus forte, plus haute et meilleure, il peut bien consentir à s'exposer à passer pour criminel. Nul ne peut sonder les cœurs, et si l'on pouvait dérouler aux yeux de tous, comme il sera fait aux jours suprêmes, le livre entier des consciences, faire voir tout ce que recèlent de petitesses les vies considérées comme les meilleures, tout ce que des vies méprisées cachent de grandeurs, on serait sans doute fort étonné.

L'individu peut se tromper sur lui-même, sur sa propre vie et son propre bien, par là il se trompe sur la pratique, sur les contre-coups que cette pratique doit produire dans la société, et ces erreurs individuelles produisent ainsi des conflits. Cependant si l'erreur et même la méchanceté individuelles ne peuvent guère être contestées, si même elles sont communes, on ne peut nier que les erreurs collectives qui imposent aux consciences individuelles des gênes ou des oppressions, parfois des persécutions injustifiées, ne soient pour le moins aussi fréquentes. Et ce sont celles-ci qui sont de beaucoup plus intéressantes, car la société est armée presque surabondamment pour se défendre contre les égoïsmes individuels, mais en face des égoïsmes collectifs qui décorent leurs exigences du titre de bien ou d'ordre social, l'homme se trouve désarmé et nu.

Les relations sociales s'établissant par le dehors, ainsi que nous l'avons vu (1), et finissant par s'exprimer en des mouvements purement mécaniques, il est de toute nécessité pour la vie sociale qu'il y ait des règles ou des lois qui obligent communément tous les individus sociaux. Le mécanisme social doit être bien engrené et les diverses fonctions sociales doivent être remplies dans un certain ordre et selon un certain rythme. De là des uniformités ou des conformités d'actions imposées en très grand nombre aux individus : service militaire, paiement des impôts, observation des mesures hygiéniques ou prophylactiques, etc.

Mais de l'uniformité indispensable et des conformismes nécessaires à l'uniformité artificielle, aux conformismes oppresseurs la pente est facile. Et toutes les sociétés y glissent. Ce sont, par exemple, des règles qui ont été jadis nécessaires et qui se maintiennent sans que rien désormais les justifie,

1. Voir plus haut, chap. II, p. 64.

gênant des vies, déformant ou opprimant des consciences comme le font, par exemple, les lois civiles qui empêchent les enfants de se marier sans le consentement de leurs ascendants. Ces prescriptions, qui se justifiaient sous un régime aristocratique basé sur l'hérédité, ne se comprennent plus sous un régime démocratique. Mais partout les lois et les coutumes sont bien plus lentes que les idées ; longtemps après que les idées, après que les réalités sociales qui leur correspondent ont disparu, les coutumes subsistent encore, comme les feux de la Saint-Jean subsistent malgré la disparition des fêtes du solstice d'été et même, en plus d'un endroit, malgré la disparition de la foi chrétienne. Le rite social se perpétue alors que s'est depuis longtemps perdue la croyance qui en faisait l'âme, qui lui avait donné naissance et qu'il exprimait. Et ceux qui, voulant vivre dans la vérité, prétendent mettre leur conduite d'accord avec leur pensée, sont suspects à tous les autres. Le sénat romain avait depuis longtemps cessé de croire aux dieux de l'Olympe, il n'en regarda pas moins l'enlèvement de l'autel de la Victoire comme un attentat sacrilège. La femme chinoise qui saura la première s'affranchir des servitudes qui pèsent sur elle sera certainement regardée comme une révoltée et punie comme une coupable. Et ces *Désenchantées* que Loti nous peignait naguère nous fournissent un autre exemple.

En dehors même des pratiques légales dont la

régularité a pu en un temps être justifiée, des pratiques s'établissent, des mœurs s'organisent, des modes paraissent, des coutumes s'instituent qui imposent à tous les individus sociaux un conformisme presque de tous les instants, réglant non seulement toutes les actions, mais les gestes, les paroles, les discours, et presque jusqu'aux pensées, transformant ainsi la vie comme en une succession de rites.

Bien penser c'est penser ce que l'on pense dans son milieu. Et il y a des bien-pensants de gauche tout comme des bien-pensants de droite. Le bien-pensant de M. Henri Bérenger est un non-pensant au même titre que le bien-pensant de tel « sourcier » d'hérésies ou de tel directeur de *Semaine religieuse*. Car bien penser, pour les conformistes, c'est n'avoir aucune pensée à soi, c'est penser comme tout le monde, et c'est donc proprement ne pas penser. Quiconque pense est suspect, il a un sens propre, il complote, prépare, fomente ou perpètre une hérésie. On s'en va répétant le mot paradoxal de Bossuet en le prenant à la lettre : « L'hérétique est celui qui a une opinion. » Et cela peut s'entendre bien, quand l'opinion individuelle porte sur un dogme nécessaire, sans l'unité duquel l'unité sociale est impossible. Une opinion qui détruit l'unité nécessaire est condamnable et damnable. Elle mérite le nom d'hérésie. C'est ce que voulait dire Bossuet. Mais on ne saurait être hérétique parce qu'on a sur les exigences du catholicisme une autre pensée que le P. X. ou que l'abbé Y., et un libre penseur peut se rassurer, il ne cesse pas d'être libre penseur parce qu'il aura sur la mentalité catholique d'autres opinions que celles de M. Henri Bérenger. Il se pourrait même que le catholique fût d'autant plus chrétien et par suite catholique d'autant plus qu'il suivrait avec moins de docilité les suggestions d'imbéciles fanatiques, et il est certain que moins le libre penseur suivra M. Henri Bérenger, plus il gardera la vraie liberté de sa pensée.

Il faut faire ce qui se fait, c'est-à-dire porter les habits que l'on porte, recevoir comme on reçoit, saluer comme on salue, écrire comme on écrit et aux époques où on écrit, imiter, en un mot, ce que font ceux qui nous entourent, observer les rites sociaux qui constituent ce que l'on appelle l'usage, ce qu'on appelait jadis le bel usage, usage qui, d'ailleurs, diffère dans tous les milieux. Le rituel de la politesse paysanne est plus strict encore que celui de la politesse mondaine, et les cérémonies des rencontres des chefs sauvages sont plus minutieusement réglées qu'en Europe celles des visites des souverains. Tant que ces usages ne nous imposent que des formes extérieures qui laissent l'intérieur intact, elles sont inoffensives et ne peuvent donner lieu à aucune sorte de conflit, mais dès que ces formes revêtent une signification contraire à la pensée intérieure, le conflit s'élève. Car il est absolument indifférent de porter un pardessus long ou court, des manches énormes ou collantes, de présenter la main de telle ou telle façon, de prononcer telle ou telle formule de salutation, mais il ne saurait être tout à fait indifférent à la moralité qu'une femme découvre sa gorge et ses épaules pour aller au bal, que l'on soit, ou autant dire, obligé d'aller subir au théâtre des évocations douteuses, des excitations malsaines, qu'il soit interdit, ou à peu près, de lier commerce avec des gens que cependant on estime et dont même on pourrait espérer tirer un profit moral. Sur ce dernier point surtout, il y aurait beaucoup à dire. Le milieu social où nous sommes impose à chacun de nous une sorte de blutage des relations. Et parfois nous sommes lâches en n'osant pas témoigner notre estime, notre confiance à des gens mal vus, bien que cependant nous les estimions véritablement. Le social nous impose alors un véritable mensonge. D'autres fois, pour ne pas subir les coups d'œil ironiques ou les réticences narquoises, quand elles ne sont pas perfides, nous n'osons pas témoigner nos sentiments, nous renonçons à des conversations qui pourraient élever nos cœurs, consoler, apaiser, fortifier nos âmes

Combien y a-t-il d'hommes et de femmes qui osent avoir ces amitiés à la fois délicieuses et saines, où la tendresse sereine ne fait que donner aux pensées hautes la pénétration du rayonnement ? Assez indulgent pour les flirts, le monde ne tolère pas l'amitié, il ne saurait la comprendre. Et que d'énergies morales se perdent faute de cet aliment! Que de femmes qui auraient besoin du commerce amical d'esprits virils et que d'hommes à qui manque la touche veloutée d'âmes féminines! Il n'est pas tout à fait exact de dire qu'une femme ne doit avoir d'autre ami que son mari et qu'un homme ne doit avoir aucune autre amie que sa femme. L'amitié conjugale est un lien sacré, d'espèce très haute et très noble, mais c'est un lien d'une nature spéciale et qui peut bien parfois ne pas s'étendre au delà de sa spécialité. Un homme ne peut aimer et avoir à la fois qu'une femme, et une femme ne peut aimer et avoir qu'un homme, mais l'amitié n'est ni le mariage ni l'amour : dans l'amour, c'est la personne entière qu'on aime, en elle-même et pour elle-même et, pour ainsi dire, en dehors de ses qualités particulières ; dans l'amitié, au contraire, c'est telle qualité d'abord que l'on recherche et qu'on aime, et la personne ne vient qu'après. Et ainsi on peut avoir des amitiés musicales, des amitiés littéraires, des amitiés intellectuelles ou morales qui ne se confondent en aucune façon avec l'amour et dans lesquelles la jalousie ne saurait insinuer son venin. Car la jalousie souffre d'une préférence accordée à la personne, elle est exclusive et vient de l'amour ; mais le plaisir que l'on éprouve à jouir d'une qualité morale ou d'un ensemble de qualités ne saurait avoir rien d'exclusif parce que, alors même qu'il est personnel, il ne saurait cependant être exclusif. En supprimant, ou à peu près, ces précieuses amitiés, les mœurs modernes ont faussé les relations normales et ont souvent poussé à des liaisons condamnées des êtres qui, s'ils eussent été libres, n'auraient jamais songé à transgresser les bornes fixées, et combien d'âmes ont dû, faute d'amitié, se replier sur elles-mêmes et ne pas donner leurs fruits ! Ce n'est pas le seul méfait des coutumes qui règlent dans notre vieux monde les relations entre gens de différent sexe. Une honnête liberté serait contre la licence un garde-fou plus solide que les barrières artificielles et contre nature.

Et encore, si l'on s'abstient de faire ce qui se fait, de dire ce qui se dit, de voir qui on voit, on peut à peu près avoir la paix : mais que sera-ce, si l'on s'avise de faire ce qui ne se fait pas, de dire ce qui ne se dit pas, de voir qui on ne voit pas ? L'omission pouvait trouver des excuses, avoir des chances de passer inaperçue, mais l'action, l'action positive, qui rompt en visière aux conformismes usités dans le milieu, ne peut manquer de soulever la réprobation. Et pourtant, que de fois, pour être vrai, pour être sincère, pour donner à la vie l'aliment qu'elle réclame et que nul devoir véritable ne proscrit, ne sent-on pas qu'on devrait prononcer des paroles, poser des actions qui seraient en opposition avec le milieu !

Voyez aussi bien ce que l'on reproche le plus aux gens : c'est de se faire voir, de se faire remarquer, ou de faire parler d'eux, et ceux qui se font ainsi remarquer ou font parler d'eux, on les montre au doigt. Et par là, on voit bien que le crime, le grand crime, le seul crime, c'est bien moins d'être criminel que d'être différent, que d'être autre. Il faut être et faire comme tout le monde.

III

Et qu'on ne croie pas que ces pratiques sociales soient tout à fait sans raison. Au contraire, elles s'expliquent d'abord et se justifient ensuite.

Elles s'expliquent, car elles dérivent d'une grande loi, qui régit les actes collectifs aussi bien que les actes individuels, la loi de moindre action ou de moindre effort. La paresse est la reine de l'activité humaine, elle gouverne le monde. Tout effort nous coûte et nous nous épargnons ceux que nous pouvons. C'est pour s'épargner l'effort que l'humanité a inventé les machines, c'est pour s'épargner l'effort que les hommes tendent sans cesse à l'abréviation des formes du langage, en sorte que les deux plus importantes manifestations de l'activité sociale, le langage et l'industrie, sont dominées par la loi de l'économie de l'effort. Il est donc tout naturel que les effets de cette loi se fassent sentir dans toutes les relations sociales.

Or, l'effort est toujours moindre quand on n'a pas à modifier sa conduite à chaque variation des circonstances, quand on n'a pas à inventer des jugements sur la conduite des autres. Le monde nous offre des moules tout préparés pour notre conduite, des formules toutes faites pour nos jugements : le savoir-vivre, l'étiquette, l'usage, sont des lits commodes où nous pouvons endormir notre paresse pendant que l'automatisme des habitudes nous fera prendre les attitudes, accomplir les gestes ou réciter les formules qui correspondent à chaque situation. Ce qui exige le plus d'efforts, c'est l'invention, c'est l'adaptation précise de notre action, de notre pensée, à la diversité infinie des circonstances extérieures et de nos propres états intérieurs. Car il faut que notre pensée soit attentive pour saisir sous les ressemblances apparentes les singularités réelles, pour démêler tout ce que chaque moment nouveau apporte d'original, ce en quoi chaque homme diffère d'un autre, ce par quoi, enfin, nous-mêmes sommes à chaque instant différents de ce que nous avons été l'instant précédent. Et pour adapter nos actes à ces singularités nouvelles, à la fois pour être sincères vis-à-vis de nous, marquant nos actes de notre nuance momentanée, et pour être exacts vis-à-vis des autres, ajustant actions et paroles à ce qu'ils sont véritablement, il faut que nous renoncions aux facilités de l'habitude pour inventer à chaque instant des formes nouvelles. Cette attention et ces inventions ne vont pas sans une dépense considérable de forces. Et on conçoit bien que la plupart des hommes s'évitent cette fatigue, se résignent à être banals, à adopter ces formes courantes usagères, par là même usées et communes, que, par une singulière ironie des mots, on appelle parfois de la distinction. Car c'est en étant commun que l'on mérite souvent d'être nommé distingué.

Mais cette paresse collective, si elle présente quelque chose d'insincère, si elle donne naissance à l'artificiel et au faux, si elle est aussi peu flatteuse pour les autres que commode pour nous-mêmes, n'en offre pas moins certains avantages à la société. Elle évite en effet les sottises, les écarts fâcheux. Par le fait même que l'action reste commune et moyenne, elle risque moins de commettre de grosses erreurs. Une formule usitée de politesse, banale, ne saurait faire plaisir à un interlocuteur délicat, mais elle ne peut pas lui faire de peine, il la prend comme on la lui donne, pour ce qu'elle vaut, à peu près pour rien, mais ce rien du moins est inoffensif. En serait-il tout à fait de même si l'invention des formules était laissée à l'initiative, au tact, à l'improvisation inventive de chaque homme? Pour quelques charmantes trouvailles que de platitudes, que de trivialités, que de grossièretés peut-être et que de choses lourdes et blessantes!... Imaginez un domestique non stylé qu'on chargerait d'introduire ou de servir un repas!... Tout ce qui est poli ne doit-il pas auparavant être usé?.. Il en est de même pour les attitudes, pour les gestes, pour la tenue et pour le ton général de la conversation. Si pour savoir vivre il fallait inventer toutes les formes de la vie commune, la communauté sociale serait une série d'incompréhensions, de chocs et de heurts. Car à côté de ceux qui ne sauraient inventer exactement ce qu'il convient de dire et de faire, il y aurait le nombre aussi grand de ceux qui n'arriveraient pas à comprendre ce qu'on leur fait ou ce qu'on leur dit. D'où la nécessité des usages, des formules et des conventions. Toutes ces conventions sont d'ailleurs fondées sur quelque raison. Elles sont éminemment favorables à la médiocrité, elles lui permettent de vivre et la rendent supportable. C'est grâce à ces conventions et à ces usages que le monde ne ressemble pas à une ménagerie où, à côté de quelques rares et beaux exemplaires de l'humanité, toutes les variétés d'animaux se presseraient sous des traits humains, du gorille lubrique au roquet méchant en passant par le coq vaniteux, l'oie béate, la chatte lascive et le lourd pingouin.

On le voit bien dès qu'un souffle de passion vient casser les masques sur les visages, dès que l'imprévu ou la violence des événements vient forcer les êtres conventionnels à inventer des formes nouvelles d'action. Le gentleman élégant et galant devient féroce pour sauver sa vie comme il arriva au Bazar de la Charité, piétinant et même frappant des femmes. Dans toutes les grandes catastrophes on voit des scènes semblables. Dans la colère, dans la rancune, dans la jalousie, dans l'amour, les caractères fonciers se révèlent et font voir trop souvent, à côté de quelques types de noblesse, leur sottise, leur égoïsme, leur bassesse, leur lâcheté, leurs intimes vilenies.

Cependant sous la convention même la vie demeure, la vie avec ses irrégularités, ses nouveautés imprévues et imprévisibles, avec les problèmes qu'elle pose, qu'il faut résoudre, et résoudre sur-le-champ. Sous la grimace mondaine le cœur continue de battre. Le tort du monde ne consiste pas à user de formules, d'attitudes, de conventions. Rien n'est plus commode, au contraire, rien n'est même plus économique, dès lors plus raisonnable et mieux justifié toutes les fois qu'il s'agit de ce qu'il y a de commun, d'ordinaire, de régulier et d'à peu près fixe dans les relations humaines. Entrer ou sortir, saluer, offrir, remercier, savoir se tenir à table ou dans un salon, envoyer des souhaits, des compliments, des félicitations ou des condoléances, commencer une lettre ou la terminer, savoir ce que l'on doit faire, ce que l'on doit dire et quelle attitude on doit garder en face de supérieurs, d'inférieurs, de gens qu'on doit ménager, qui sont frappés d'un malheur ou auxquels la fortune vient sourire, tout cela est régulier, commun, ordinaire, se présente couramment : le réduire en formules et en habitudes qui indiquent nettement chez celui qui s'y conforme l'intention de plaire en se conformant au milieu social, ne peut qu'épargner des sottises aux médiocres, et de la fatigue inutile aux autres. Mais il ne saurait en être de même dans les actes personnels qui constituent la trame de la vie courante. Même ce que l'on aperçoit du dehors ne peut pas toujours être réduit aux règles communes. Sans doute la société a raison de vouloir n'être pas déconcertée, elle usurpe cependant quand, pour n'être pas dérangée dans de vaines habitudes, elle oblige à être banals des êtres originaux. Tout être humain a son caractère, ce qui au milieu de tous les autres le marque d'un signe propre et fait qu'il est lui. Alors même que les circonstances extérieures paraissent à peu près semblables, chaque homme, s'il est sincère, doit réagir d'une façon qui lui est propre ; à plus forte raison quand les circonstances changent, deviennent uniques. La société a beau imposer à tous une tenue presque identique, dans les actes les plus personnels de toute la vie, tels par exemple que le mariage ou la mort : il y a une tenue et une attitude pour les mariés comme une tenue et une attitude pour ceux qui mènent un deuil, cependant, même sous l'apparente identité des gestes et des attitudes, la réaction personnelle ne peut manquer de se faire voir. A plus forte raison en est-il ainsi dans les circonstances exceptionnelles, imprévues, qui fondent tout à coup sur l'homme comme l'orage et le forcent par leur violence à se révéler tout entier. Et c'est ainsi que, sous les flots tranquilles, se découvrent tout à coup des mers démontées, que des humeurs calmes et paisibles font voir des forces inouïes de colère et de violence, que des natures timides et douces révèlent un courage et parfois un emportement dont on ne se doutait pas, que des esprits en apparence frivoles apparaissent comme très sérieux.

C'est dans l'imprévu, c'est dans les passions, dans les dangers, en face des grandes décisions à prendre, que, comme en présence du divin, sont révélées les pensées de beaucoup de cœurs. C'est alors que la femme peut juger l'homme et l'homme la femme; on peut voir à nu sous le vernis écaillé des politesses l'égoïsme féroce ou la foncière bonté, les âmes exaltées et décevantes qui, semblables aux vagues d'une mer houleuse, n'élèvent jusqu'aux sommets de lumière et de passion que pour laisser retomber dans les creux d'ombre et de froid; les âmes minces tout en surface et les âmes troubles qui ne paraissent profondes que parce que leur impureté empêche de voir au travers, et les âmes vraiment profondes aux eaux si pures qu'on en voit le fond qui paraît tout proche aux yeux faibles, mais dont les yeux clairvoyants voient tout le lointain à travers les couches superposées d'un vert transparent, âmes blanches, âmes vertes, âmes douces, âmes fortes, âmes saines, âmes riches, où l'être sans crainte peut se reposer, sur lesquelles il peut appuyer la pierre de son foyer! Et l'on voit ainsi les âmes tranquilles comme les glaciers et paisibles comme la neige; les âmes de feu et les âmes de lumière pleines de parfums; les âmes de boue et les âmes d'ombre d'où montent des odeurs fétides, âmes de lis, âmes de roses, âmes de magnolia ou même de mancenillier, âmes caressantes, âmes torturantes, âmes de splendeur, de noblesse, de beauté, âmes de ténèbres, d'ignominie, de laideur. Mais quel que soit le paysage d'âme qui nous soit révélé, nous nous arrêtons, ravis, car ce paysage nous dévoile un aspect d'humanité. L'humanité est si belle que même dans ses petitesses, dans ses mesquineries, elle permet de pressentir de la grandeur, même dans ses abjections on découvre ce qu'il y a de noblesse en elle, et sa grâce rayonne au travers de ses laideurs. « Je suis ravi, disait Pascal, quand, au lieu d'un auteur, je trouve un homme. » Cela veut dire que l'homme vaut d'être regardé et contemplé même toutes les fois qu'il est sincère, qu'il s'exprime lui-même tel qu'il est, tel qu'il se sent, par sa parole, par son geste ou son attitude, quand il échappe à la fois aux banalités et aux conventions.

Même lorsque l'homme se libère des observances communes, il n'en est pas quelquefois plus sincère et plus spontané pour cela. A la place des conventions communes il en institue qui lui sont propres. Il s'impose des attitudes, il se compose un maintien, tout un ensemble de règles aussi étroites, aussi peu vivantes que celles qui lui seraient venues du milieu. Il ne s'est affranchi des autres que pour s'asservir lui-même. Et pour s'asservir à ce qu'il y a en soi de moins soi-même, à une certaine idée qu'il s'est faite, à un certain mode de sentir qu'il a voulu adopter une fois pour toutes. Il joue un rôle et il pose. Et tantôt il joue ce rôle comme au naturel, gardant à force d'art toutes les apparences de la spontanéité, et tantôt il est guindé, nonchalant, maniéré, mais dans tous les cas il est faux. Et la vie réelle qui n'a nul souci des artifices et sans cesse les déborde et les déconcerte, fait éclater des conflits entre ces réglementations artificielles et les aspirations foncières. Car aucune règle ne peut tout prévoir et, qu'elles nous viennent de nous ou qu'elles nous viennent des autres, les règles, dans les circonstances extrêmes, nous laisseront toujours dépourvus. Et souvent nous les sentirons opposer une barrière à ce qu'il y a en nous de plus vivant, de plus fort, parfois de plus spontané et de meilleur. Car si les règles adoptées après réflexion sont souvent utiles et nous épargnent parfois des sottises improvisées, elles ne sauraient non plus prétendre à canaliser d'avance le cours entier de la vie. Que la règle de modération soit bonne à suivre dans l'impatience ou dans la colère, nul n'en doute; mais qui en revanche pourra contester que, dans le cas d'une grande infortune à soulager, d'un extrême péril à affronter, d'un grand amour à ressentir ou à exprimer, d'une indignation profonde à manifester, la modération, loin de servir les fins de la vie, leur est hostile au contraire? Le calme, la possession de soi et presque l'indifférence vis-à-vis des insolences et des injures sont aussi des attitudes qui se justifient et atteignent à l'élégance, il peut cependant arriver des cas où l'impassibilité ne saurait suffire et où l'élégance de l'attitude pourrait par l'insolent être interprétée comme une espèce de complaisance.

Quoi qu'il en soit, le conflit s'élève, le conflit existe, et pour s'élever et pour exister entre soi et soi. entre la règle posée par nous et notre vouloir-vivre présent, le conflit, s'il paraît plus facile à dirimer, n'en est souvent pas moins douloureux, si douloureux qu'il peut plus d'une fois atteindre au tragique, puisque le suicide n'est pas autre chose que le mode de solution tragique de pareils conflits. Tout homme qui se tue proclame par là l'impuissance où il se trouve de résoudre le conflit qui s'est élevé en lui-même entre la conception idéale qu'il s'est faite de la vie et les exigences de sa vie réelle. La femme, l'homme qui se tuent pour échapper au déshonneur; les amants qui, ne pouvant vivre leur amour, se réfugient dans la mort, nous font bien voir comment les conflits purement intérieurs ont parfois des fins tragiques. Et si cette solution sanglante a une valeur si contestée et si contestable, si elle paraît toujours entachée de quelque lâcheté, c'est que nous entrevoyons plus ou moins obscurément que c'est en somme faute de courage ou de clairvoyance ou d'intelligence même que le conflit a pu arriver à ce degré d'exaspération. Car, un acte une fois commis, le vrai courage consiste ou à l'affirmer comme légitime, à refuser d'y voir une faute et donc à n'en pas rougir, à lever devant la vie un front qui ne s'avoue pas coupable, ou, si l'on en rougit, si l'on s'en repent et si l'on s'avoue coupable, il faut vivre, vivre pour réparer, vivre pour expier. Et de même les amants, qui, approuvant leur amour, n'osent pas le vivre, ne sont pas dignes de l'éprouver ; ou s'ils ne l'approuvent pas, s'ils le condamnent, c'est en l'immolant qu'ils feront voir leur courage. Le suicide est bien moins la solution d'un conflit que l'aveu d'une banqueroute de l'esprit qui ne sait pas, qui n'a pas la force de le résoudre. Car ici les deux termes en présence sont tout intérieurs, et l'un des deux tout au moins est sous notre dépendance. Or, si nous pouvons en supprimer un, le conflit n'existe plus.

IV

Le conflit devient plus grave quand les désirs, les aspirations, les besoins, les devoirs individuels, au lieu de se heurter aux barrières ondoyantes et flexibles des modes, des usages et des coutumes, rencontrent devant eux la rigide limite des lois. Les lois, quand elles répondent vraiment aux besoins sociaux, ne sont guère que des coutumes précisées et comme cristallisées. Le texte détermine et fixe la pratique du passé et la jurisprudence l'adapte aux exigences vitales du présent. Ainsi faisait jadis à Rome l'édit du prêteur. Parfois aussi les lois sont dues à l'inspiration géniale de quelque législateur qui prévoit des exigences vitales prêtes à surgir et les formule, pour ainsi dire, d'avance. D'autres fois, enfin, la loi n'est qu'un instrument arbitraire de domination ou d'exploitation d'une partie de la société au profit d'une autre partie de la même société. Dans ce dernier cas la loi est abusive, tyrannique, injuste. Elle n'en présente pas moins tous les caractères extérieurs, sociaux, de la loi. Elle n'en est pas moins la loi. Et l'opposition entre l'individu et la loi n'en est pas moins nette ni moins dramatique.

Essayons de décrire quelques-uns des principaux conflits qui peuvent s'élever entre la conscience individuelle et la loi. Comme il est facile de le supposer, nous allons retrouver à peu près les mêmes que nous avons découverts entre la conscience et l'opinion. Ils seront seulement ici précisés et par cela même aggravés.

Et d'abord toute loi sociale, par cela seul qu'elle existe, qu'elle oppose une barrière aux caprices, aux fantaisies, voire aux libertés individuelles, constitue une gêne pour l'action, une entrave à l'expansion de l'être, au développement libre de la vie. Toute interdiction de faire, quand elle porte sur des choses moralement indifférentes, nous force à réfréner notre puissance d'agir, à ne pas agir selon les tendances spontanées de notre nature, nous oblige à faire effort pour reporter ailleurs notre action, par conséquent nous cause une déperdition de force, une dissipation de l'effort. Nous voulons aller de la Madeleine à la Bastille : si les voies directes sont barrées par la police, nous sommes contraints de faire un détour, de dépenser, pour obéir au règlement de police, une force que sans ce règlement nous aurions pu employer ailleurs et, par surcroît, nous perdons du temps. Et l'on peut dire, il est vrai, que cette perte apparente n'est point réelle, qu'en fin de compte elle nous profite. Cela sans doute est exact dans la plupart des cas, mais non pas dans tous les cas ; il suffit pour que ce ne le soit pas que parfois la mesure puisse être inutile, vexatoire, ou seulement exigée à cause de certains troubles de la rue, ou de méfaits qui dépendent de mauvaises volontés et par conséquent auraient pu être évités.

Quand la loi nous impose l'obligation de faire, nous commande quelque action positive, la gène est plus grande encore, parce que la dépense de force, l'effort que réclame de nous l'exécution de la loi devient par là même plus grand. Ne pas faire nous interdisait une action, mais laissait libre l'indéfinie possibilité des actions contraires. Faire exige de nous une dépendance stricte, une sorte d'asservissement. Ce n'est pas seulement un surcroît d'efforts qui est exigé de nous à propos d'une action dont le principe demeurait au fond de nous-mêmes, c'est tout un ensemble d'efforts qui est réclamé, toute notre force qui, momentanément tout au moins, est accaparée. Quand la loi exige de nous une déclaration à la mairie ou le paiement de l'impôt ou l'accomplissement du service militaire, elle prend une partie déterminée de nos forces, de notre argent ou de notre temps. Elle nous ravit pour s'en emparer quelque chose de nous-mêmes. Et le moins personnel, le plus passif, le plus docile des hommes éprouve en face de cette mainmise de la loi un instinct de résistance. On sent le joug peser aux épaules, et le collier déchire le cou. Il nous semble que, durant le temps que la loi nous prend, nous aurions pu faire quelque chose de plus beau ou de plus utile, que cet argent aurait pu être employé directement par nous à des œuvres plus bienfaisantes, que ces belles années de jeunesse pourraient avoir un meilleur emploi que de se consumer en des exercices énervants et monotones. Et dans tous les cas cités, c'est nous sans doute qui avons tort et les exigences sociales qui ont raison. Mais que nous ayons raison ou tort nous ne sentons pas moins le conflit et au-dedans de nous-mêmes l'intime déchirement. D'ailleurs la loi peut imposer des démarches inutiles et conséquemment abusives, elle peut exiger des impôts inutiles si le produit en est employé à des dépenses oiseuses, elle peut obliger à une présence sous les drapeaux plus longue qu'il n'est nécessaire. Dans tous les cas, fondée ou non, raisonnable ou déraisonnable, et par le fait seul qu'elle nous impose une obligation positive, qu'elle nous contraint de faire, la loi nous enlève quelque chose de notre force, quelque chose de notre vie, et notre tendance individuelle à vivre se trouve entravée par là. Le conflit est inévitable et il est d'autant plus vif et d'autant plus douloureux que ce que la loi exige de nous est plus important, c'est-à-dire plus en opposition avec les tendances spontanées de notre être, les aspirations naturelles de notre vie.

Aussi le conflit prend-il un caractère de plus en plus angoissant à mesure que ceux de nos intérêts que la loi accapare à son profit sont des intérêts plus grands et, pour ainsi dire, plus vitaux, que les aspirations qu'elle refoule, contrarie et empêche de se réaliser sont des aspirations plus essentielles et plus nécessaires au développement intégral de l'être, à l'accomplissement de l'idée dominatrice de toute vie réfléchie, de notre véritable et unique destinée.

Tant que la loi ne me prend qu'une partie de mon temps, de mon argent et de ma vie, je puis, pour des raisons que je juge bonnes, lui abandonner sans regret et même avec joie ces petites et insignifiantes portions de moi-même. Par l'idée sociale j'arrive aisément à me convaincre que j'ai en somme avantage à cet abandon. Je prête pour qu'on me rende, je perds pour gagner. Mais si la loi me demande de faire dévier en quelque chose le sens même de ma vie, de modifier l'idée de la vie que je me suis faite ou que j'ai reçue, en tout cas que j'ai adoptée, la croyant bonne, à plus forte raison si la loi m'impose de la renverser, d'en changer le sens et toute la direction, d'agir comme si je croyais bon et vrai ce que je juge mauvais et faux ou comme si je croyais faux et mauvais ce que en mon âme et conscience je déclare vrai et bon, le conflit devient tragique et terrible, d'autant plus terrible que la loi est plus exigeante et menace de punir ma révolte de peines plus fortes. Car ici il ne s'agit de rien moins que de renoncer, pour garder les agréments de la vie, à ce qui fait que ces agréments peuvent être librement goûtés, que la vie vaut d'être vécue ou, comme disait Juvénal, de renoncer, pour vivre, aux raisons de vivre.

Quand, par exemple, la loi ou, ce qui revient au même, l'ordre de ses chefs vient à interdire à un fonctionnaire de faire élever ses enfants par les maîtres de son choix, comment un conflit ne s'élèverait-il pas entre les ordres légaux et la conscience de ce fonctionnaire? D'une part, il doit faire vivre sa famille, remplir sa charge, empêcher, en y restant, qu'un autre moins qualifié, moins juste, moins bon serviteur vienne l'occuper ; d'autre part, il se sent entravé dans ses obligations paternelles : il doit à ses enfants de les munir pour la vie et de les munir de la façon qui lui paraît la plus riche, la plus forte, la meilleure. Le conflit s'élève, s'il n'est pas encore tout à fait terrible, il est au moins angoissant.

Le conflit n'est pas moins grave quand un maître, par exemple, est obligé par la loi, par les règlements ou par un programme, d'enseigner quelque chose qu'il juge faux ou le donner comme faux ou même comme douteux quelque chose qu'il estime vrai. C'était le cas jadis de beaucoup de professeurs de philosophie du « régiment » de Victor Cousin ; c'est, à cette heure, le cas de plus d'un instituteur; ce serait bientôt, si l'on voulait en croire certains journaux et certaines tendances sectaires, le cas à peu près de tous les maîtres de l'enseignement primaire et de l'enseignement secondaire et même de l'enseignement supérieur. Au Collège de France, dans cet établissement qui devrait être le plus libre de toute préoccupation politique et momentanée, les chaires ne se donnent plus d'après le mérite, mais d'après des conformismes tout à fait étrangers aux intérêts scientifiques.

Nous avons vu récemment d'autres conflits analogues. Des officiers catholiques commandés pour faire opérer l'effraction de portes d'églises, se sont demandé ce qu'ils devaient faire. Quelques-uns ont préféré briser leur épée. Jadis, en 1880, un grand nombre de magistrats crurent devoir descendre de leurs sièges plutôt que de requérir contre des congréganistes. Le problème se posa pour tous ceux qui avaient des sentiments catholiques. Demain, des problèmes analogues pourront se poser pour les magistrats comme pour les officiers en face des complications auxquels paraît devoir donner lieu la loi de séparation. Déjà les évêques, les prêtres et les fonctionnaires de l'enregistrement sentent dans leur conscience surgir des conflits. Doit-on résister à la loi et comment lui résister? Faut-il au contraire, la subir ou s'y résigner, en faire l'essai viril ou même l'essai loyal? Autant de questions, autant de problèmes dont chacun est l'expression d'un conflit. Des conflits semblables se sont déjà présentés et se présenteront encore lorsque des conscrits refuseront, pour des motifs de conscience, d'apprendre le métier des armes, lorsque des soldats socialistes, commandés à l'occasion d'une grève, se demanderont ce qu'ils doivent faire, lorsque des prêtres ou des séminaristes soldats refuseront de marcher contre leurs coreligionnaires. Car il ne faudrait pas croire que les conflits ne peuvent s'élever que d'un côté et que la loi ne pèse que sur certaines consciences : la loi, par cela seul qu'elle représente une certaine conception sociale, repose sur un certain dogmatisme, suppose implicitement certains dogmes, certaines idées, certaines croyances, et par conséquent s'oppose aux dogmes, aux idées et aux croyances contraires, d'où il suit rigoureusement qu'elle doit paraître opprimer les consciences en lesquelles vivent les croyances, les idées, les dogmes opposés aux dogmes légaux. Et toute conscience vivante, toute conscience où brille une lumière, où resplendit une foi, est une conscience exposée à se trouver en opposition avec les croyances latentes ou claires de la conscience sociale.

Où le conflit devient tout à fait tragique, c'est lorsque le doute n'est pas possible, le cas dans lequel on a d'un côté la vie, ou du moins tout ce qui la rend supportable ou même possible, et de l'autre les raisons de vivre. La loi, l'inflexible loi, la loi uniforme, égale pour tous, veut courber sous son niveau toutes les consciences, tous les cœurs, toutes les âmes, et cependant il y a des cœurs, il y a des consciences qui ne peuvent se laisser niveler ainsi, sans perdre avec la cime la plus haute de leur être, la fleur la plus exquise de leur vie, ce qui, à leurs propres yeux, en fait toute la valeur, ce sans quoi ils se sentent ou dégradés ou déchus, véritablement au-dessous de rien. Et parfois, ce sont des lois sociales qui, n'étant pas écrites dans les codes, semblent revêtir de pures formes morales qui se trouvent ainsi en opposition avec la conscience et par là avec la moralité même. Qu'on songe au drame moral qui se joue dans une conscience pénétrée de la loi générale de véracité, qui a horreur du mensonge et qui, clairement, nettement, se sent obligée à dissimuler la vérité et même à l'altérer et parfois à la contredire !... C'est le cas d'un médecin qui ne pourrait, sans le tuer, dire à son malade l'état exact de ses organes ; c'est le cas de tous ceux qui, pour résister à des indiscrétions injustes, pour défendre leur droit menacé, sont clairement obligés de donner pour vrai ce qu'ils savent faux. Tous les moralistes connaissent ces espèces de conflits qu'on croyait autrefois résoudre grâce à l'artifice des restrictions mentales et qui ne vont pas, quelle que soit la clarté de la conscience et la sûreté de la décision, sans un trouble et une secrète révolte de l'âme. Car la vérité vaut par elle-même, et si la justice vaut mieux que la sincérité injuste, on ne peut pas ne pas souffrir d'être contraint de paraître se soustraire à l'hommage qu'on doit au vrai.

De même, dans certains cas très exceptionnels mais cependant très réels, des actions, des sentiments généralement condamnables et justement condamnés peuvent se présenter sous des formes telles que la conscience non seulement les excuse ou les approuve, mais même peut ou du moins paraît en faire une véritable obligation. Qu'une âme en détresse se confie à une autre âme qui en reçoit et qui en prend charge, quels que soient les périls et peut-être les chutes mêmes, peut-on concevoir sans trouble que l'âme confidente se retire et, pour s'épargner la lutte, rejette à la mer celle qui, de bonne foi, s'en venait vers le salut?... Je sais bien que la question ne fait pas de doute pour les moralistes qui ont écrit sur ce point, et tous sont d'avis que le confesseur ou le directeur, par exemple, qui trouve dans la direction ou la confession une occasion de pécher, doit, autant qu'il est en lui, s'abstenir et renvoyer l'occasion à un autre ministère moins fragile et tout aussi sûr. Mais cependant aucun d'eux n'oserait dire qu'en cas de grave danger, un prêtre pourrait refuser son ministère, quels que fussent pour lui-même les périls de faute. — Et si les prêtres sont les seuls qui paraissent avoir en ces délicates matières des obligations d'état qu'ont d'ailleurs aussi, quoique d'une autre façon, les médecins, les avocats et les juges, il peut y avoir des obligations de conscience en dehors des obligations d'état. Seuls, les intéressés peuvent savoir jusqu'à quel point ils sont nécessaires l'un à l'autre, jusqu'à quel point ils se doivent l'un à l'autre, quels sont les périls auxquels ces devoirs non catalogués mais très réels cependant les obligent à s'exposer. Il y a là des problèmes redoutables, qu'on n'effleure qu'en tremblant, mais qui, incontestablement, se posent et se sont posés à de très hautes et nobles consciences. Et ils se poseront peut-être de plus en plus. C'est dire que l'incompréhension du monde a beau jeu pour s'exercer, et c'est en réfléchissant à toutes ces complexités que l'on comprend mieux l'incapacité radicale où sont les hommes de juger l'intérieur de leurs semblables. Ce sont ces conflits qui paraissent les plus redoutables et les plus profonds de tous, car ils mettent aux prises la conscience avec elle-même. Ceux qui paraissent plus tragiques sont bien moins terribles. Car si la loi nous ordonne, sous peine de ruine, de pauvreté ou même de mort, de faire ce que la conscience nous défend ou de ne pas faire sous les mêmes peines ce que la conscience ordonne, les troubles de l'âme sont moins profonds. Le devoir n'est pas plus clair, sans doute, mais l'opposition est plus nette, l'extériorité du commandement légal est plus évidente, et par conséquent on voit plus clairement que ce commandement est tout à fait distinct du devoir. Antigone n'a eu aucun trouble de conscience en désobéissant à Cléon, ni Socrate en ruinant par la base la législation d'Athènes, ni les martyrs chrétiens en désobéissant aux Césars, mais il n'est pas possible qu'un homme engagé dans ces espèces de situations exceptionnelles que j'essayais d'indiquer plus haut ne ressente pas, tout en suivant tranquillement ce qu'il croit être son devoir, de cruelles luttes intimes Ce n'est rien de faire face aux tyrans, ce n'est rien d'être pauvre, rien de sentir sur sa tête le vent de la mort, mais il est terrible de se dire que le trouble de la conscience est au fond du devoir même, que presque tous les hommes seraient contre vous, formulant des condamnations, que par humanité on doit se mettre en dehors des communes règles humaines. Il est souvent dur et toujours très dangereux d'être et de se sentir une exception.

Ce sont encore des conflits tout aussi troublants qui viennent torturer les âmes qui, soumises de tout leur cœur dans l'ordre des choses morales à une autorité où elles adorent le magistère même de Dieu, ne peuvent cependant s'empêcher de sentir en face de certains actes de l'autorité des révoltes d'ordre intime et de l'essence la plus haute, la plus désintéressée... On a vu de très grands saints censurer des Papes, saint François d'Assise n'a jamais consenti a abandonner son idéal de pauvreté absolue. « Ne rends pas le mal pour le mal, ne résiste pas au mal », dit l'Évangile, et cependant toutes les prudences humaines se liguent contre la mise en pratique universelle de ces conseils. Pour les âmes religieuses il ne saurait y avoir de plus durs combats : il semble que ce soit Dieu qui lutte en nous contre lui-même et l'angoisse de la conscience est profonde.

Tels sont donc les principaux des conflits qui peuvent s'élever entre la loi sociale et la loi morale, entre la conscience et la loi, entre le moral et le social. Qu'ils naissent d'une gêne, d'une contrainte ou d'un désordre immoral que l'observance des conformismes sociaux nés de la coutume informulée ou des précisions de la loi imposerait à nos vies, ces conflits n'en doivent pas moins être résolus. Il faut donc trouver le mode de solution de ces conflits. C'est ce que nous ferons dans les chapitres suivants. Et le principe de cette solution ne sera pas difficile à découvrir si nous nous souvenons que sociabilité et moralité ne sont que deux faces, deux aspects complémentaires de cette grande, de cette seule réalité qu'est notre vie, non pas seulement notre vie individuelle, mais cette vie humaine qui est l'essence et la raison d'être de notre vie individuelle. C'est dans nos essentielles raisons de vivre que nous trouverons le moyen de vivre à la fois socialement et moralement, et les principes d'après lesquels nous devrons tantôt faire moral le social et tantôt prendre vis-à-vis du social des attitudes diverses qui sauvegarderont l'indépendance, le dignité, la souveraineté absolue de notre conscience et de notre moralité.

CHAPITRE VI

La solution des conflits - Les Principes

I

Les principes qui doivent présider à la solution générale du conflit ne peuvent se tirer que de la considération de la valeur respective de la société et de l'individu, des lois qui président à leurs relations. D'une part, il est évident que sans la société l'individu ne pourrait ni vivre ni aucunement se développer et, d'autre part, il ne paraît pas moins évident d'abord que sans l'individu la société n'existerait pas et ensuite que tout le bien social se ramène à la somme des biens individuels. Essayons de réfléchir un moment sur chacune de ces diverses propositions.

Comment l'homme pourrait-il vivre sans la société puisqu'il ne peut naître que d'un couple humain ? Le couple, première cellule sociale, paraît bien indispensable à la naissance de l'individu. Et, d'autre part, comment pourrait-il y avoir un couple s'il n'y avait pas d'abord des individus ?...

Ce redoutable problème des origines n'est soluble que par deux voies : ou on admet avec la théorie de l'évolution un hermaphrodisme primitif et une différenciation postérieure des sexes, ce qui met à l'origine le social avant l'individuel, la dualité avant l'unité, ou on adopte les croyances judéo-chrétiennes de la création distincte des deux sexes dans l'humanité : dans ce cas, les individus existent avant le couple, l'unité avant la dualité, et l'individuel est antérieur au social. C'est pour cela que le christianisme en son fond a toujours été favorable à l'expansion de l'individu.

Mais une fois la question de fait tranchée par l'une des deux solutions, la question de droit n'est pas résolue par là. Elle subsiste intacte et entière. Car de ce que la société existerait avant l'individu, il ne s'ensuivrait nullement que la société dût primer l'individu, que les fins individuelles devraient être sacrifiées aux fins sociales ; les pierres aussi existaient avant les hommes, et on ne voit pas que personne soutienne que les hommes doivent être sacrifiés aux pierres, et quand même les vénérables cyclostomes, c'est-à-dire les lamproies, mériteraient, ainsi que le veut Hæckel, que nous les regardions comme nos arrière-grand'mères, je ne pense pas que personne s'avise de soutenir que nous devions subordonner toute l'activité humaine à servir les intérêts de la race des lamproies. Être avant n'est rien, valoir plus est tout. Les hommes valent mieux que les lamproies, bien que les lamproies aient existé avant eux ; c'est pourquoi la plupart des hommes trouvent raisonnable de manger des lamproies et tous trouveraient fort déraisonnable de sacrifier l'humanité aux lamproies. De même, peu importe que la société ait préexisté à l'individu ; la vraie question, la seule question consiste à se demander de la société ou de l'individu lequel prime l'autre.

Il semble que ce soit tout simple : la société étant la collection des individus vaut plus que l'individu, car tous valent plus qu'un seul. Malheureusement cette solution trop simple ne résout rien et ne supprime pas la difficulté. Car l'argument est à deux tranchants, il peut prouver aussi bien pour que contre l'individualisme. Il peut prouver contre l'individualisme, nous venons de voir comment ; mais il peut tout aussi bien témoigner en sa faveur. Si en effet l'individu n'avait de valeur qu'autant qu'il réserverait ses fins individuelles et ne les sacrifierait pas, regarder la société comme une collection d'individus et en tirer cette loi que l'individu doit se sacrifier aux fins sociales équivaudrait à dire qu'un total de zéros constitue une somme supérieure à des unités simples mais demeurant isolées les unes des autres. Or, zéro est toujours inférieur à un. Avant donc d'admettre comme valable l'argument que nous venons de rappeler, il conviendrait d'abord d'établir quelle est au vrai la valeur de l'individu, et dans quel rapport sont ses fins avec les fins sociales. Car la société est autre chose que le simple total des individus qui la composent, autrement on ne verrait pas si souvent les intérêts individuels et les intérêts sociaux diverger et même se contredire, par conséquent les conflits qui nous occupent n'existeraient pas et la discussion tomberait faute d'objet. Mais rechercher quelle est la valeur de l'individu en face de la valeur de la société, c'est précisément se poser le problème que le raisonnement simpliste prétendait résoudre. Ce raisonnement n'a donc ni pertinence ni valeur. Et nous revenons à notre point de départ.

Si l'on veut se poser une question de valeur, il faut d'abord se demander en quoi consiste la valeur, où elle réside. Qu'est-ce qui vaut dans l'humanité ? C'est, semble-t-il, ce qui fait l'homme supérieur au reste des animaux. Et d'abord son organisation physiologique qui est à la fois la plus diversifiée et la plus unifiée de toutes. Cette supériorité organique elle-même le cède infiniment à sa supériorité intellectuelle qui se traduit par le langage et par l'infinie variété des inventions utiles. Mais ces deux sortes de supériorité ne valent que par la conscience que nous en avons. Sans la conscience comment se pourrait former même l'idée d'une supériorité quelconque ? C'est l'intelligence seule qui discerne les plans hiérarchiques des êtres. Et sans la conscience que serait l'intelligence ? Y aurait-il encore une intelligence ? Que pourrait bien être une pensée qui s'ignorerait elle-même ? une pensée qui ne se penserait pas ? Ce serait une pensée qui ne penserait pas, quelque chose d'inintelligible. Et de quoi servirait le langage sans la conscience ? Des sentiments ou des pensées qui s'ignorent n'éprouveront jamais le besoin de se faire connaître, de se révéler, et dès que, la conscience existant, ils éprouvent ce besoin, c'est qu'ils supposent en d'autres êtres des consciences semblables à la leur, des consciences capables de recevoir et de comprendre leurs révélations. Pourquoi enfin inventerait-on et à quoi bon toute l'industrie humaine s'il n'y avait pas des consciences à qui ces inventions et ces industries évitent de la peine ou procurent du plaisir ? — De quelque côté que l'on envisage le problème, on voit que ce qui fait la valeur de l'humanité c'est la conscience que l'homme a de lui-même, conscience de son être, conscience de sa pensée, de ses sentiments, de ses joies et de ses douleurs. Rien ne vaut que dans la conscience et par la conscience. Hors de la conscience, le monde serait insipide, incolore, insensible, indifférent, autant dire inexistant. Mais la conscience n'est et ne peut être qu'individuelle. En dehors de l'individu on ne conçoit pas ce que pourrait être la conscience. La conscience est individuelle ou elle n'est pas. Cela est si vrai que quand on parle d'une conscience collective, d'une conscience sociale, on ne peut se la représenter que dans des sujets individuels, affectée et colorée des nuances particulières de chacun de ces sujets. Si donc rien ne vaut que grâce à la conscience et si la conscience à son tour n'existe qu'à la condition d'être individuelle, il devient très clair que c'est dans l'individu seul, dans l'individu conscient, dans l'individu comme tel que réside toute la valeur et même, en un sens, tout l'être du monde.

Mais, d'un autre côté, on ne peut nier que la société soit nécessaire à l'existence et au développement de l'individu. A l'existence, nous l'avons déjà établi. Et l'on peut ajouter à la première raison énoncée plus haut que, sans les soins prolongés de ses parents, l'homme enfant ne ferait qu'un saut de la naissance au trépas. Abandonné nu sur la terre nue, il ne pourrait ni se défendre contre les intempéries ni se procurer des aliments. Même adulte, l'homme complètement isolé ne subsisterait guère davantage. Si Robinson a pu vivre dans son île, c'est grâce aux souvenirs de son éducation antérieure, grâce aux provisions, aux outils et aux engins qu'il tirait de son vaisseau, par conséquent grâce à la société dont il se trouvait momentanément isolé, mais qui de tant de manières l'entourait et le protégeait encore, lui continuait ses bienfaits.

Sans la division du travail, sans la coopération nécessaire qui en résulte, l'intelligence humaine ne ferait presque aucun progrès. Il faut que chaque esprit se spécialise dans un certain ordre de recherches et de pensées pour que, avec la science, s'accroissent les trésors de l'intelligence humaine, comme il faut que chaque ouvrier se spécialise dans certains travaux, afin que progresse avec la sûreté et la finesse de son coup d'œil l'habileté de sa main. C'est de ces travaux divers, de ces spécialités éparses que se compose le trésor humain, trésor de connaissances, trésor d'industrie. La science, l'industrie et l'art même sont œuvre commune, collective. Le mot de Pascal est vrai toujours, vrai partout : L'humanité n'est qu'un même homme qui subsiste toujours et qui apprend continuellement. S'il fallait que chacun de nous se procurât de toutes pièces la nourriture et le vêtement, se construisît une habitation, quel temps nous resterait-il pour cultiver en nous le sens de la vie ? Sans cesse absorbés par le soin de nous empêcher de mourir, nous ne trouverions plus le temps de vivre. Car si la vie vaut quelque chose, ce n'est point par son existence seule et par sa durée, c'est par les qualités qui lui sont inhérentes et la font digne d'être vécue, c'est-à-dire par les joies qui la parsèment, par les satisfactions qu'on y trouve, par le bonheur qu'on y espère et qu'elle poursuit. Même chez les êtres les plus humbles et les plus misérablement rivés à la recherche exclusive du pain quotidien, les seules joies véritables naissent de l'amour et par conséquent de la société. Un jour, la vie morne s'est parée de fleurs, c'est quand ils se sont près d'un autre sentis tressaillir d'un trouble profond ; un autre jour, la vie leur a paru se couvrir de fruits, c'est quand ils ont entendu les premiers vagissements de leur enfant. D'autres, plus heureux, ont reçu et fait fructifier dans leur âme des enseignements : ils savent que leur misérable vie n'est qu'une montée douloureuse sous un ciel bas, entre des murailles noires, vers des sommets riants, pleins de douceur et de soleil. ils savent que tout est bien, même leur fatigue, même leur effort et leur souffrance, et dans la sueur, dans l'ahènement ils sourient au ciel lointain qu'ils espèrent et dont par avance ils voient l'azur dans le lac limpide de leur cœur. Mais ces enseignements, c'est à la religion et par conséquent encore à la société qu'ils les doivent.

Ainsi la société est nécessaire à l'individu, et sans le social le moral n'existerait pas. Il est donc de toute évidence que l'individu doit maintenir l'existence de la société, ne rien faire qui puisse la menacer ou la compromettre. Mais il est non moins évident que l'individu ne doit pas se sacrifier tout entier à la société, puisque la société n'est qu'un moyen au service des fins individuelles. Ce serait ressembler à l'homme qui se tuerait pour avoir de quoi manger.

II

Il convient donc de rechercher quelle est la hiérarchie des valeurs de vie depuis les premiers plans de la vie matérielle et corporelle jusqu'aux plus hauts sommets de l'intelligence et de la moralité, afin de déterminer ce qui dans l'individu fait comme le fond et la valeur vraie de la vie et ne doit par conséquent jamais être sacrifié.

Et d'abord il est bien clair que la vie physique, bien qu'indispensable, n'a par elle-même aucune valeur. Car les choses ne valent que si on les apprécie et pour celui qui les apprécie, c'est-à-dire que la valeur n'existe que dans la conscience et par la conscience. Un trésor ignoré est sans valeur tout le temps qu'il reste ignoré. Une vie réduite aux seules fonctions organiques matérielles, sans aucun rayon de conscience, serait donc une vie de valeur nulle. Qui est-ce qui tiendrait à vivre s'il savait que sa vie doit se borner à une sorte de végétation où les sèves intérieures circuleraient, mais qui subirait toutes les influences de l'extérieur sans que rien en lui en fût averti ? Et qu'importe d'être si l'on ne sait pas qu'on est ? Ceux-là même qui, las des agitations et des efforts, ont souhaité le repos des rocs ou la froide immobilité des cimes neigeuses, n'ont pas souhaité uniquement le calme brut de la neige ou du granit, ils souhaitaient en même temps de sentir ce calme, de jouir de ce repos.

Sans la conscience la vie n'a point de valeur et ne saurait être bonne, mais il ne suffit pas que la conscience vienne s'y joindre pour que la vie ait une valeur. Car nous pouvons également jouir et souffrir. Quand nous avons du plaisir, c'est le signe que la vie est bonne, au moins dans quelqu'une de ses parties ; quand nous souffrons, c'est le signe qu'elle est mauvaise, tout au moins en quelque chose. Sentir est au-dessus de vivre, mais dès que l'on est capable de sentir on est par là même exposé à la souffrance. Une vie purement sensible ne mériterait d'être appelée bonne que si elle était sans souffrance. C'est ce qu'Épicure avait très bien vu. Mais exorciser la douleur de la vie sensible est une chimère. Quiconque sent doit souffrir, et souffrir d'autant plus qu'il est plus sensible.

Au-dessus de la vie sensible s'ouvrent les horizons de la vie de l'esprit. Vie de l'intelligence, vie de la raison. Lumière paisible où les contradictions mêmes de la vie physique et sensible se résolvent en harmonie. Souffrir peut devenir une chère joie. Car la peine n'est rien quand on pressent, à plus forte raison quand on éprouve qu'elle peut porter des fruits. La jeune mère oublie toutes ses souffrances dans la joie d'avoir donné un enfant au monde. La douleur prend un sens et se revêt d'un manteau de pourpre lorsqu'elle sert à accroître la somme d'être, la somme de vie, la somme de conscience. Elle mérite alors le nom de vertu. Et ce mal est devenu bien. L'intelligence, la raison, changent le sens des valeurs. C'est donc par l'intelligence et par la raison que notre vie a de la valeur. La seule vie qui vaille d'être vécue est la vie raisonnable, la vie dont l'intelligence peut justifier tous les actes. Cette vie, nous ne pouvons la sacrifier à aucune vie inférieure ; à elle nous pouvons, nous devons sacrifier les autres et les plaisirs et l'organisme lui-même. Car si la raison est satisfaite, malgré tout nous vivons dans la paix et dans la joie. Mais si nous nous sentons hors de la raison, nous nous sentons en même temps dégradés et descendus au-dessous de la vie ; nous n'en éprouvons plus que l'horreur. Mourir pour échapper à cet enfer ou bien pour le prévenir est donc un acte vital, et non pas un acte de renoncement et de sacrifice, mais un acte d'expansion et de développement.

Qu'est-ce donc qui est raisonnable? Est-ce d'obéir à des lois communes, universelles, édictées une fois pour toutes? Mais nous avons vu que les lois ainsi édictées, communes, universelles, sont des lois sociales et non pas des lois purement morales. Les diverses sociétés dont nous faisons partie, la famille, la nation, l'Église, nous donnent leurs enseignements, et beaucoup des plus nobles et hautes consciences se sont modelées sur eux; le Décalogue, l'Évangile, la loi, constituent ainsi pour beaucoup les maximes de la conscience, les préceptes auxquels ils ne peuvent déroger sans s'avilir. La conscience adopte et fait siennes les règles posées par l'autorité, ce qui supprime beaucoup de difficultés. Elle se dit ce qu'on lui dit : « Tu ne tueras point, tu ne déroberas point, tu ne feras pas de faux témoignage, tu ne seras point adultère, tu honoreras ton père et ta mère, tu respecteras les magistrats et accompliras tes devoirs de citoyen. »

Mais il peut arriver, il arrive, il doit arriver que ces diverses lois issues de sources diverses luttent et se combattent entre elles. La nation dit : « Obéis à la loi civile », et il arrive que la loi civile n'est pas d'accord avec la loi religieuse. La conscience doit donc préférer une loi aux autres et l'investir ainsi de l'autorité supérieure. Dire que l'autorité de Dieu est préférable et supérieure à l'autorité des hommes, ce n'est peut-être pas énoncer une vérité aussi évidente et aussi peu ambiguë qu'on l'imagine, car comme, en fait, dans n'importe quelle société, et dans l'Église aussi bien que dans l'État, nous n'avons affaire qu'à des hommes, il s'ensuit que c'est notre conscience qui est chargée de reconnaître dans les uns plutôt que dans les autres les représentants de Dieu, et c'est devant notre conscience qu'ils sont investis de la majesté et de la suprématie. Les nations ne viennent pas moins de Dieu que l'Église, et l'autorité civile émane de Dieu comme l'autorité religieuse. Ce qui fait aux yeux des catholiques la supériorité de cette dernière, c'est qu'ils la considèrent, d'une part, comme ayant pour fonction la réalisation d'une fin plus noble et, d'autre part, comme favorisée d'une assistance divine spéciale que ne possèdent pas à un égal degré les représentants de l'État.

Aucune conscience, même celles qui se donnent comme les plus indépendantes et qui se croient telles, ne s'est formée seule, sans puiser dans son milieu les éléments sociaux de sa formation. Ces enseignements sociaux positifs ou négatifs sont entrés en elle, lui ont fourni, avec des maximes et des formules, un contenu et des précisions. Chacun de nous porte en soi les résidus des habitudes de son enfance et de son éducation. Mme Marcelle Tinayre l'a admirablement observé :

On m'avait enseigné que le bonheur est dans l'oubli de soi-même, dans le dévouement... C'est la morale chrétienne... Mais elle n'est possible qu'avec la foi chrétienne, et je n'avais pas la foi... On m'avait enseigné aussi, d'autre part, que toute créature a le droit de se développer comme une plante fleurit le droit de vivre sa vie, avant de vieillir et de mourir...

— Oui, dit Noël.

— Le devoir de dévouement aux malheureux et aux faibles, le droit personnel de vivre et de chercher le bonheur, ce double idéal contradictoire a hanté toute ma jeunesse... je n'ai pas su choisir : j'ai voulu tout concilier (1).

Il ne suffit pas de se déclarer libre penseur pour émanciper sa conscience de toute tradition morale; malgré toute la critique la plus aiguë, malgré même toutes les théories contraires, des préceptes respectés depuis l'enfance demeurent en l'âme toujours imposants, toujours pleins d'autorité. En dépit de toutes les insurrections de la spéculation pure, la conscience reconnaît à ces préceptes un caractère de bonté qui suffit à les rendre obligatoires. Si nous y manquons, nous sentons que nous

1. *La Rebelle*, p. 265.

avons tort, et nous avons tort en effet. C'est ainsi qu'il n'est pas rare de rencontrer des consciences en partie double, subissant à la fois les dominations tyranniques du passé et les appels impérieux de l'avenir. Quand elles sont pareilles à celles que Mme Tinayre nous décrit dans *la Rebelle*, ces consciences ne sont que des reflets sociaux, reflets des traditions d'autrefois, reflets des aspirations d'aujourd'hui. Elle n'échappent en partie à la domination d'une sorte de social que pour tomber sous une autre sorte. Leurs contradictions intérieures ne prouvent pas leur indépendance et leur originalité, elles ne prouvent que la dualité de leur esclavage.

Mais que le dualisme de la conscience soit le fait d'une réflexion qui lutte contre des traditions que la raison spéculative condamne sans que la conscience pratique cesse de les imposer, ou bien qu'il résulte de deux ordres sociaux différents qui se combattent dans une conscience presque entièrement passive, ce dualisme n'en est pas moins une sorte de scandale pour la raison aussi bien que pour la conscience Les échelles des valeurs diverses ne concordent pas. La paix ne saurait régner dans une âme ainsi divisée. Il faut donc, pour que la pacification s'opère, qu'un ordre s'établisse, qu'une hiérarchie se constitue. Cette œuvre ne peut se faire qu'à l'aide de la réflexion.

III

Or, tout homme qui réfléchit, quand il veut juger des valeurs des actes, ne peut le faire qu'en comparant ces valeurs à ce qu'il regarde comme essentiellement et principalement bon. C'est ce qu'avaient très bien vu tous les anciens philosophes quand ils discutaient la question du souverain bien. D'après le caractère et d'après l'éducation, il se forme peu à peu en chaque homme un certain sentiment du bien que la réflexion peut sans doute corriger ou élargir, mais qu'elle ne change jamais tout à fait. Ce sentiment sert de type et de commune mesure à nos diverses actions. Il modèle et règle nos attitudes devant la vie. Il oriente la volonté et est aussi modifié par elle. Il peut s'exposer en idées, se formuler en des mots et donner ainsi naissance à des systèmes de morale. Mais, à l'origine, c'est un simple sentiment, produit d'un double facteur, le caractère individuel et l'éducation sociale. Le moral et le social, l'individuel et le collectif, se combinent ainsi pour nous dicter nos jugements moraux, pour inspirer ce qu'il y a en nous de plus intime.

Or, il semble que l'on puisse réduire à quatre les sentiments principaux qui commandent ainsi toutes nos appréciations morales : l'horreur de la peine et de la souffrance, l'élan vers l'activité, l'enthousiasme ou l'admiration pour la beauté, la tendresse, la pitié ou la bonté pour les autres. De là quatre sortes d'attitudes assez différentes devant les actions et devant la vie, quatre manières de considérer et d'apprécier les actions, quatre sortes de commandements moraux. Évite la douleur, dit le premier; sois énergique et actif, dit le second; sois beau, dit le troisième, et le quatrième dit : sois bon.

Il ne faut pas souffrir ou souffrir le moins possible, dit l'épicurien, et pour cela il faut s'effacer, offrir le moins de surface possible aux coups du sort, se décharger de toute initiative et de toute responsabilité. Les maux de la conscience étant aussi redoutables que ceux du corps, on se les épargne en se déchargeant sur autrui du souci de se décider soi-même. Il y a l'épicurisme de l'obéissance comme il y a un épicurisme purement apathique et un épicurisme voluptueux. Tout ce qui nous menace ou qui peut nous menacer, tout ce qui risque de troubler en quelque façon notre quiétude et notre tranquillité nous est hostile. Nous avons horreur du risque et par suite du changement. Conservateurs, dévots trop dociles, ascètes même qui par leurs austérités ne songent qu'à s'épargner ou des luttes d'âme ou des tortures pénales, moins soucieux de conquérir des joies que de s'éviter des peines, de réaliser le bien que de s'épargner le mal, tous, avec les différences notables que chacun sent bien, adoptent devant la vie l'attitude négative de l'effacement; ils marchent en somme derrière Épicure, ils sont, quoi qu'on puisse penser, les héritiers non toujours de sa doctrine mais de son tempérament moral, et sinon les disciples de sa philosophie, tout au moins les fils légitimes de son esprit.

D'autres ne conçoivent pas que le bien puisse être réalisé autrement que par l'activité et l'effort. Le difficile, par cela seul qu'il est difficile, leur paraît devoir être bon et ils mesurent la valeur des actes au déploiement d'activité que ces actes exigent ou qu'ils permettent. Comme les autres suivent toujours la ligne de moindre résistance, eux sont au contraire sans cesse attirés dans la direction du plus grand effort. Les autres, quand ils agissent et prennent quelque sorte d'initiative, se regardent comme aventureux ; eux, quand ils se laissent aller au désir bien naturel de se reposer, se traitent de lâches. On peut dire de tous les grands énergiques et de tous les grands actifs ce que le poète a dit de César :

Nil actum reputans si quid superesset agendum.

Pour eux le bien c'est l'action, et l'action la plus énergique. Ce sont des inventeurs, des conquérants, conquérants de terre et conquérants d'âmes, des fondateurs, fondateurs d'empires ou fondateurs d'Ordres, les César et les Napoléon s'y rencontrent avec les François d'Assise, les Thérèse d'Avila et les Ignace de Loyola. Ils suivent chacun à sa manière les traces de Zénon de Cittium.

D'autres, maintenant, moins enthousiastes, plus

spécialement recueillis en eux-mêmes, attachent moins d'importance à l'acte momentané et pour ainsi dire fragmentaire qu'à l'ensemble de leurs actions, paraissent surtout soucieux d'ordonner et de composer leur vie de manière à en former un ensemble consistant et harmonieux. Aucune action ne leur paraît avoir de valeur en elle-même et par elle-même, c'est uniquement de l'ensemble que les parties tirent leur valeur. Ils conservent donc partout le souci de régler le présent d'après les réalités du passé et les prévisions de l'avenir. Le bien ne leur paraît pas être tout à fait le bien s'il ne se présente pas sous des formes d'arrangement, sous des formes ordonnées et composées. Ils veulent vivre en ordre, vivre en raison, vivre en beauté. Plus artistes peut-être que bienfaisants, plus soucieux d'être admirés et de s'admirer eux-mêmes que d'être estimés et de s'estimer, ou plutôt ne concevant pas qu'ils puissent être estimés et ne pouvant s'estimer s'ils ne sentent pas monter vers eux quelque admiration.

Les derniers enfin, plus préoccupés des autres que d'eux-mêmes, désespérant peut-être soit d'atteindre la perfection, soit même de découvrir les règles sûres du bien tel que le conçoivent les philosophes métaphysiciens ou moralistes, restreignent leurs ambitions à éviter aux autres toutes les peines qu'ils peuvent, à leur donner toutes les joies qu'ils sont capables de procurer. Si l'on peut discuter sur la nature abstraite du bien, les peines et les joies sont des maux et des biens incontestables, parce que leur qualité tombe sous le sens. Ne soyons donc pas des faiseurs de peines et soyons des faiseurs de joies. Ne nous préoccupons pas d'autre chose, nous serons sûrs d'être bons. Par conséquent nous aurons rempli la plus sûre part de notre tâche morale (1).

Telles sont les principales attitudes que nous pouvons prendre devant la vie. Sans doute, aucune de ces attitudes n'est jamais unique et constante dans une vie d'homme. Plus ou moins elles se mêlent et composent les unes avec les autres. Il n'est point d'homme si timoré qui n'ait à son heure quelques élans d'énergie, de même qu'il n'est point d'homme si énergique qui n'ait ses heures de relâchement, et le souci de la beauté, de l'harmonie constante entre les actions, peut se rencontrer mêlé avec tous les autres.

On aura remarqué, sans doute, que parmi ces attitudes nous n'avons point signalé l'attitude religieuse. C'est qu'aussi bien les croyances religieuses, si elles nous paraissent apporter un changement considérable dans la vie, nous semblent moins créer des attitudes nouvelles que donner aux attitudes préexistantes une portée plus grande et comme un rayonnement. Elles changent moins la forme de nos actions, qu'elles n'en augmentent la portée et la signification.

1. Cf. le livre de Mme Dora Melegari : *Faiseurs de peines et faiseurs de joies*, in-12, Fischbacher.

IV

On peut cependant discuter sur la valeur de ces attitudes, et il paraît bien que d'adopter l'une de préférence aux autres, c'est manifester ce que l'on juge meilleur dans la vie. Mais ces attitudes, tout en fournissant des principes aux choix que nous sommes obligés de faire entre certaines actions, règlent cependant plutôt nos manières d'agir que nos actions elles-mêmes, elles nous disent comment nous devons faire ce que nous avons à faire plutôt qu'elles ne nous indiquent avec précision ce que nous avons à faire. Or, si nous voulons savoir à la fois et ce qu'il faut faire et quelle attitude nous devons garder, c'est en définitive à notre intelligence, à notre raison, que nous devons toujours revenir. Et la raison nous montrera clairement que ce qu'il y a de meilleur dans la vie, c'est la vie, c'est-à-dire bien moins l'absence de douleur ou l'énergie ou la beauté ou la bonté même que ce qui renferme en soi toute énergie, toute bonté et toute beauté. Ce qui vaut, ce ne sont ni les parties ni les conditions de la vie, c'est la vie elle-même, la vie dans toute sa puissance, dans tout son épanouissement (1). Le bien, c'est de vivre, la vie suprême est le bien suprême. Chaque

1. La formule d'Ellen Key : « Le but de la vie est la vie », semble bien être la formule la plus compréhensive à la fois et la plus incontestable de la loi morale. Il n'est pas une doctrine

tempérament, chaque caractère a sans doute sa façon spéciale de sentir la vie et par conséquent apprécie comme essentiel le sentiment par où la vie se révèle à lui ; de là la diversité des attitudes. Chaque homme aussi reçoit de son éducation et de son milieu une doctrine, tout au moins des habitudes qui incorporent le sentiment social au sentiment individuel ; cependant la raison, si elle ne peut marquer absolument la supériorité des attitudes les unes sur les autres, et si elle doit leur laisser leur caractère individuel, peut arriver à déterminer une hiérarchie des biens, une échelle des valeurs d'action. Et pour cela elle n'a qu'à se représenter clairement les lois et les conditions objectives de la vie. C'est ainsi que l'on peut montrer que la vie physique et la vie sociale ne sauraient avoir de valeur que dans la vie intérieure, mais qu'à son tour la vie intérieure ne peut être vraiment vivante que si elle respecte avec ses propres conditions physiologiques d'existence les conditions d'existence de la société. Chaque homme est lui-même, mais, en même temps, ainsi que nous l'avons déjà dit, chaque homme est un homme, appartient à l'humanité et la représente. Il y a donc dans chaque conscience une part commune d'humanité qu'elle ne peut abdiquer sans renoncer à elle-même en renonçant à ce qui fait

qui ne l'admette implicitement. Et il suffit, pour lui donner un sens précis, d'emprunter aux diverses sciences anthropologiques les définitions qu'elles donnent de la vie.

l'essence et la dignité de sa vie. Ainsi, d'une part, chacun de nous est soi et ne peut renoncer à être lui-même, ne peut se couler dans le moule commun des uniformités sociales sans abdiquer sa raison de vivre, et, d'autre part, chacun de nous est un homme, et, comme tel, doit observer certaines lois communes à tous, lois physiologiques, lois psychologiques, lois scientifiques, lois sociales; il ne peut donc se singulariser à tel point qu'il ne puisse vivre en accord avec ses semblables, que ses actions soient pour eux, sinon un scandale, du moins une cause de constante incompréhension. Et cela revient simplement à dire que nous sommes des individus, des personnes raisonnables, des individus et par conséquent des êtres ayant leur manière propre de réagir et d'agir, des personnes et par conséquent des êtres capables de concevoir des lois générales et de s'y soumettre.

Or, c'est cette raison même qui nous révèle l'obligation où nous sommes d'obéir aux lois d'une façon personnelle. La loi morale est la loi qui fixe un ordre, mais un ordre individuel. C'est une loi de vie, c'est la loi de vie, et cette loi se confond avec la raison elle-même, elle nous commande à chaque instant d'agir de telle façon que d'abord nous ne détruisions pas en nous les sources de vie et qu'ensuite nous développions les énergies et les ascensions de la vie. Ce que l'on appelle dans un homme la conscience morale n'est que le sens profond des maximes qu'il tire plus ou moins expressément de cette règle de vie. Tout homme sent qu'au-dessous d'un certain étiage idéal il ne lui reste plus qu'à mourir. La hauteur de cet étiage varie comme varie la composition de l'idéal : l'éducation, les réflexions, les expériences de la vie viennent en modifier avec le contenu les formules. Car, puisque chacun de nous est lui-même, il serait sans doute déraisonnable qu'il s'efforçât de détruire en lui ce qui le fait être lui, ce qui lui vaut dans le monde sa place et son rang, et s'il y a une façon de s'accorder avec les autres êtres, qui consiste à leur ressembler, à les reproduire, à les imiter ou à les singer, à s'efforcer d'être leur doublure ou leur sosie, il en est aussi bien une autre qui consiste à répondre à leurs actions, à leurs gestes ou à leurs paroles, non pas par des gestes, des paroles ou des actions identiques, par une sorte de mimétisme, mais par des actions, des paroles ou des gestes différents qui expriment les réactions de notre être personnel. La raison ne nous commande pas de répondre à nos interlocuteurs en répétant leurs propres paroles, mais, au contraire, par de nouvelles paroles. Ces paroles peuvent parfois contredire celles que l'on vient de nous adresser, mais, d'autres fois, elles les complètent, et forment avec elles un tout plus harmonieux et plus riche. Le bien, pour chacun de nous, consiste donc à vivre raisonnablement, c'est-à-dire à ne faire aucune action qui ne trouve sa raison dans l'ensemble entier de notre être et non pas seulement dans notre intelligence seule ou dans nos sens seuls, dans nos seules tendances individuelles ou dans nos seuls besoins sociaux, mais dans tout nous-mêmes, et non seulement dans notre passé, qu'il soit immédiat ou bien plus ou moins lointain, mais aussi dans toute la suite durable de notre existence. A chaque instant de sa vie, tout homme sent, parmi les actes dont le choix se présente à lui, qu'il y en a un, et un seulement, qui s'accorde avec ce que jusqu'alors il a été en même temps qu'avec ce qu'il a rêvé ou projeté d'être. En face de certains actes qui, du dehors, paraissent faciles, nous sentons au-dedans de nous comme une impossibilité ou une impuissance physique ; nous ne pouvons pas les faire, non pas seulement parce qu'ils nous paraissent en eux-mêmes mauvais ou blâmables — parfois, au contraire, nous nous approuverions de les faire — mais surtout parce qu'ils ne nous conviennent pas. Une résistance s'élève contre eux, une sorte de paralysie mentale et presque physique s'oppose à leur réalisation. Combien de fois n'arrive-t-il pas, devant une lettre à écrire, une note à prendre, simplement un objet à déplacer, qu'une sorte d'aboulie empêche l'action ? Ce n'est pas non plus paresse, ni manque fautif d'énergie, c'est bien vraiment impuissance, et cette impuissance accidentelle et momentanée se retrouve chez les êtres les plus normaux, souvent chez les plus énergiques et les plus actifs. C'est tout simplement que l'acte à faire ne cadre pas avec les dispositions momentanées de l'être individuel. Étant ce qu'il est à ce moment-là, il ne peut véritablement pas écrire cette lettre, prendre cette note ou déplacer cet objet. Les antécédents manquent qui permettraient de réaliser le conséquent. Et parmi ces antécédents, il en est de purement idéaux qui, dans leur passé immédiat, anticipent, contiennent, résument comme en un point immobile la durée de l'avenir. Ceci n'est qu'impuissance psychologique ou physique, il y a de même des impossibilités morales.

En présence d'une action à faire, devant les sollicitations intérieures du désir ou de la passion, en face de certains commandements de la force ou de la persuasion de certains conseils, nous sentons parfois une résistance tout idéale, comme une révolte et un sursaut de tout l'être intime. Malgré les charmes qui nous attirent, en dépit des conseils qui nous inclinent ou de la force qui nous courbe devant elle, nous sentons qu'il ne nous faut pas vouloir céder ni au désir, ni à la passion, ni à la force, ni aux conseils, que nous le pourrions, que même quelque chose en nous y trouverait satisfaction, nos sens, notre instinct de docilité ou peut-être notre peur, mais que si nous le faisions nous aurions agi dans un sens contraire à toute la direction de notre vie, que nous nous serions reniés nous-mêmes. Nous pourrions, si nous le voulions, mais il ne faut pas que nous voulions, nous ne devons pas vouloir. D'autres fois, quand le sens de notre vie exige au contraire un acte positif, nous sentons de même que nous pourrions ne pas vouloir, mais il faut que nous voulions, nous devons vouloir pour que notre acte présent continue notre vie morale passée, prépare notre vie morale future telle que nous l'avons conçue et voulue, que nous la concevons et voulons encore, pour demeurer concordants avec nous-mêmes Dans les deux cas, si nous agissions autrement que nous ne devons, si notre force psychologique ou physique allait au rebours de l'impossibilité morale, nous nous sentirions amoindris et dégradés, nous souffririons de cette dégradation et nous nous infligerions à nous-mêmes l'opprobre de notre mépris.

On dit alors que c'est la conscience qui se fait entendre et qu'en elle nous écoutons la voix du devoir. Et ces paroles renferment une vérité. Cependant nos impossibilités morales, nos résistances intérieures peuvent être erronées et l'être par notre faute. Il se peut que ce soit par orgueil et non pas par vertu que nous voulions nous priver de ce plaisir, que ce soit par orgueil encore que nous refusions de céder à cette force, par sot attachement à notre sens propre que nous nous obstinions à ne pas suivre ces conseils. Tel que nous sommes au moment présent, tel que nous ont fait nos habitudes d'agir et nos habitudes de penser, tel en un mot que nous nous sommes fait, nous ne pouvons penser autrement que nous pensons, ni juger autrement que nous jugeons, mais sommes-nous tel que nous devrions être? Le sens de notre devoir présent nous apparaît clair, mais si nous avions agi autrement, pensé autrement que nous n'avons fait autrefois, notre conscience serait-elle ce qu'elle est en ce moment, et nous intimerait-elle les mêmes commandements? C'est là la grande, la redoutable question. Nous devons obéir à notre conscience, même à une conscience faussée; mais si nous l'avons faussée nous-même, ne sommes-nous pas coupable, et d'une culpabilité telle que nous n'avons plus aucun moyen naturel d'y échapper, de reconquérir notre intégrité? Car en désobéissant à notre conscience nous faisons mal, puisque tout acte contraire à la conscience est mauvais, et en obéissant à la conscience que notre faute antérieure a faussée nous ne pouvons être exempt de faute, puisque c'est par notre faute que l'erreur s'est introduite dans notre législation intérieure. Nous n'avons qu'un code pour nous conduire: si nous avons altéré le code, toutes les racines de nos actions sont par là même viciées. Par intérêt, par passion, par lâcheté, par orgueil, fausser la conscience, c'est l'irrémissible péché, irrémissible tout au moins tout le temps que la conscience est incurable.

C'est devant un tel péché que doivent trembler tous ceux qui, s'efforçant de se former la conscience, risquent de la déformer, tous ceux qui par le raisonnement et la théorie s'efforcent de donner raison à des tendances ou à des façons d'agir vis-à-vis desquelles se dressaient comme par instinct des résistances intimes. L'homme qui cède à sa passion sachant qu'il a tort et qui n'essaie même pas de se justifier devant lui-même, qui cherche seulement à se dissiper et à s'étourdir pour ne plus entendre la voix importune du remords, risque beaucoup moins de fausser sa conscience que l'ambitieux qui colore ses injustices du prétexte du bien public ou que le fanatique qui se dérobe à lui-même sous le voile d'intérêts sacrés la malice de ses violences, de ses intrigues ou de ses mensonges, Le débauché émousse la sensibilité de la balance intérieure de justice, mais le théoricien et le raisonneur la faussent trop souvent de façon irrémédiable. Et cela seul peut nous expliquer — en nous terrifiant par l'exemple — comment des hommes aux sentiments élevés et de mœurs austères commettent avec une conscience abominablement tranquille les plus déloyales malhonnêtetés, les plus évidents dénis de justice.

V

Mais, à côté de ces consciences faussées, il y a aussi des consciences intègres et pures ; sans doute, comme toute conscience humaine, elles ont connu les défaillances, mais si bas qu'elles soient tombées elles n'ont pas cherché par des sophismes à s'innocenter, elles se sont intérieurement accusées et condamnées, et cette condamnation même a renforcé en elles, loin de l'affaiblir, le sens du devoir. Pliées d'abord à régler leurs actes, leurs désirs et leurs pensées sur les ordonnances sociales, commandements paternels, disciplines scolaires, prescriptions et préceptes religieux, elles sentent un jour en elles-mêmes l'existence d'une intime législation qui authentique toutes les autres et hors de laquelle toutes les autres seraient sans valeur. Cette législation comprend en elle tous les enseignements sociaux, elle les approuve et permet de critiquer tous ceux qui tombent sous les prises de la raison ; elle nous pose comme un être qui doit correspondre avec tous les autres, qui doit jouer dans le monde un rôle et remplir une fonction, mais un rôle singulier, une fonction particulière, qui doit par conséquent réagir aux excitations de l'extérieur, non d'une façon commune, uniforme et routinière, mais d'une façon individuelle et singulière, et non pas seulement en suivant les impulsions de ses nerfs, les attraits de ses désirs ou les penchants de ses passions, mais aussi d'après les idées de son esprit. Nous éprouvons intérieurement les défauts de notre tempérament corporel, et nous nous efforçons d'y remédier en nous conférant à nous-mêmes un caractère plus conforme à l'idée que nous nous formons de ce que nous voudrions être. Car il arrive très fréquemment que, tandis que nos tendances corporelles nous entraînent d'un côté, les tendances de notre esprit nous poussent d'un autre : nos nerfs sont très excitables, nous sommes timides ou colères et nous apprécions d'autant plus et le calme et le sang-froid ; nous sommes tendres et nous sentons faibles, et cependant nous admirons le courage et l'énergie. Nous nous composons ainsi un personnage idéal dans lequel nos tendances innées et acquises se font leur place et avec lequel nos actes devront s'accorder. S'ils étaient en opposition avec lui, la conscience ne les reconnaîtrait pas, ne les approuverait pas.

En cherchant ainsi à compenser les défauts du corps par les aspirations de l'esprit, nous obéissons à la loi souveraine qui nous régit, la loi de la vie. Nous voulons vivre, et vivre le plus possible. Ce faisant, nous sentons bien, nous expérimentons que nous vivrons aussi tout de notre mieux. Plus nous pourrons dans notre existence intégrer de sentiments, d'idées et d'actions, plus notre vie sera intense, et plus elle sera riche, plus elle sera vivante et vécue. Il ne faut sacrifier que ce qui, étant moins vivant, nous empêcherait de réaliser des actes plus vivants et plus vitaux. Mais tout ce que l'on peut garder sans rien diminuer ou sans rien perdre, on doit le garder. On ne doit rejeter hors de l'orchestre que les instruments qui feraient des dissonances. L'homme qui réfléchit, l'homme qui pense, l'homme qui raisonne considère la vie non comme une mosaïque composée d'instants successifs, fragmentaires et presque sans lien entre eux, mais au contraire comme une durée continue où nulle action n'est à vrai dire isolée, où toutes se pénètrent et se fondent comme se fondent les notes dans un concert. Il n'y a de vie morale que celle qui s'aperçoit elle-même sous une forme d'éternité. C'est par là que toutes les doctrines du plaisir ou de l'intérêt sont des doctrines insuffisantes, incapables d'intégrer en une forme unique les moments d'une vie que ces doctrines regardent comme essentiellement fragmentaires. Toute vie morale est soumise aux deux grands principes de la raison : elle doit être cohérente et ne pas se contredire ; aucune action ne doit s'y produire qui ne puisse s'expliquer et se justifier. Les stoïciens avaient admirablement vu que la constance et l'harmonie étaient les apanages de la sagesse, et les chrétiens non moins admirablement ont proclamé que la valeur de nos actes se colore de l'excellence des fins que nous poursuivons. Et de ces principes découlent le choix et l'aménagement des richesses de la vie.

Il y a des satisfactions inférieures qui atrophient, qui perdent ou qui gâchent de la vie. On ne perd donc rien en les sacrifiant. Au contraire, on gagne en perdant. Mais il y a aussi des émotions hautes, des élans sacrés qu'il ne faut jamais sacrifier. Seuls ils élèvent et transportent le ton de la vie et la placent sur des sommets auxquels sans eux elle ne pourrait jamais atteindre. La piété, l'enthousiasme, l'amour, sont les grands excitateurs de la vie. Quand un homme sent en lui leur délire tressaillir, loin de s'émouvoir ou de trembler, il doit se recueillir comme en présence de quelque dieu. Et c'est bien véritablement comme une aurore divine qui se lève et empourpre de ses feux les paysages de son âme. Il ne doit pas sans doute abandonner les rênes de sa vie à une excitation aveugle, mais il doit se garder d'étouffer les élans intimes qui augmentent sa force de vivre. Les passions peuvent être dangereuses quand elles risquent de disperser nos forces ou de les faire lutter entre elles, mais la passion, l'émotion, sont nécessaires pour que nos forces soient incitées à agir. Si le sentiment religieux, si l'amour de Dieu sont les plus élevés, les plus nobles, les plus désirables des sentiments, c'est précisément parce qu'ils sont ceux qui permettent dans les âmes la synthèse la plus riche à la fois d'émotions, d'idées et d'actions, car toutes les idées justes et vraies peuvent se mouvoir à l'aise sous l'idée de la Vérité suprême, tous les amours peuvent prendre place dans l'amour du Père commun des êtres, la plus riche activité doit trouver dans la considération du Principe universel sa plus haute justification. La vie la plus riche est la vie qui se rapproche la plus de la vie divine, la vie qui par son union avec la source suprême de l'être, communie avec tous les êtres, les aime tous, se fait toute à tous. La vie la plus pauvre et la moins noble est la vie de l'égoïste et du sensuel qui s'enferme en lui-même et ne vit que dans le passage de la sensation présente. Les degrés de l'expansion de l'amour marquent les degrés de la noblesse, de la richesse, de l'intensité de la vie. Vivre pour se donner, vivre pour servir, vivre pour répandre la vie et par cette expansion même multiplier sa vie propre, telle est l'idée souveraine qui, dominatrice, doit ordonner autour d'elle toutes les voix instinctives qui nous viennent de la nature, tous les enseignements qui nous viennent de la société. Et ainsi des enseignements sociaux, des tendances naturelles soit du corps, soit de l'esprit, des constructions idéales se constitue un caractère moral dont la conscience n'est que l'expression. Ce caractère une fois formé, s'il est formé avec la seule préoccupation d'atteindre à la vie la plus pure, la moins mélangée de maladie et de mort, par suite à la vie la plus intense, n'aura plus pour bien vivre qu'à rester constamment fidèle à lui-même, à se conserver intact et intègre, simple et sincère. Toutes les complexités de sa formule et tous les méandres mêmes de son action ne sauraient altérer sa simplicité, pourvu que l'idée sous laquelle s'ordonnent tous ces méandres soit assez haute, que l'harmonie règne et que la contradiction et l'incohérence ne se fassent pas sentir.

Lorsque s'est formé ainsi un caractère moral, il doit être tout disposé à soumettre ses actions à la raison, et par suite, tout d'abord, à cette raison objective qui constitue ce que l'on appelle la science. Dans sa vie physique, il se réglera d'après les conseils de l'hygiène et les prescriptions de la médecine; dans sa vie sociale, il ne refusera pas plus son obéissance aux ordres du législateur qu'il ne la refusera aux ordonnances de son médecin. Il sera citoyen loyal, fidèle observateur des lois, usant dans un pays libre du droit d'examen et de critique verbale, s'employant même, s'il le croit utile et juste, à la propagande pour faire changer les lois qu'il estimera défectueuses, mais cependant conformant ses actions extérieures à la lettre de ces lois mêmes et s'y conformant d'autant plus strictement qu'il réclame avec plus de force le droit de les attaquer. Car c'est dans les pays libres que la loi, quoi qu'on en pense au for intérieur, et quoi qu'on fasse pour amener son abrogation ou son changement, doit être le plus scrupuleusement obéie. Cependant, ainsi que nous l'avons vu, des conflits peuvent s'élever. Les principes que nous venons de poser nous aideront maintenant à les résoudre.

CHAPITRE VIII

La solution des conflits

Les applications

Une loi ou une règle sociales commandent impérieusement une action. Vis-à-vis de cette règle et de ce commandement, nous sentons au-dedans de nous, sinon une de ces impossibilités morales dont nous parlions dans notre dernier chapitre, tout au moins une forte répugnance, une sérieuse difficulté, que devons-nous faire ?... Tel est, sous sa forme la plus générale, le conflit qu'il faut résoudre. Et l'on peut dire que c'est ce conflit qui forme à l'heure présente le fond de toutes les discussions morales. La société a longtemps présenté à l'individu ses prescriptions comme des lois absolues de la morale, le social a dominé le moral et même a prétendu l'absorber. Mais depuis le christianisme et en particulier depuis un siècle l'individu a revendiqué ses droits et il s'est demandé jusqu'à quel point les règles et les prescriptions sociales devaient s'imposer à sa conscience. Il s'est aperçu de la relativité de ce qu'on lui affirmait être absolu, de l'inconstance de ce qu'on lui donnait pour toujours identique et constant sans cesse, de la particularité de ce qu'on disait universel. A peine y a t-il quelques rares pratiques morales qui puissent se prévaloir du respect universel et constant que partout et toujours on leur avait témoigné, et encore ces pratiques varient-elles de peuple à peuple et de siècle à siècle dans leurs modalités.

Partout et toujours il y a eu quelques règles pour assurer les relations entre les personnes et par conséquent pour assurer entre gens du même groupe la véracité, la propriété, la vie et ce que l'on nomme proprement les mœurs. Puisque des relations intellectuelles, des relations physiques et physiologiques, des relations économiques s'imposent dès qu'il y a un groupement social quelconque, il est de toute nécessité qu'il ait eu en ces points des règles. Mais ces règles ont constamment varié dans leur forme et dans leurs dispositions, depuis le droit reconnu de mentir à son ennemi jusqu'aux restrictions mentales, depuis la loi du talion ou la vendetta jusqu'au précepte de l'Évangile de tendre la joue gauche après avoir reçu un soufflet sur la joue droite, depuis le droit de conquête jusqu'à l'abandon de la tunique après le vol du manteau, depuis la promiscuité presque complète de Tahiti jusqu'à l'abstinence totale prêchée par les Cathares et les Albigeois. Si le fond essentiel de la morale ne varie pas, à tout le moins les prescriptions morales ont varié, et si la morale chrétienne est beaucoup plus fixe que toutes les autres, en particulier en ce qui regarde l'homicide et les mœurs, elle a eu cependant ses oscillations, et un théologien du XVIIIe siècle aurait certainement résolu tel cas de conscience concernant les droits respectifs du pauvre et du riche, du patron et de l'ouvrier ou les relations des époux entre eux, autrement que ne l'aurait résolu un théologien du moyen âge ou que ne le résoudrait un théologien de notre temps. Pendant combien de temps toute grève a-t-elle été considérée communément comme une condamnable révolte? Et sans doute les principes généraux n'ont point changé, la dogmatique morale est restée la même : Ne tue pas, ne vole pas, ne mens pas, ne commets point d'adultère : mais qui oserait dire que les applications pratiques n'ont point changé ? Or, ce sont ces applications qui constituent ce qu'il y a dans la morale de plus positif et de plus réel.

C'est pourquoi l'individu ayant découvert que parfois, au nom d'un intérêt social plus ou moins bien entendu mais certainement contestable, on lui imposait des obligations que sa conscience n'entérinait pas, auxquelles même elle résistait, s'est demandé si la législation morale traditionnelle n'était pas tout entière à reviser. Et alors il s'est aperçu ou a cru s'apercevoir que les prescriptions les plus difficiles et les plus dures lui étaient imposées non pas du dedans, en vertu de sa nature morale, mais du dehors au nom des intérêts sociaux.

Parfois même il lui a semblé que les prescriptions sociales allaient au rebours de son propre développement moral. Par exemple l'indissolubilité du mariage, si évidemment favorable à la race, n'entrave-t-elle pas bien souvent le développement individuel des mal mariés? Le respect absolu des lois conjugales telles que les énumèrent les théologiens n'impose-t-il pas aux parents des charges, et aux enfants des risques hors de proportion avec les bienfaits moraux qui résultent de l'observation de ces lois? Si la moralité consiste, ainsi qu'il le semble bien, à se développer soi-même, à vivre de la vie la plus vivante, les lois traditionnelles qui régissent les rapports des races ne sont-elles pas bien étroites et en quelque façon atrophiantes? Pourquoi toute femme, mariée ou non, n'aurait-elle pas droit à la maternité? C'est la thèse que soutient en Suède Ellen Kley. Et en France des prêcheurs et des prêcheuses de la morale nouvelle vont répétant en des conférences que les époux ont le droit de pratiquer le malthusianisme et même l'avortement. En même temps et d'autres côtés se pose la question de l'obéissance qui est due aux lois. De toutes parts la critique sonde les fondements de la morale traditionnelle. On ne peut dire que toutes ces critiques, si étranges ou même si scandaleuses qu'elles paraissent, soient inspirées par le seul désir de secouer un joug qui pèse. Il faut donc, à l'aide des principes que nous avons posés dans le précédent article, essayer de résoudre ces divers conflits.

I

Les premiers que nous ayons rencontrés sont ceux que soulèvent des prescriptions légales que la coutume consacre, mais qui, justifiées jadis, ne paraissent plus l'être au moment présent. Et nous avons trouvé comme exemple la loi qui obligeait les enfants à ne pas se marier sans le consentement de leurs ascendants. Cette loi, issue de cette conception que l'enfant continue la race antérieure bien plus qu'il n'en est l'aboutissement, n'avait plus de raison d'être dès que le christianisme regarda le mariage comme un sacrement institué en vue d'assurer l'avenir et non pas de perpétuer le passé, aussi cette loi disparait-elle du droit canonique. C'est au droit romain que nos légistes l'empruntent pour la faire passer dans le Code Napoléon. Tant que la société parait avoir besoin d'assurer la cohésion familiale, la loi peut se défendre, et on la maintient. Mais dès que les institutions deviennent démocratiques et par conséquent hostiles à toute sorte d'hérédité, la cohésion familiale ne peut plus être établie du dehors par autorité, on ne peut plus l'obtenir que par des motifs intérieurs, uniquement dérivés des idées et des sentiments. La loi devient donc caduque. Aussi voyons-nous qu'on est sur le point de la supprimer. Mais avant sa suppression, au moment de sa décadence et de son déclin, quelle sorte d'obéissance pouvait-on devoir à cette loi? Suffisait-il qu'elle demeurât inscrite dans les Codes pour qu'elle devînt obligatoire pour la conscience?

Voilà que se pose ici tout de suite le problème de l'autorité morale des lois. Par le fait seul qu'une loi sociale existe à titre de loi, a-t-elle une autorité, oblige-t-elle la conscience au point que l'on est coupable si on tente même de lui résister? Et quand nous parlons ici de loi, et même de loi sociale, nous n'entendons pas seulement les lois formulées et promulguées par le législateur et inscrites dans les Codes, nous entendons tout aussi bien les coutumes, les habitudes sociales qui par l'usage ont acquis force de loi. Rendre son salut à quelqu'un qui vous salue n'est prescrit par aucun code en dehors des règlements militaires et pour les seuls militaires, c'est cependant une loi sociale qui mérite autant de considération que l'article du Code pénal qui punit les coups et blessures. Car la blessure intime que l'on fait à un homme dont on méprise la salutation, pour demeurer invisible et pour ne pouvoir être constatée par un médecin, n'en est pas moins réelle et cuisante. Quelle est donc de façon très générale, vis-à-vis de la conscience, l'autorité d'une loi sociale?

Tout d'abord, dès qu'on y pense, la conscience s'aperçoit que la loi, par cela seul qu'elle a à son service la force, force des agents sociaux, juges ou gendarmes, force des traditions, suggestions presque invincibles des habitudes, de l'imitation, crée en nous des dispositions intérieures à lui obéir. Nous sommes tout naturellement portés à faire ce qui se fait, à éviter les réprobations de notre milieu, les corrections légales pénibles. Mais en même temps, et par contre-coup, nous sentons que la loi nous gêne; pour éviter cette gêne, parfois même par simple réaction individuelle, par ce que l'on appelle esprit de contradiction, nous sentons en nous une révolte et nous nous cabrons. Ces deux sentiments spontanés et contraires, l'un d'obéissance et social, l'autre de révolte et antisocial, sont l'un et l'autre hors des prises de la volonté et par conséquent demeurent l'un et l'autre extérieurs à toute moralité. Ni une telle obéissance, ni une telle révolte n'ont de valeur morale, ni l'une ni l'autre n'ont en effet été soumises à l'examen de l'intelligence, à l'approbation de la volonté. Elles se passent sur le théâtre de notre âme, nous en sommes les spectateurs bien plutôt que les acteurs. Pour que l'obéissance ait une valeur morale, pour que la révolte prenne l'aspect d'une revendication du droit, il faut donc qu'ayant fait valoir leurs titres devant la conscience, elles soient après examen, après réflexion, investies de l'autorité morale. C'est donc de la conscience que vient pour la volonté l'autorité morale de la loi. L'autorité extérieure de la loi n'est qu'une puissance, une espèce de force impulsive, contraignante, majestueuse, terrifiante ou persuasive; pour que cette force revête les caractères de l'autorité morale, il faut que la conscience l'approuve, reconnaisse ses raisons d'être ou son droit au commandement, de toute manière la loi n'oblige la conscience qu'autant que la conscience la reconnaît comme loi.

Il peut donc se faire et il arrive assez fréquemment que la conscience morale ne reconnaît pas dans la puissance extérieure de la loi une raison suffisante pour lui commander. La loi a pour elle la force, mais elle a, ou du moins elle semble avoir, la raison contre elle, ou bien seulement on ne croit pas qu'elle ait la raison pour elle, une raison telle qu'elle autorise l'individu à renoncer à une richesse de vie pour se soumettre à une règle qui, sans nécessité et presque sans utilité, l'engourdit et l'atrophie. Dans cette rapide critique de la loi que fait la conscience qui délibère et qui réfléchit, deux questions se posent toujours ou du moins devraient se poser : l'une qui porte sur l'origine de la loi et par conséquent sur la légitimité de l'autorité que revendique la loi, sur la valeur extrinsèque de la loi considérée comme loi, indépendamment du contenu de ses prescriptions ; l'autre qui porte sur le contenu même de la prescription, sur les raisons intérieures et singulières qui la légitiment, par conséquent sur la valeur intrinsèque de la prescription légale. Et cette seconde question, quoi qu'on en puisse dire, se pose toujours. La solution de la première ne saurait avoir pour effet de détruire dans la conscience tout exercice de la raison. Nous avons beau être convaincus de la légitimité d'une autorité quelconque, nous ne pouvons empêcher notre conscience et notre raison de réagir en face des ordres de cette autorité, de procéder au moins à un minimum d'examen. Un ordre absurde aurait beau émaner de l'autorité la plus sacrée, il n'en soulèverait pas moins les protestations de la conscience, et s'il était franchement, évidemment absurde, qui pourrait constester à la conscience le droit de s'y dérober?... Mais nous ne devons pas anticiper. Cette discussion doit venir plus loin. Pour le moment qu'il suffise d'avoir établi que la conscience vis-à-vis d'une prescription légale qui, issue du milieu social, lui propose une obligation, se pose toujours, avant de se reconnaître comme obligée, ces deux sortes de questions : 1° Quelle est la valeur de l'autorité qui a édicté la loi ; 2° Quelle est la valeur intrinsèque de la prescription légale ? Et de ces deux questions une troisième dérive : Quels sont les rapports de ces deux valeurs ? La valeur de l'autorité extrinsèque à la loi suffit-elle à assurer la valeur intrinsèque de la prescription ? La valeur intrinsèque de la prescription suffit-elle à assurer l'autorité de la loi ou réciproquement la non-valeur intrinsèque de la prescription suffit-elle à ruiner l'autorité extrinsèque de la loi?... En examinant tour à tour ces trois questions, nous verrons se présenter l'une après l'autre et se résoudre toutes les espèces de conflits.

II

A vrai dire la première question qui se pose se rapporte toujours à la valeur intrinsèque de la prescription. Car, celle-ci favorablement résolue, aucune autre question ne vient se poser. Ce n'est que lorsque nous ne trouvons aucune raison intérieure de la prescription, ou bien lorsque nous sentons des objections soulevées contre elle que nous nous enquérons de la valeur, de la légitimité de l'autorité dont elle émane. Nous n'avons pas besoin de savoir que le mensonge et le vol sont défendus par les lois divines et humaines pour reconnaître que nous ne devons ni voler ni mentir: la simple réflexion suffit pour faire condamner la gourmandise sans qu'il soit indispensable de se rappeler que l'Église l'a placée sur la liste des sept péchés capitaux; mais pour se sentir obligé à payer à telle époque tel ou tel impôt, le citoyen a besoin de se rappeler quelle est la valeur de l'autorité sociale et pour se sentir obligé à faire maigre le vendredi ou à assister à la messe le dimanche de préférence à un autre jour, le catholique a besoin de se rappeler la valeur de l'autorité disciplinaire de l'Église.

La première question qui se pose donc à la réflexion, lorsqu'un acte quelconque nous est suggéré ou proposé ou prétend être imposé de l'extérieur par une discipline sociale, est celle de la valeur de cet acte, des raisons que l'individu peut avoir de le faire ou de ne pas le faire, d'obéir à la discipline sociale ou de lui désobéir. Pour que l'acte soit valable, il faut qu'il puisse s'insérer dans la trame de la vie individuelle : s'il soulève des répugnances sensibles, des difficultés physiologiques, corporelles. il faut tout au moins qu'il soit accepté par l'intelligence, que la raison lui permette de prendre place au milieu des autres actes qu'elle approuve et qui constituent, ainsi que nous l'avons expliqué dans le précédent chapitre, toute la trame de la vie morale. Un acte vis-à-vis duquel se soulèvent ces impossibilités morales dont nous parlions est un acte qui, du moins au premier abord, paraît devoir être condamné. Un acte tel qu'il doit sûrement non seulement restreindre l'expansion de la vie morale, diminuer sa richesse, amortir son intensité, mais bouleverser cette vie morale, la détruire, l'anéantir, et par conséquent dégrader l'homme. le faire descendre au-dessous de rien est un acte irrémédiablement condamnable et condamné. S'il paraît seulement devoir produire tous ces effets sans que la certitude soit absolue et complète, on peut essayer, par une sorte de seconde instance, de reviser cette première condamnation, il n'en reste pas moins que le mal radical, que la destruction de la moralité, l'analogue de ce que dans la langue théologique on appelle le péché mortel, doit être, fût-il commandé par une autorité extérieure, exorcisé par la conscience et que la volonté a non seulement le droit mais le devoir de se rebeller contre des prescriptions de ce genre.

C'est ce que fit courageusement l'Antigone de Sophocle, c'est ce que firent les martyrs chrétiens. Pour ces derniers, offrir aux idoles l'encens et le sel, c'était non pas seulement accomplir un rite mécanique sans portée pour la conscience, mais c'était reconnaître d'autres dieux que Dieu, dire par un geste d'adoration le contraire de l'adoration qu'ils savaient devoir au Sauveur. En reniant le Christ, ils se reniaient eux-mêmes. Chrétiens jusqu'aux moelles, ils ne pouvaient pas n'être pas chrétiens. Non, en vérité, ils ne pouvaient pas, C'est de quoi ils témoignaient et c'est pourquoi ils mouraient.

Quand la prescription sociale ne fait que gêner ou qu'entraver l'expansion, diminuer la richesse ou amortir l'intensité de la vie, le conflit, pour être moins tragique, n'existe pas moins. Les usages, les coutumes nous obligent à dépenser de l'argent, à perdre notre temps, à faire des actions que nous jugeons sans raison et même déraisonnables; pouvons-nous être obligés véritablement, en conscience, de rendre toutes les visites qu'il pourra être agréable à des oisifs de nous faire, de répondre à toutes les lettres qui nous sont adressées par des encombrants et des opportuns, de nous habiller de certaines façons qui nous paraissent ridicules ou incommodes, de ne pas fréquenter tel milieu ou telles personnes, à la fréquentation desquelles nous trouvons profit, mais dont la fréquentation est mal vue par notre monde, soit qu'il la méprise, soit même qu'il la condamne?

Et c'est ici que vient se placer le chapitre des amitiés, la redoutable question des relations entre gens de différents sexes. Le monde admet tout pourvu qu'on observe ses rites, qu'on respecte ses mots d'ordre, mais il est impitoyable pour tout ce qui sort des relations communes et des cadres convenus. Le monde admet qu'un homme et une femme se rencontrent tous les jours et même plusieurs fois par jour, sous quelque prétexte que ce soit, visites mondaines, assemblées sportives ou charitables, divertissements ou dîners, qu'ils échangent l'un avec l'autre, à voix haute ou à voix basse, toutes sortes de propos, mais si l'on vient à savoir qu'un homme entretient avec une femme un commerce épistolaire, qu'ils se rencontrent et causent fréquemment ensemble en dehors des milieux mondains, chacun aussitôt de crier au scandale. Même les plus proches, le mari de la femme, la femme de l'homme, quels que soient leur estime et leur confiance, ne pourront guère s'empêcher de montrer qu'ils prennent quelque ombrage de ces relations fréquentes et régulières. Et parfois des jalousies instinctives et d'autant plus fortes qu'elles sont moins réfléchies viendront tout empoisonner de leur venin. Quelle sorte de conflit à la fois attristant, douloureux et compliqué s'élèvera dans les âmes des deux amis? Comment devront-ils se poser la question morale pour arriver à la résoudre?

Et disons d'abord dans quel cas le conflit moral ne se pose même pas. C'est dans tous les cas où les deux amis ne méritent pas ce nom, quand ils obéissent, en se recherchant, à je ne sais quel attrait misérable et sensuel, à un besoin maladif et pervers de paroles douces, de gestes sympathiques, de caresses du corps et de caresses de l'âme. Je veux même que ces caresses ne dépassent d'abord aucune limite, si elles sont ce que l'on recherche, le but plus ou moins avoué des rencontres et des rapports, ce n'est pas en face de l'amitié que nous nous trouvons, ce n'est même pas en face de l'amour, mais en face d'une contrefaçon inférieure. La marque d'ailleurs est facile à reconnaître : tout entretien d'où nous sortons faibles, l'esprit moins dispos et moins rassis, comme dissipés, évaporés ou emportés ou exténués, moins aptes et moins disposés à remplir tous nos devoirs, même les plus ordinaires et les plus humbles, est un entretien suspect.

Mais si, au contraire, après chaque conversation, nous nous sentons devenus plus forts et meilleurs, plus agiles pour gravir les cimes, plus attentifs aux cailloux qui roulent sous les pas, moins dédaigneux des plus obscures besognes et des travaux les moins relevés, plus énergiques, plus actifs et en même temps comme plus ramassés et recueillis en nous-mêmes ; si nous avons plus de souci de faire notre tâche journalière que de désir de goûter de nouveau les charmes de ces entretiens, quelle que soit la force de l'émotion qui subsiste encore quand se sont éteintes les dernières vibrations de la voix amie, quelque profonde que soit la tendresse qui nous attache et nous lie, nous pouvons demeurer tranquilles, il n'y a eu dans cette conversation rien qui risque de nous amollir, il n'y a dans cette tendresse rien que de noble et de bienfaisant. Et je ne sais pas même s'il convient de proscrire tout témoignage extérieur. Ou plutôt, je ne le crois pas. Sans doute, dans ces sortes d'affections, l'émotion est toujours à surveiller, car, comme La Bruyère l'a observé, « une femme regarde toujours un homme comme un homme, et réciproquement un homme regarde une femme comme une femme ». Il entre donc dans l'émotion, dans cette pénombre confuse par où le conscient va rejoindre les régions inférieures du subconscient, par où la vie de l'âme se prolonge et se continue jusque dans la vie du corps, des éléments qui ne tiennent pas tous à la vie pure de l'esprit. De ces éléments peuvent s'élever, comme une fumée suspecte, les troubles élans du désir, et les moralistes n'ont donc pas tort de manifester quelque défiance. Mais, pour ce qui regarde les intéressés, le meilleur moyen d'éviter les embûches d'ordre inférieur ne consiste peut-être pas à trembler sans cesse et à se défier d'avance. Sans vouloir blâmer, en conseillant même, une prudente réglementation extérieure, il est permis cependant de remarquer que les plus innocents sont d'ordinaire les plus hardis, et que la noble croyance à l'impossibilité du danger est une tactique qui réussit aussi bien que les craintes et les précautions peureuses. La confiance du moins est pure de toute image, tandis que la peur est hantée de visions fangeuses. S'il apparaît quelque chose de désordonné, des âmes délicates et soucieuses d'elles-mêmes verront promptement à le régler, mais si l'ordre règne, si la vie, par l'amitié, loin de s'amoindrir, s'enrichit, s'épure et s'élève, l'amitié est pure et de bon aloi : et les témoignages même les plus tendres d'une affection réciproque ne sauraient être blâmés, pourvu qu'ils demeurent des témoignages et ne se tournent point en caresses.

Cependant ces affections, quelle que soit leur noblesse et leur pureté et quels que soient les bienfaits qu'en retirent les deux âmes, quand même elles seraient aussi pures, aussi nobles que celles de sainte Paule et de saint Jérôme, de sainte Claire et de saint François d'Assise, de sainte Chantal et de saint François de Sales, peuvent donner lieu à des incompréhensions, à des jugements sévères, parfois même à des suspicions, engendrer des jalousies, être la cause de peines cuisantes et de cruelles souffrances. Les jugements du monde peuvent s'égarer, la sensibilité de la famille peut s'émouvoir et les deux âmes tremblantes verront autour de la retraite où elles s'aimaient, où elles se réconfortaient et s'aidaient à vivre, tournoyer des vents de tempête. Sous ces menaces d'orage, que faire et que décider? Renonceront-elles à la fois à la douceur d'aimer et à la force de vivre, ou essaieront-elles, au risque de ruiner leur vie, de détruire l'édifice de leur amitié?

Ici, comme partout, plus encore que partout, question de nuances et question d'espèces. Si le mal social risque d'être grand, les intéressés auront à voir si leur bien peut être mis en comparaison avec ce mal : ils ont le droit de se développer, ils ont le droit de mépriser l'opinion des hommes pervers et légers, ils n'ont pas le droit d'être une pierre d'achoppement pour les simples, ils n'ont pas le droit de faire injustement souffrir. Et l'or de leur tendresse sera d'un titre d'autant plus haut qu'ils sauront mieux se sacrifier au bien de tous. Alors même qu'ils devraient pour toujours être séparés, que plus jamais ils ne devraient se témoigner leurs sentiments réciproques, chacun des deux garderait dans le silence du cœur un sanctuaire profond où vivrait le souvenir. Les âmes qui ont charrié noblement ensemble ne se perdent jamais de vue, semblables à deux vaisseaux qui naviguent de conserve, chacun des deux capitaines, même sans monter à la dunette, connaît la position de l'autre navire, parce qu'il a foi dans son compagnon de route, parce qu'il connaît les qualités nautiques de l'autre vaisseau. Et de même, en face seulement des possibilités du mal, si le bien que les amis retirent de leur affection n'est pas très grand, si l'amitié est plus douce que fructueuse, la rupture s'impose encore, parce que les raisons morales de l'opposition aux idées sociales sont minimes ou même font presque défaut. Aucun être humain d'ailleurs n'est indispensable à la vie morale d'un autre. Il n'y a de vie proprement morale que celle qui peut se suffire, que la disparition ou la mort même des êtres les plus chers ne risque pas de ruiner.

Mais si l'amitié, si les relations fournissent aux âmes une telle sève de vie que sans elles l'étiage de la force morale baisse, que les eaux de la moralité semblent vouloir se tarir, peut-on dire que les amis doivent s'infliger l'un à l'autre une sorte de suicide moral? Quelle est l'âme pieuse qui, ayant trouvé le directeur qui seul a su l'élever et lui faire porter des fruits, renoncera à sa direction parce que cette direction porte ombrage à quelque membre de sa famille? Si les préventions sont injustes, si elles ne sont fondées que sur des préjugés, ou sur la malice, ou sur des jalousies maladives, peut-on dire qu'il soit obligatoire de sacrifier ainsi la vie à la mort, à la déraison la raison? C'est pour de tels cas, c'est pour abriter ces hautes tendresses que s'épanouit la flore des jardins secrets. Flore décevante et vénéneuse pour ceux qui viennent dans l'ombre cacher leurs erreurs; flore exquise, pleine d'aromes et de parfums vivifiants pour ceux qui ne veulent derrière elle que se dérober aux contresens, qui se condamnent à la retraite pour que les biens qu'ils éprouvent ne risquent pas d'être des maux pour les autres ; comme ils veulent leur vie pure, ainsi ils ne sauraient souffrir qu'aucune peine étrangère soit la rançon de leur joie.

III

Et par là même se pose la question du mensonge et de la véracité, qui, d'ailleurs, s'étend bien plus loin qu'à ce cas particulier. Que doit-on dire? Faut-il tout dire ? La parole doit-elle être toujours adéquate à la pensée ou au contraire a-t-on le droit de dissimuler la vérité ou même de l'altérer, de la contredire ? Le mensonge, si honteux et si corrupteur, doit-il être réhabilité? — On sait la gravité, la difficulté, la délicatesse de la question.

D'un côté, on ne peut nier que la parole n'a de sens et de raison d'être qu'autant qu'elle signifie et reproduit la pensée. Quiconque parle contre sa pensée contredit l'essence même de la parole et il y a là une grave perturbation, la plus grave peut-être qu'on puisse commettre, car on manque à la majesté même de l'Être et du Vrai, à la majesté de Dieu, puisqu'on agit au rebours de la nature des choses. Moralement le mensonge est et ne peut être que condamné. En un sens il est la pire des fautes, car allant volontairement au rebours du Vrai, il est la Faute même, et à la racine de toute faute se trouve un premier mensonge. Mensonge vis-à-vis des autres. mensonge vis-à-vis de soi.

Mais d'un autre côté la parole n'a pas été donnée à l'homme uniquement pour se découvrir lui-même. pour qu'en exprimant sa propre pensée il puisse en prendre possession entière. Le langage est surtout un instrument de sociabilité, le lien par lequel les hommes peuvent communiquer entre eux. Le rôle de la parole n'est pas seulement d'ordre intellectuel et psychologique, il est aussi bien et peut-être plus encore d'ordre social. La parole d'un homme influe sur la pensée d'autres hommes et va, en éveillant chez eux des sentiments, créer des ondes d'action qui produiront du bien ou du mal. Si la parole n'atteignait que l'intelligence et que la pensée. la question de la véracité ne se poserait même pas, il est de toute évidence que toute parole devrait être véridique. Mais la parole dépasse l'intelligence, elle n'éclaire pas seulement l'esprit, elle éveille les sentiments, apaise, console, excite ou endort. Selon que l'homme croit à l'existence de telle ou de telle chose il agit de façon toute différente. Il faut souvent qu'il croie qu'une chose est pour que après cette chose soit. Il y a des vérités malfaisantes que l'esprit ne peut supporter et des erreurs bienfaisantes grâce auxquelles on trouve encore un charme à la vie et qui donnent la force de vivre. Le mensonge bienfaisant est-il encore un mensonge?... Le rôle social de la parole ne peut consister qu'à assurer les relations sociales, qu'à les rendre utiles et bienfaisantes. Sans doute la vérité vaut par elle-même, mais elle ne vaut qu'à la condition d'être comprise et de produire sur les autres hommes les effets de la vérité. Pour un esprit mal préparé, la vérité peut être un véritable mensonge, sa faiblesse ou ses déviations mentales peuvent lui faire voir dans le vrai le faux comme si, par exemple, la description d'une lésion organique avait pour un malade la signification d'une menace de mort. Pour un cœur jaloux, la conversation la plus innocente peut se présenter avec le sens d'une trahison. Notre langage ne doit pas être seulement d'accord avec notre propre et intime pensée, nous devons nous inquiéter de la valeur qu'il prend devant la pensée des autres et, par delà les choses mêmes que nous disons, immédiatement prévoir les interprétations plus ou moins lointaines que les autres en tireront. Et c'est ainsi qu'un apparent mensonge peut quelquefois n'être inspiré que par le pur souci de faire entendre ce qui est exactement vrai. Il faut donc conclure que l'obligation de conformer son langage à sa pensée n'existe que quand ce langage doit être compris et interprété dans le sens même de notre pensée. C'est pour cela que le médecin ne doit pas toujours la vérité à un malade et en général que les forts ne doivent aux faibles que la vérité que ceux-ci peuvent comprendre et porter.

Et cette obligation n'existe pas davantage lorsque, par suite d'une usurpation indiscrète de la part d'autrui, nous risquons de voir les autres se servir injustement contre nous de notre véracité. J'ai le droit de cacher ma vie, j'ai le droit de dérober au monde ce qu'il ne comprendrait pas, qu'il le juge glorieux ou honteux, j'ai le droit de ne laisser voir de moi que ce qui a pour les autres l'intérêt d'une dette qu'on leur paie ou d'une charité qu'on leur fait, j'ai le droit de me réserver pour moi-même le petit coin d'ombre où jaillit la source qui alimente ma vie. Qu'importe aux autres ce qui ne leur fait pas tort, ce qui ne leur enlève rien, ne leur dérobe rien et me donne à moi la force de vivre? La religieuse sécularisée serait-elle donc obligée de dire en quelle chapelle mystérieuse elle va puiser la force devant l'hostie? A un Taine qui l'interroge avec bienveillance et qu'elle espère peut-être toucher, elle révèlera son secret, mais serait-elle obligée de le révéler à un Combes ou à un émissaire de Combes? Personne ne se croit tenu de faire répondre selon la vérité quand il se présente une visite indiscrète, aucun directeur de journal ne se croira tenu à la vérité si on lui demande le chiffre de ses abonnés. C'est que la parole, instrument de sociabilité, ne doit pas pouvoir servir d'arme contre le droit. La valeur sociale n'existe plus lorsqu'elle se met au service de l'injustice.

Et toutes les hypocrites récriminations que l'on a élevées contre les décisions des casuistes, tous les hymnes non moins hypocrites que l'on a entonnés en l'honneur de la complète véracité ne sont guère que des armes que la société a voulu se réserver contre l'individu. Nous voulons que les autres se croient tenus de nous dire toujours la vérité, quitte à nous en dispenser nous-mêmes en temps opportun. Les relations sociales sont fondées sur la réprobation du mensonge, cela est incontestable et il est évident que si le mensonge était permis, le langage deviendrait tout aussitôt inutile. Et une âme droite a horreur de tout ce qui ressemble à une tromperie. Mais ce n'est pas tromper que de parler aux gens le seul langage qu'ils puissent comprendre et il n'y a rien ni de honteux ni d'injuste à se servir pour se défendre contre l'injustice de l'instrument même par lequel l'injustice espère triompher.

C'est la justice et c'est la sincérité vis-à-vis de soi-même qui doit dominer la vie. Notre parole doit être juste : œuvre sociale elle ne peut pas être régie uniquement par les règles de la seule moralité. Mais c'est vis-à-vis de nous-mêmes que le mensonge est toujours odieux, cette insincérité ou cet art de nous duper nous-mêmes par lequel nous nous faisons illusion, en qualifiant de nobles des actions basses, colorant de beauté des actions laides, découvrant pour céder à nos plus tristes penchants toutes sortes de motifs glorieux. Une femme coquette appellera ses paroles ou ses gestes provocateurs des paroles de miséricorde ou des gestes de bonté ; un homme appellera justice ses paroles de domination ou de jalousie; un chef s'imaginera être patient quand il n'est que faible ou garder les prérogatives de l'autorité quand il n'est que violent: un théologien pensera combattre pour la pureté de la foi quand il servira ses propres rancunes; un savant estimera qu'il ne fait que revendiquer les droits de la science quand il sera bien aise d'ennuyer les théologiens: et tel qui s'intitule libre penseur tremble à la pensée de l'enfer qu'il écarte tant qu'il peut, tel autre qui paraît dévot, au fond de son âme a perdu la foi. Ce sont toutes ces menteries intimes dont à la longue nous finissons par être les dupes qui sont honteuses et dont il nous faut rougir. Le grand mensonge, presque le seul mensonge parce que tous les autres en dérivent, est celui que l'on se fait à soi-même. Être ce qu'on est, se connaître, se reconnaître et s'avouer tel que l'on est, voilà le grand, le premier devoir de sincérité. Car si vivre est le seul devoir et vivre de façon riche et intense, comment peut-on conduire et aménager sa vie si on se fait illusion sur ce qui fait le fond même de la vie? On ressemble à un banquier qui altérerait ses propres livres de compte. La faillite est inévitable. Et l'immoralité c'est la faillite de la vie.

IV

Bien que les autres conflits ne soient pas aussi féconds en péripéties et en drames intérieurs que ceux que nous venons d'étudier, ils n'en présentent pas moins leurs difficultés. Que doit faire, par exemple, un jeune homme qui, appartenant à une famille réactionnaire, voit très nettement que les méthodes et les doctrines des conservateurs sont périmées et ne peuvent donner aucun fruit? Devra-t-il se condamner à l'inaction ou rompre en visière à sa famille, à ses parents et à ses amis?... Qu'on ne dise pas que c'est affaire de prudence, de mesure, de tact, de doigté. Si l'on veut agir désormais, acquérir une influence sociale, il ne suffit pas de prendre des demi-mesures, il faut rompre avec ceux qui non seulement ont perdu l'oreille du peuple, mais qui ont à tel point irrité le peuple, excité sa défiance et ses animadversions qu'il suffit qu'ils se mettent d'un côté pour qu'aussitôt le peuple se dirige en sens contraire. Eux-mêmes, d'ailleurs, poussent aux intransigeances et aux ruptures, car si on n'épouse pas toutes leurs préventions, tous leurs préjugés, si on n'adopte pas leurs façons de faire et jusqu'à leurs manières de juger, ils vous mettent à l'index et vous regardent comme des traîtres. Si on ose dire, comme l'a fait Marc Sangnier, que la forme capitaliste de la propriété pourrait bien disparaître quelque jour pour faire place à une forme sociale d'où le prolétariat aurait également disparu, on affirme que, ce disant, le président du *Sillon* a donné les mains au socialisme. En réalité, il n'a fait que proclamer ce fait évident que les formes sociales sont contingentes et par conséquent toutes transitoires. Il n'en a pas moins été comme excommunié. Pour combien de jeunes gens se pose le même problème, et rendu plus angoissant pour plusieurs, parce que ceux contre qui ils ont à lutter, ceux avec qui ils risquent de rompre sont parfois les membres les plus proches de leur famille, souvent un père, une mère profondément respectés, tendrement aimés ?... C'est un problème analogue qui se pose devant la conscience des prêtres, jeunes ou vieux, qui, s'étant aperçus que certaines méthodes suivies communément autour d'eux, méthodes scientifiques, méthodes d'enseignement ou d'apostolat, sont insuffisantes, impuissantes ou inefficaces, veulent leur substituer des méthodes qu'ils savent meilleures et redoutent cependant de soulever contre eux une telle opposition qu'il en résulte finalement peut-être plus de mal que de bien.

Et ce sont des questions de même genre sinon de même nature qui angoissent la conscience des jeunes gens lorsque, sur le chemin qu'ils voudraient suivre pour s'établir, pour se choisir un compagnon ou une compagne de vie, pour entrer dans une carrière ou embrasser une vocation, ils rencontrent l'opposition paternelle.

Dans tous ces conflits et tous ceux du même genre, les considérations qui doivent régler la conduite sont tirées de la valeur respective des biens et des maux. Qu'est-ce qui sera plus utile au bien public, rompre avec le milieu natal ou bien renoncer à réaliser les aspirations qui provoqueront infailliblement la rupture ? Sortir de son monde pour se faire peuple ou renoncer à agir en démocrate pour garder la paix ? Continuer les vieilles routines ou s'exposer à soulever des colères contre soi, et peut-être à retarder, à faire entraver par la violence un mouvement qui aussi bien peut-être se serait fait sans cela ? S'il est dans les plans divins que les choses tournent de telle ou telle façon, les choses tourneront ainsi, et Dieu n'a pas besoin de nos impatiences, de nos scandales. Il est inutile de contrister nos amis et nos parents, d'infliger des douleurs à des âmes justes et droites, de paraître accuser d'inertie ou d'insuffisance des hommes zélés qui ont de leur mieux rempli leur tâche. Mais, d'autre part, Dieu d'ordinaire n'agit pas miraculeusement sur les hommes, il n'a pas besoin de nous sans doute, il n'a besoin de personne, cependant il se sert des volontés humaines comme d'instruments : si ces volontés se dérobent, ne sont-elles pas coupables ? Si, voyant clairement le bien à faire, le bien possible, le bien probable, nous refusons de le faire pour conserver la douceur d'une situation paisible et d'un commerce agréable, n'aurons-nous donc rien à nous reprocher ? Le progrès ne peut se faire sans paraître porter tort à ceux qui ne le connaissaient pas : si on s'était arrêté devant cette crainte, aucune invention ne se serait jamais produite. Toute invention a été nuisible ou du moins désagréable à quelqu'un. Les voyageurs qui s'endorment dans la neige supplient qu'on ne les réveille pas, et l'insistance que l'on met à les tenir éveillés leur est horriblement douloureuse : cependant n'a-t-on pas raison de les éveiller ? Comment, en particulier, ceux que leur vocation sacerdotale oblige à servir les hommes pourraient ils hésiter à promouvoir le bien qu'ils conçoivent, uniquement pour ne pas déplaire à d'autres prêtres plus âgés qu'eux et très vénérables sans doute, mais auxquels ils ne doivent que le respect ? Ce n'est pas pour assurer la tranquillité ou ménager la susceptibilité de ces anciens que l'on entre dans les ordres, c'est pour se dévouer à la masse des fidèles, et un prêtre, jeune ou vieux, qui croit avoir trouvé des méthodes efficaces pour christianiser les hommes et qui ne voudrait pas les mettre en usage de peur de déplaire à d'autres prêtres, ou même de crainte de paraître orgueilleux ou suffisant, ressemblerait au médecin qui ayant trouvé le remède à une maladie, ne voudrait pas s'en servir de peur de se brouiller avec ses confrères.

A plus forte raison encore ne doit-on pas hésiter à se décider, fut-ce même contre une autorité respectable, quand il s'agit de matières aussi graves que le mariage ou le choix d'un état. Les enfants auraient tort s'ils n'écoutaient pas avec la plus grande considération les représentations de leurs parents : les parents ont plus d'expérience, ils savent la vie que les enfants n'ont pas apprise, leurs conseils sont les plus désintéressés que l'on puisse entendre, mais ils ne peuvent juger que de leur point de vue, et, en des matières qui engagent la vie tout entière, qui ne sont pas un accident ou une circonstance passagère, mais constituent le fond, la trame même de toute une vie, seuls les intéressés doivent en dernier lieu décider. C'est à celui qui devra éprouver les conséquences que doit revenir la décision. Et l'Église catholique en a jugé de la sorte quand elle a si fortement insisté dans sa morale pour qu'on laisse aux jeunes gens toute liberté pour suivre leur vocation, quand elle a toujours refusé de voir dans le consentement des parents une condition nécessaire pour la validité du mariage.

Que dire maintenant des lois ou des règles que l'on a pu s'imposer à soi-même et dont on vient à sentir l'inconvénient ou la gène ? Doit-on se croire lié par sa résolution antérieure au point de ne s'en vouloir départir jamais, afin de ne pas paraître inconstant, ou peut-on, sans craindre de se contredire, renoncer à une attitude, changer de résolution ? La solution ne paraît guère douteuse : changer par caprice et uniquement pour se dispenser de quelque chose qui semble pénible sera toujours peu glorieux alors même que la résolution que l'on change, que l'attitude que l'on modifie n'aurait rien d'obligatoire ; mais si le changement doit produire la supériorité de vie, la plus-value que l'on attendait de la résolution, qu'en l'occurrence elle paraît impuissante à procurer, qui donc pourrait blâmer le changement et qui pourrait dans ce cas nous accuser d'instabilité ? Car si nous changeons, c'est précisément pour atteindre à la majoration de valeur en vue de laquelle nous avions pris la résolution. Nous nous montrons donc non pas véritablement changeants, mais par ce changement extérieur même, constants dans le fond de notre propos. Supposez en effet qu'une femme ait adopté une attitude toujours affable, souriante et calme, comme celle qui convient le mieux à l'idée qu'elle se fait de la dignité extérieure, pense-t-on qu'elle devra conserver cette attitude en toute occasion, même si on lui tenait des propos peu séants ou si quelque malappris se permettait quelque geste inconvenant ? L'affabilité, le sourire, ne devraient-ils pas faire place au mépris, peut-être à l'indignation ? Et trop de calme ne paraîtrait-il pas réduire l'offense à rien, comme le sourire risquerait de paraître complaisant ? La même dignité qui commandait l'attitude dans les circonstances communes en commande aujourd'hui le changement.

La constance est une marque de sagesse et de vertu, mais à la condition qu'elle porte sur le fond de la vie, non sur une de ses circonstances ou sur un de ses fragments. Elle n'est marque de sagesse que quand elle porte sur la sagesse elle-même. Toute inconstance foncière est signe de mal, car elle implique toujours une erreur ou une faute de conduite, puisque si on faisait bien et qu'on change on fait mal et que si maintenant on fait bien après avoir changé, c'est qu'on faisait mal jadis. Aussi la défaveur qui s'attache au mal s'attache-t-elle souvent au changement. Il semble qu'à changer, à se démentir, on aggrave presque la faute. Beaucoup de caractères se refusent en conséquence au repentir. Il leur paraît que ce désaveu d'eux-mêmes les avilit un peu plus. La persistance dans leur attitude leur semble une sorte de réhabilitation. Ils prennent la persévérance pour une vertu. Mais il est bien évident qu'elle n'est vertu que quand elle porte sur une vertu. Quand elle a pour objet une faute, elle devient vice, et quand elle s'attache à quelque vice, elle est le vice lui-même.

Les conflits de ce dernier genre sont d'ailleurs les plus faciles à résoudre parce qu'il suffit d'une réflexion attentive, libre de tout entêtement, pour se rendre compte de ce qui a le plus de valeur, ce qu'on a résolu jadis ou ce que les circonstances paraissent réclamer dans le présent. Mais ces conflits sont faciles à dirimer non pas tant parce qu'ils nous opposent à nous-mêmes que parce qu'ils opposent à un besoin présent et pressant des modalités de notre passé. Tout ce qui porte la marque du passé porte en soi la marque d'une péremption et par suite d'une sorte de déchéance. Il faut, pour que le passé ait le droit de primer et de régler le présent, qu'il ne soit pas le transitoire ou le transitif, qu'il se montre au contraire comme revêtu d'un cachet de durée et d'éternité, que par conséquent il ne soit pas véritablement passé. En réalité, tout conflit moral est d'ordre intérieur, c'est un conflit de soi contre soi. De même que, selon Royer-Collard, nous ne nous souvenons que de nous-mêmes, ainsi ce n'est qu'à nous seuls que nous pouvons nous opposer. Car les puissances qui paraissent extérieures, l'autorité d'un maître ou l'autorité de la loi, n'agissent sur nous qu'autant que notre conscience leur reconnaît quelque sorte de valeur, et quand nous nous insurgeons contre elles, c'est en réalité contre ce qui en nous leur est favorable ou leur cède que nous le faisons, et par conséquent contre nous-mêmes.

Quand l'ordre d'un chef ou la prescription d'une loi se propose à la conscience, une partie de notre être acquiesce spontanément à l'ordre donné, une autre partie s'insurge. C'est comme une pierre qui tombe et qui trouble l'eau. Le sable ou la vase remontent du fond. Mais tantôt ce sont de nobles instincts qui se réveillent pour faire face à la loi, comme lorsque nous n'y cédons guère qu'à cause de sa puissance, par lâcheté ou par peur ; tantôt, ce sont des instincts vulgaires, tels que la paresse ou l'attachement égoïste à notre tranquillité ou à notre avis personnel. Il faut d'abord nous demander ce que vaut le commandement en lui-même : l'action qui nous est prescrite de l'extérieur est-elle de nature à enrichir, à intensifier notre vie, doit-elle au contraire la diminuer et l'appauvrir ? La réponse à cette question paraît facile. Car si une chose basse, telle que l'écrasement d'un être faible ou sans défense, nous est commandée, nous sentons bien que ce qui en nous se révolte contre cet ordre, ce n'est pas quelque chose de peu de valeur. Nous voyons très nettement, de la soumission ou de la résistance, quel est le parti qui nous demande les plus pénibles efforts, quel est celui qui éveille les plus hautes susceptibilités morales.

Nous pouvons conclure de tous ces exemples que la valeur intrinsèque de la prescription sociale est sous la complète dépendance de la conscience ; c'est notre conscience qui reconnaît la valeur ou la non valeur de la prescription, puisque cette valeur intrinsèque n'est autre chose que la correspondance entre la législation sociale et notre propre législation intérieure. De ce point de vue il ne saurait donc y avoir aucun conflit entre la loi et la conscience individuelle, entre le moral et le social. Ce qui commande le jugement que nous portons sur la valeur de la prescription, c'est le sentiment intime que nous avons de notre enrichissement ou de notre appauvrissement vital selon que nous aurons suivi la prescription ou refusé de lui obéir. La prescription vaut si par elle-même elle engendre en nous une plus-value ; dans le cas contraire, elle ne vaut pas. Mais il peut se faire que des actions qui par elles-mêmes n'augmenteraient pas ou même diminueraient notre valeur personnelle, si nous étions isolés, prennent cependant une valeur uniquement à cause de leur caractère social. Il convient donc d'examiner en quoi consiste cette valeur extrinsèque de la loi et de savoir par là quelle est sa portée.

V

Toute prescription sociale, par cela seul qu'elle est sociale, a une valeur : mode, coutume, tradition, cérémonie cultuelle, rite mondain, formule de politesse, règlement de police, loi civile, loi religieuse, par le fait seul que la prescription établit entre les hommes une manière de faire commune, elle les fait s'accorder entre eux, empêche les heurts et, par des similitudes de gestes, crée en eux des correspondances d'âmes. Or, ces résultats sont éminemment bienfaisants. La règle sociale évite des tâtonnements à l'individu, elle lui apprend à vivre, à ne pas choquer, à ne pas blesser ses semblables, elle empêche qu'il ne soit ni choqué ni blessé par eux. Elle vaut donc en elle-même et par elle-même, par cela seul qu'elle est une règle, qu'elle assure et maintient l'accord. Sans une règle il n'y aurait point d'ordre, et l'ordre est indispensable. Il est sans doute parfaitement indifférent que les passants marchent à droite ou à gauche de la route, à Paris on tient sa droite et à Londres on tient sa gauche, mais ce qui n'est pas indifférent, c'est que les voitures du même côté aillent ou n'aillent pas dans le même sens. Si elles observent une règle quelle qu'elle soit, elles ne risqueront pas de se heurter ni de s'encombrer ; si elles n'en suivaient aucune, les rues seraient sans cesse obstruées et les accidents très nombreux. La règle extérieure est donc une condition du bien-être individuel grâce au bon ordre social.

A plus forte raison en est-il ainsi, quand, au lieu d'actes indifférents, la règle en prescrit d'utiles. Une prescription hygiénique, par exemple, telle que celles qui regardent les logements insalubres ou les mesures de prophylaxie contre les épidémies, ne met pas seulement de l'ordre, mais elle empêche un mal positif, et par suite crée un bien également positif. De même la loi qui prescrit le paiement de l'impôt ou le service militaire assure au corps social ses moyens de nutrition, ses organes de défense, et par là réalise un bien, puisque, en dehors du corps social, l'individu ne pourrait pas vivre. Plus encore, les lois qui interdisent le meurtre ou le vol, la plupart des prescriptions du Code pénal garantissent la vie, les biens, la liberté de l'individu, et la loi qui a rendu l'instruction obligatoire lui a assuré le minimum de connaissances sans lesquelles un de nos contemporains ne saurait avoir qu'une vie inférieure et pour ainsi dire mutilée. La loi donc, la règle sociale est en elle-même, par cela seule qu'elle est une règle, bienfaisante, utile, nécessaire. Son autorité, sa majesté, lui viennent non de l'appareil extérieur ou de l'apparat avec lequel elle est promulguée ou appliquée ; elles lui viennent uniquement de sa bienfaisance et de sa nécessité. La loi, parce qu'elle est la loi, mérite donc le respect et réclame l'obéissance.

Mais ce respect comme cette obéissance ont des degrés. Ces degrés se mesurent à l'utilité, à la bienfaisance de la loi. Une loi indispensable à l'existence du corps social ne peut en aucune manière être désobéie. Elle doit absolument être respectée. Une loi qui n'est que bienfaisante ou utile est respectable dans la proportion de sa bienfaisance et de son utilité. On peut toujours discuter sur la nécessité ou l'utilité d'une loi, mais une fois la nécessité ou l'utilité reconnues, on doit se soumettre. Et alors même qu'on serait convaincu de la nécessité, de l'utilité d'une réglementation, on peut contester que la règle positive par où s'exprime cette réglementation soit la meilleure ou même soit vraiment bonne. Ainsi, tout en reconnaissant la nécessité d'un règlement de police qui fixe le côté de la route que chacun doit occuper, on peut contester que le côté gauche soit préférable au côté droit ou le côté droit préférable au côté gauche. Et l'on peut être persuadé que des mesures de prophylaxie sont nécessaires en face des épidémies et croire cependant que tel ou tel règlement est vexatoire, inefficace ou même vraiment nuisible. Il faut cependant reconnaître que la loi, et parce qu'elle est la loi, le social parce qu'il est social, a une autorité en elle-même et par elle-même, qu'elle mérite et considération et respect.

Ce respect est encore gradué d'après les origines de la prescription. Une mode passagère, une coutume locale, un rite mondain, n'auront pas sur la conscience le même ascendant qu'une loi entourée de toutes les garanties sociales, et pour un catholique une loi civile ne saurait avoir le même prestige qu'une loi émanant des autorités religieuses. Le prestige d'une loi, la suggestion qu'elle exerce sur la conscience, son autorité, sont en effet fonction de deux choses : la légitimité véritable, la force rationnelle et morale de la source d'où provient la loi d'abord, puis le poids pour ainsi dire matériel ou imaginatif de la loi, sa puissance sentimentale. Une mode, un rite mondain, une coutume locale, ont une origine singulièrement obscure et que la raison ne peut manquer de trouver inconsistante et débile : cette mode, ce rite, cette coutume, peuvent cependant peser d'un poids très lourd sur une volonté. Comment, sans se faire montrer au doigt, sans subir une sorte d'excommunication, oser s'affranchir ?... Combien y a-t-il de femmes qui oseraient aller au bal en robe montante et marquer par là qu'elles prétendent ne pas s'exposer à prendre des rhumes ou des pleurésies pour le plaisir peu respectable de leurs danseurs ?... Ce que l'on appelle le respect humain et qui pèse d'un si grand poids sur les consciences n'est pas autre chose que cette crainte de ne pas faire ou de ne pas être comme les autres qui, surtout dans les milieux clos où tout le monde se connait, comme les petites villes, arrête toute initiative, empêche toute expansion, engendre parfois des révoltes bruyantes et des scandales, souvent des hypocrisies, et finit par produire l'atonie, l'atrophie de la vie morale. A force de se mouvoir dans le cadre étroit, usuel et routinier, on ne vit plus que de formules, de rites et de gestes mécaniques. L'habitude a racorni toute l'écorce consciente de l'âme; les sources profondes de la vie, auxquelles par défiance on ne puise plus, se sont retirées dans les fonds inconscients de l'être, et finalement ont tari. A peine si de temps à autre une secousse puissante arrive à faire jaillir quelques flots de spontanéité et de moralité véritable. C'est l'inoffensive routine des âmes tièdes et engourdies, une sorte de mort vivante.

Cependant la raison sent bien que la masse de ces anonymes qui lancent la mode, font la coutume, instituent le rite, n'ont aucune autorité véritable, qu'ils ne valent que par le prestige que l'imagination leur accorde et par conséquent que ce n'est pas à eux qu'il appartient de nous en imposer, mais que c'est à nous qu'il revient de les juger. Nous avons le droit, nous avons le devoir de lutter pour notre vie contre les parasites extérieurs qui voudraient la ligoter de leurs lianes innombrables et persistantes, l'absorber en l'épuisant par toutes sortes de manifestations extérieures où s'expriment les parasites, mais où nous ne nous exprimons pas.

Vis-à-vis des lois émanant clairement d'autorités sociales constituées, notre indépendance ne saurait être aussi complète. La fonction que remplit dans le corps social l'organe législatif crée en sa faveur une présomption. Nous pouvions tout à l'heure contester à la coutume, à la tradition, le caractère légal. Ici nous ne le pouvons plus. Une marque extérieure évidente nous impose la reconnaissance de ce caractère. Dès lors qu'une loi a été promulguée par le Président de la République, elle est loi de l'État, loi nationale, et, comme telle, réclame l'obéissance. Du moment qu'un chef institué par la loi nous donne un ordre, cet ordre émané de l'institution légale a force de loi. Il vaut par lui-même et il est impossible de le contester. Si nous croyons qu'il dépasse les intentions de la loi, que le chef en le donnant a outrepassé ses attributions, la loi même nous prescrit ce que nous avons à faire, et les procédures qu'il nous faut suivre pour ramener l'ordre du chef dans les bornes de la loi. C'est la marque des pays libres que la nette délimitation des devoirs des subordonnés et des pouvoirs des chefs et que l'établissement d'une magistrature auprès de laquelle les subordonnés peuvent trouver un appui contre l'arbitraire de leurs chefs. Car plus un pays est libre, plus tout y est réglé par la loi. La loi, ses précisions et ses prescriptions sont les meilleures sauvegardes de la liberté. C'est par amour de la liberté qu'il faut respecter la loi. Car c'est elle qui nous protège, qui nous défend, qui nous sauve et nous maintient libres. Une autorité qui, sous prétexte qu'elle veut être paternelle, ne consent pas à décrire ou à délimiter sa puissance, est livrée à toutes les tentations de l'arbitraire. Ses subordonnés risquent de trop compter sur son indulgence et sur sa bonté, elle risque à son tour de trop espérer du dévouement et du bon-vouloir des subordonnés. De là naissent les révoltes et les mécontentements. Les bons comptes, dit-on, font les bons amis. Tout de même les bonnes lois empêchent entre les chefs et les subordonnés les malentendus, les suspicions et finalement les brouilles. Un chef respectueux de la loi ne saurait être offensé que son subordonné se serve de la loi même pour sauvegarder ses droits, non plus qu'un homme juste ne saurait s'offenser de ce que son voisin en contestation avec lui pour une borne ou pour un droit de passage ait recours au magistrat.

Plus encore que la loi civile, la loi religieuse s'impose au respect. Car si la première assure la vie du corps, aux yeux du croyant la seconde assure la vie de l'âme. Or, la vie naturelle n'est vis-à-vis de la vie surnaturelle qu'une condition et un moyen. Si donc nous devons respecter la loi qui assure l'existence du moyen, à plus forte raison devons-nous respecter celle qui permet seule la réalisation de la fin.

Cette loi, de même que la loi civile, est facilement reconnaissable à des signes extérieurs. Pour le protestant elle est écrite et formulée dans le Livre. Pour le catholique elle est définie et promulguée par les autorités de l'Église : les conciles, le Pape, les évêques constituent un magistère qui régit la conscience du fidèle. C'est surtout dans le catholicisme que des conflits peuvent exister, car dans le protestantisme il est rare que le texte biblique soit d'une telle clarté qu'il s'applique de lui-même et, pour ainsi dire, automatiquement aux diverses circonstances. C'est en somme dans la conscience du protestant, de façon tout intérieure, que se fait l'adaptation. S'il y a conflit, c'est un conflit intérieur et de conscience, un conflit moral et non pas un conflit entre l'intérieur et l'extérieur, entre la conscience et la loi, entre le moral et le social. Dans le catholicisme, au contraire, le conflit parait possible et semble même devoir être d'autant plus fréquent que la vie intérieure du fidèle se trouve plus développée. Ce conflit pourrait porter aussi bien sur les pensées que sur les actions, sur les jugements que sur les déterminations volontaires. L'autorité ecclésiastique, en effet, en même temps qu'elle prescrit ce qu'il faut faire, définit ce qu'il faut croire. L'Église a une morale qui, par les travaux de ses casuistes, est arrivée presque à la solution de tous les cas, quel drame intérieur ne devrait-il pas se passer dans la conscience du catholique si, dans un cas donné, il venait à sentir en lui quelque chose de sain, de fort et de bon qui protesterait contre les verdicts des docteurs autorisés? L'Église, de même, a un dogme, et, par les déductions des théologiens, ce dogme a étendu ses rameaux jusqu'à des propositions qui touchent ou semblent toucher à des sujets scientifiques. Le philosophe, l'historien, l'exégète, peuvent à chaque instant rencontrer sur leur chemin parfois des propositions dogmatiques, souvent des propositions que la tradition théologique a paru tirer du dogme lui-même.

Le conflit alors est très net et vraiment tragique : d'un côté, c'est Dieu qui parle, c'est d'un Sinaï divin que tombent les ordres qui exigent la soumission de l'esprit, la docilité de la conscience ; d'un autre côté, c'est d'un Sinaï intérieur, mais aussi d'un Sinaï véritable que montent les lumières de l'intelligence, les ordres de la conscience morale, et c'est Dieu encore qui paraît parler. Dans le conflit avec la loi civile on peut toujours s'en tirer. En se soumettant aux ordres extérieurs de la loi, on n'est pas obligé de lui donner son assentiment intérieur : au contraire, la loi religieuse oblige au for intérieur, ce ne sont pas des paroles qu'elle commande, ou des actes mécaniques qu'elle exige, ce sont des assentiments qu'elle réclame, des intentions qu'elle impose.

Le conflit paraît devenir encore plus grave quand on se demande si l'on a le droit de soumettre sa conscience à une autorité extérieure quelconque et si, par cela même qu'on reconnaît une telle autorité, on ne se met pas en dehors du royaume de la moralité. Ce qui revient à se demander s'il peut y avoir une sorte de social qui ait le droit de prétendre à dominer le moral, une loi extérieure qui puisse légitimement primer la conscience. Si on admet cela — et, semble-t-il, comment ne pas l'admettre si l'on veut rester catholique? — n'est-on pas forcé d'admettre que l'on peut être parfois contraint d'agir contre sa conscience, de parler contre sa pensée? Or, si l'on agit contre sa conscience, ne faut-il pas dire que l'on est un être immoral, et si l'on parle contre sa pensée, ne faut-il pas dire que l'on est menteur?... Admettre une autorité extérieure qui pourrait parfois primer la conscience, obliger au for intérieur, paraît donc en soi quelque chose d'immoral, puisque c'est admettre que, en cas de conflit, l'immoral deviendrait moral et que le mensonge serait une vérité. Mettre ainsi la moralité en nécessaire conflit avec elle-même, la rendre incohérente et contradictoire, n'est-ce pas véritablement la détruire, et le catholicisme, qui non seulement laisse le champ libre à de tels conflits mais même qui semble les rendre nécessaires et inévitables, ne mérite-t-il pas d'être regardé comme le plus subtil ennemi de la véritable moralité?...

VI

Pour répondre à toutes ces graves et redoutables questions il faut rappeler les principes posés dans un précédent chapitre : la loi sociale est indispensable, même les lois en apparence les moins fondées en raison n'en ont pas moins quelque raison d'être ; mais, à son tour, la conscience individuelle est éminemment respectable, car c'est en elle et en elle seule que réside toute la moralité. Si donc la conscience juge qu'elle peut sans se démentir, sans se renier elle-même, obéir aux lois sociales, elle doit cette obéissance ; mais si elle ne le peut pas, c'est à elle en somme, et à elle seule, que doit revenir, avec la pleine responsabilité, la dernière décision.

Prenons en effet les cas où la loi sociale n'est encore que mode, tradition, coutume : tant que nous ne voyons dans ces habitudes sociales qu'une gêne fragmentaire et momentanée qui ne saurait considérablement entraver le développement de notre vie, nous ferons bien de nous y soumettre, nous pourrons même nous y sentir obligés dans la mesure où, en nous en dispensant, nous risquerions de faire du mal aux autres, mais si ces habitudes risquent d'atrophier en nous quelque puissance de vie, nous avons le droit de nous y soustraire, soit en affirmant nettement nos droits, ou en rompant en visière avec les routines ambiantes, soit plutôt et le plus souvent en élevant devant notre vie des barrières qui évitent le scandale ou le mal des autres et sauvegardent notre liberté. Si ce qui se fait nous paraît mauvais, si nous jugeons faux ce qui se dit, si nous n'estimons pas qui on voit, n'aurons-nous donc pas le droit de ne pas faire ce qui se fait, de ne pas dire ce qui se dit, de ne pas recevoir ceux qui sont partout reçus ? Et, par contre, si ce qui ne se fait pas nous semble bon, si nous croyons vrai ce qui ne se dit pas, si nous estimons qui on ne voit pas, n'avons-nous pas encore le droit de faire ce qui ne se fait pas, de dire ce qui ne se dit pas, de voir qui on ne voit pas, ou, en d'autres termes, n'avons-nous pas le droit et le devoir même de conformer à notre conscience nos actions, à nos jugements nos paroles, à nos plus intimes besoins sociaux nos fréquentations ?

Sans doute, nous avons le devoir d'éviter le scandale, mais nous avons aussi le droit, bien plus, le devoir de vivre, et nous ne devons pas atrophier notre vie pour éviter de scandaliser ceux qui voient le mal où il n'est pas et ne savent pas découvrir le bien où il est. Qu'il faille ménager les faiblesses et les incompréhensions, cela, certes, n'est point douteux, et c'est pour cela qu'on a le droit de clore devant les profanes l'enceinte des jardins secrets : c'est pour cela qu'on a le droit de se défendre, par la parole, contre les questions abusives des indiscrets. Auguste Comte avait pris pour devise : Vivre au grand jour ! Et il exprimait ainsi un bel idéal. Mais pour pouvoir vivre au grand jour ou habiter, comme on dit, une maison de verre, il faudrait vivre avec des êtres à la fois attentifs et intelligents. La bienveillance même serait inutile si l'intelligence était suffisante. Mais entouré, comme on l'est d'ordinaire, par des êtres qui ne voient jamais qu'une partie de nos actions et qui ignorent l'intime de nos pensées, on est obligé, pour qu'ils ne s'y trompent point, de leur dérober des catégories entières d'actions. Un mari libre penseur peut ne rien comprendre au besoin moral qui pousse sa femme à se confesser, de même qu'un professeur peut ne rien comprendre au besoin poétique qui pousse son élève à faire des vers. Dira-t-on que la femme n'a pas le droit d'aller à confesse ou l'écolier le droit d'aligner des rimes ?

Il est remarquable que ce ne soit que dans les tout petits villages ou dans les très grandes villes que l'homme puisse jouir de toute sa liberté. Dans les tout petits villages, il habite vraiment la maison de verre. Quand une fois, par le long usage, il s'est fait connaître, il peut agir à sa guise, se conformer ou ne pas se conformer aux coutumes du pays, on lui accorde le bénéfice de l'exception : on sait ce qu'il vaut, il peut faire ce qu'il veut. Une femme connue et respectée peut sortir et rentrer seule, même la nuit, recevoir toutes sortes de visites, personne ne songera à la soupçonner. Je pourrais citer un village où un jeune homme et une jeune fille ont passé pendant plusieurs années toutes leurs après-midi de vacances ensemble et seuls sans que personne dans le village ait même songé à s'en étonner. On ne pensait même pas à les marier.

Dans les très grandes villes, la liberté résulte de la facilité que l'on a de se dérober à son milieu.

On peut faire ce qu'on veut, non pas parce que l'on est très connu, mais parce que l'on est inconnu. Dans les petites villes, le milieu social nous est imposé. On ne peut pas choisir, il faut voir tout le monde puisqu'il n'y a presque personne à voir et que, si on ne voit pas tout le monde, on ne voit personne. Et on n'en est pas moins vu, mais on est mal vu. Dans les grandes villes, on se choisit soi-même son milieu, et parfois même on peut s'en créer plusieurs : milieu familial, milieu amical, milieu professionnel, milieu littéraire, milieu politique, milieu religieux. Ces milieux peuvent même être les uns aux autres comme imperméables. Par cela seul que l'on a choisi son milieu on se trouve libre, puisque les exigences de ce milieu ne peuvent qu'être en correspondance avec les besoins ou les aspirations intimes de notre vie. C'est ce qui fait la supériorité morale des grandes villes sur les petites. On dit quelquefois que la moralité est plus grande dans ces dernières que dans les premières, et si l'on entend par moralité l'observance extérieure des bienséances, on a raison. Il y a proportionnellement moins d'adultères, moins de séductions, moins d'avortements, moins de vols aux étalages, moins de détournements de fonds dans les petites villes que dans les grandes : la surveillance exercée sur chacun par ses voisins, qu'il connaît, dont il est connu, réprime les impulsions cupides ou licencieuses, élève de tels obstacles devant la passion, lui prépare une répression immédiate si forte et si assurée que, neuf fois sur dix, la passion avorte avant que de naître, l'impulsion demeure à l'état de vague désir. Mais, en revanche, les idées bienfaisantes, les impulsions généreuses sont aussi étouffées dans l'œuf. La vie coule régulière et monotone par les canaux coutumiers, aussi uniforme, aussi unie, aussi commune qu'il est possible pour éviter la critique et la raillerie. Nul n'a le droit de se singulariser, nul n'a le droit de vivre sa vie, que cette vie doive être ruineuse ou féconde. La médiocrité seule a le droit de vivre, et c'est elle qui, étant la plus commune, fait la loi à tout le reste. Ce n'est pas le règne de la moralité, c'est le règne de l'atonie.

Mais si l'on entend par moralité la sève intérieure et féconde d'où résultent les actes vraiment vertueux, on peut dire qu'il n'y a pas de moralité sans liberté et, par suite, que c'est dans les campagnes et dans les très grandes villes que se trouve une telle moralité. Il n'y pas de garde-fous pour le mal dans les grandes villes, on peut même dire qu'il y a plus d'abîmes, plus de tentations et de précipices, mais il n'y a pas non plus de garde-fous pour le bien. On ne redoute pas le scandale, mais on n'est pas non plus asservi au respect humain. C'est un fait bien connu qu'il est plus facile à un jeune homme de rester chaste, de pratiquer assidument ses devoirs religieux à Paris que dans une ville de province. La liberté existe, par la liberté la responsabilité, par la responsabilité la moralité.

Chacun est maître de ses actions. Chacun peut vivre la vie qu'il veut, se conférer la valeur morale qu'il veut. L'extrême complexité sociale produit les mêmes effets que l'extrême simplicité. Ce n'est que par ces extrêmes que la liberté est assurée, le premier l'assure par l'ignorance, le second par la connaissance.

Mais bien que la foule, dans les grandes villes, produise l'effet du désert, et si l'on s'y trouve libre parce qu'on y passe ignoré et inaperçu, et que ce soit ainsi une ignorance involontaire et forcée qui assure la liberté, notre liberté pourrait être aussi bien sauvegardée sous les yeux de tous, au vu et au su de tout le monde, si seulement nos voisins, voisins de famille, voisins de profession ou d'habitation, ou, pour nous servir du mot de l'Évangile, notre prochain, en usaient vis-à-vis de nous avec cette réserve morale dont les stoïciens avaient aperçu le bien fondé et que Jésus a prescrite dans l'Évangile: « Si tu vois, dit Épictète, quelqu'un qui boit beaucoup, ne l'accuse pas d'être un ivrogne, dis qu'il boit beaucoup. » Ce qui veut dire : N'interprète pas les actions des autres, constate ce qu'ils font, mais ne dépasse pas l'extérieur visible et comme l'écorce de leurs actions, tu ne peux en voir l'intérieur, la raison secrète, le motif caché, ne te prononce donc point sur ce motif. Et Jésus ajoute : « Ne juge point et tu ne seras point jugé. » Ne dis point que ton frère a commis un crime même quand tu lui as vu faire les gestes du crime; alors même que tu lui as vu faire des actes capables de nuire ou condamnés par la loi, ne dis point qu'il est méchant ou pervers; seul le Seigneur qui voit dans le secret et qui pénètre les cœurs sait ce que cet homme a voulu faire et s'il est digne d'amour ou de haine. Toi, tu ne peux le savoir, tu l'ignores, conforme donc tes paroles à ton ignorance et ne juge point. — Cette réserve morale que le prochain pourrait s'imposer, cette réserve qui n'est pas à proprement parler indulgence, mais plutôt justice, puisqu'elle résulte du sentiment exact de notre ignorance, mettrait à l'abri des oppressions sociales, par l'effort moral de tous, la moralité de chacun, elle supprimerait à la fois le respect humain et l'hypocrisie. Toutes les murailles qui enclosent les jardins secrets devraient être renversées, les plus douloureuses questions sur le respect qui est dû à la vérité ne se poseraient pas. Si cette réserve était observée, tous les milieux sociaux seraient également favorables à l'indépendance, à la hardiesse morale. Il n'y aurait plus lieu de distinguer entre les villages, les petites et les grandes villes. Partout l'homme serait libre, vraiment seul en face de sa conscience, en face de Dieu, en face de ce qui sait, sans avoir rien à craindre de tout ce qui ne sait pas ou ne comprend pas.

VII

Les coutumes, les traditions, les modes peuvent gêner la conscience, elles peuvent difficilement créer de graves conflits. Imprécises et souvent inconsistantes, il est presque toujours possible de leur échapper. Le vague de leur origine, l'insuffisance de leurs raisons d'être, diminuent leur autorité. Mais la loi, la loi écrite, authentique, promulguée, transmise sous la forme d'ordres, par la voix des chefs reconnus, outre qu'elle a l'incontestable autorité que nous avons dite, est au contraire tellement nette et précise qu'elle peut risquer de se heurter aux défenses ou aux commandements impérieux de la conscience. Dans l'histoire, les cas sont nombreux, ce sont eux qui ont fait tous les martyrs. Récemment, nous avons vu tous les troubles apportés dans le pays par les luttes dreyfusiennes : au nom de la vérité et de la justice, un grand nombre de citoyens se sont crus autorisés à combattre les décisions de la justice sociale. Plus récemment encore, nous avons vu des officiers briser leur épée plutôt que d'obéir à des ordres que leur conscience n'approuvait pas. Nous pourrons peut-être voir, avant longtemps, des évêques catholiques et des prêtres, de simples fidèles pris entre leur conscience religieuse et les prescriptions légales de leur pays.

L'autorité de la loi est incontestable, celle de la

conscience ne l'est pas moins. Comment décider entre ces deux autorités quand elles sont en conflit? Un grand nombre de moralistes n'hésitent pas. Ils commencent par distinguer entre les lois justes et injustes et ils disent : Les lois justes obligent, les lois injustes n'obligent pas. Or, toute loi civile qui est en contradiction avec une loi religieuse ou avec la conscience est une loi injuste, bien plus, est injuste toute loi que le législateur impose, non pas en vue de l'utilité commune, mais pour ses propres satisfactions ; sont injustes toute loi, tout ordre qui dépassent la compétence du législateur ou du chef : est injuste toute loi qui répartit inégalement sur le peuple les charges sociales (1). Donc de telles lois n'obligent pas parce qu'elles ne sont pas des lois ; il n'est jamais permis d'obéir à celles qui contredisent la conscience ou la religion, on n'est pas obligé d'obéir aux autres si ce n'est parfois pour éviter le désordre et le scandale (2), il s'ensuit donc que le conflit est levé. La solution serait en effet d'une grande simplicité.

Malheureusement elle est moins simple. Car ces auteurs n'ont pas vu que leur raisonnement reposait sur une pétition de principe. Qu'est-ce en effet qui décide si la loi est injuste ou si elle est juste ? La conscience, la conscience seule. Car c'est la conscience qui proclame la suprématie de la loi religieuse sur la loi civile, qui frappe de nul-

1. Saint Thomas : *Sum. theol.*, Iª IIæ, q. 96.
2. Id. *ibid.*

lité la loi où elle reconnait une injustice. C'est donc en définitive remettre à la conscience individuelle la charge de juger la loi, attribuer au moral la primauté évidente et absolue sur le social. Et si le conflit est supprimé, c'est parce que l'on a énervé l'une des deux autorités en présence, que d'avance on a décrété qu'elle devrait absolument baisser pavillon devant l'autre. Le conflit n'est pas résolu, il est supprimé, et supprimé parce que, en réalité, aux yeux de ces moralistes il n'a jamais existé.

Une loi, nous dit-on, est juste quand ce qu'elle ordonne est conforme au bien public, elle doit donc être impartiale et universelle, elle doit, de plus, émaner de l'autorité compétente. Toute loi qui manque de ces caractères est injuste, n'est pas une loi. Si le législateur n'a pas le droit de légiférer, si la loi est partiale, si elle favorise les uns au détriment des autres, elle est vexatoire et ne saurait obliger. — Mais cependant qui est-ce qui sera juge ? Qui est-ce qui pourra dire que telle mesure qui tombe sur les uns et laisse les autres indemnes est ou n'est pas conforme au bien public ? Telle profession ou telle quotité de fortune est frappée de tel impôt, en quoi est-ce évidemment plus injuste que si l'impôt était réparti également sur toutes les professions et sur toutes les fortunes ? L'impôt parait partial et vexatoire à ceux qui le doivent payer, il le serait en effet si vraiment il avait pour but de les molester, mais de bonnes raisons et tirées du bien public peuvent être alléguées et l'ont été en effet. Est-ce aux particuliers intéressés ou bien aux pouvoirs publics que doit appartenir la décision ? Allons plus loin. La loi interdit telle manifestation de pensée ou même en prescrit telle autre. Sous prétexte de liberté de conscience ou de pensée, peut-on dire que le citoyen ait, dans tous les cas et par le fait même que le législateur paraît dépasser sa compétence, le droit de se révolter ? Ne serait-ce pas ériger sa propre conscience en juge du bien social ? Lorsque le magistrat romain voulait forcer les chrétiens à sacrifier aux idoles, il était convaincu que l'omission de ce geste pouvait causer à l'empire les plus grands maux. Pouvait-il, parce que de nobles mais peu nombreux citoyens venaient protester devant lui, les dispenser de ce geste ?...

La Révolution française a essayé de résoudre le conflit en codifiant dans ses *Déclarations* les droits individuels, qu'aucune loi ne peut méconnaître sans s'exposer à devenir caduque elle-même. Mais n'ayant institué aucune spéciale magistrature pour connaître du respect des droits, ni aucune sanction qui maintienne le législateur, la Révolution n'a pu que constater la possibilité de l'oppression et que proclamer la légitimité de l'insurrection, ce qui est proprement instituer l'anarchie. Car qui jugera que les droits primordiaux sont lésés, que le peuple est opprimé ou une partie du peuple? C'est le citoyen, le sujet de la loi qui seul est institué juge de son oppression ou bien de sa liberté ; l'individu est donc juge de la loi, et l'insurrection est un risque permanent. Aux États-Unis, une magistrature supérieure est chargée de juger la loi et de déclarer si une loi édictée respecte ou non les droits et prérogatives du citoyen américain; mais c'est au nom de la loi même qu'une certaine loi est jugée, et en fin de compte le citoyen doit céder, quoi qu'il en pense, à la force de la loi. C'est toujours au social qu'appartient le dernier mot.

Et pour le bon ordre il est nécessaire qu'il en soit ainsi. La loi est une force et une autorité, la conscience est une autre force et une autre autorité. Idéales et parfaites, éclairées et infaillibles, elles devraient s'accorder. Débiles, imparfaites, souvent erronées, elles doivent composer. De plus en plus la loi se borne à réglementer l'extérieur, elle se renferme dans un domaine tout matériel, elle se borne à maintenir le bon ordre des corps, elle n'exige plus le conformisme des âmes, elle ne prétend plus, ou du moins elle doit prétendre de moins en moins à dominer les pensées, à gouverner les esprits. De son côté, la conscience doit reconnaître en la loi la condition de l'existence sociale, la condition de l'existence individuelle. La loi a la possession d'état. Il y a toujours présomption en sa faveur. Toutes les fois donc que la conscience se trouve en conflit avec la loi, elle doit être dans la disposition de céder et de s'effacer devant la loi. Le social prime le moral toutes les fois qu'il ne risque que de le gêner.

Mais si la gène devient telle que la conscience se sente opprimée, c'est-à-dire si l'individu voit clairement que l'exécution de la loi va lui enlever toute faculté sociale, s'il est menacé de la ruine complète, de l'exil ou de la mort, sans avoir contrevenu aux lois pénales communes à tous, si la loi le met hors la loi, il paraît clair qu'il a le droit non seulement de refuser premièrement d'obéir, mais même de se défendre par tous les moyens en son pouvoir. Ces cas sont rares, ils sont clairs et définis d'abord par l'absence de cause, n'avoir contrevenu à aucune loi, ensuite par les conséquences de la loi en question, la ruine complète, l'exil ou la mort. Hors de ces cas extrêmes, le bon citoyen doit l'obéissance. Du moins dans les pays libres, où il lui reste la faculté de faire appel à l'opinion et de travailler à faire changer les dispositions légales où il sent une oppression.

Et l'obéissance est due de même dans les cas beaucoup plus rares encore où la loi paraît gêner la conscience au for intérieur. Tant qu'il n'y a qu'une gène, tant qu'il reste une possibilité de ne pas désobéir à sa conscience tout en obéissant à la loi, il faut rendre à César ce qui est à César, puisque cela ne nous interdit absolument pas de rendre à Dieu ce qui est à Dieu. Et si les ordres de notre conscience qui paraissent en opposition avec la loi ne sont pas parfaitement clairs en face de la clarté précise de la loi, c'est à celle-ci que le doute doit profiter.

Mais si la conscience est aussi claire que la loi, si vraiment obéir à l'ordre social extérieur serait nous renier et dissoudre notre être intérieur, alors le conflit éclate, le tragique se consomme. « Il vaut mieux obéir à Dieu qu'aux hommes. » Il vaut mieux exposer sa vie que perdre ses raisons de vivre. Tristement mais résolument il faut ne pas obéir ou même nettement désobéir. Le martyr est prêt à supporter les conséquences de sa décision et il ne s'insurge ni ne se révolte contre le châtiment social qui l'attend. Le magistrat sur son siège, inflexible interprète de la loi, ne peut ni lui refuser son estime et peut-être son admiration, ni se dérober à la douloureuse obligation de le frapper. Le juge qui condamne et l'homme qui est condamné sont tous les deux des martyrs ou des témoins : l'un rend témoignage à la valeur de l'ordre moral et à sa prééminence intérieure, l'autre rend témoignage à la valeur de l'ordre social, à sa nécessaire prééminence extérieure.

On voit ainsi par où péchèrent les dreyfusiens lorsqu'ils organisèrent en dehors de la loi une agitation au nom de ce qu'ils appelaient justice, de ce qu'ils nommaient vérité. Aux yeux de la loi il y avait une justice, une vérité légales, c'était l'innocence de Dreyfus avant sa condamnation, sa trahison après, puis de nouveau son innocence quand fut décidée la première revision, et de nouveau sa trahison après le second jugement qui le condamnait encore. Maintenant légalement, par l'arrêt qui vient d'intervenir, il est redevenu innocent. Les antidreyfusiens se rendraient à présent coupables des mêmes agissements anarchiques qu'ils reprochaient jadis aux dreyfusiens s'ils se laissaient aller à ne pas accepter l'arrêt de la Cour suprême. On a le droit de penser que la vérité légale n'est pas la vérité vraie, rien ne prouve mieux que cette affaire la distinction des deux sortes de vérités, on a le droit de chercher à faire que la vérité vraie soit la vérité légale, mais uniquement par les moyens légaux.

Quant aux magistrats qui jadis descendirent de leurs sièges pour ne pas requérir contre les congréganistes, quant aux officiers qui ont refusé d'obéir à certains ordres (1), peut-être les premiers oublièrent-ils trop facilement que si la plume est serve la parole reste libre, qu'ils avaient l'incontestable droit de plaider contre leurs conclusions écrites et que leur révocation aurait eu sans doute plus d'efficacité que leur démission ; peut-être de même les seconds regardèrent-ils trop aisément comme sacrilège un acte purement mécanique et qui ne constituait en lui-même aucun outrage vis-à-vis de la spiritualité absolue de Dieu, c'est l'intention seule qui constitue le sacrilège, et rien ne prouvait que le bris des portes d'églises fût com-

1. M. Lamy a écrit dans le *Correspondant* du 10 janvier 1907, sous ce titre : *l'Armée et l'Obéissance*, une très belle étude, où il aboutit à des conclusions assez différentes des nôtres. Il est bon de confronter les deux faces de cette difficile question.

mandé dans le but d'insulter à Dieu, cependant les uns et les autres ont dû être et ont été les seuls juges, seuls ils ont vu dans le secret de leur cœur ce que leur conscience, à eux, exigeait. Par le fait seul qu'ils ont obéi à ces exigences et que c'est à elles seules qu'ils ont obéi, ils méritent le respect.

Mais respect n'a jamais voulu dire approbation ni impunité. Le magistrat est libre de se démettre quand il veut de ses fonctions. Mais le militaire, en revêtant sa personne de la grandeur reconnue de son état, en adopte aussi la servitude. Un ordre une fois donné, dès que cet ordre lui est transmis selon les formes extérieures exigées « par les lois et les règlements », il n'a pas même le droit de démissionner, il doit obéir, ou, sans cela, l'institution militaire et par suite l'institution sociale n'existent plus. Le soldat tolstoïsant qui refuserait de porter les armes mérite aussi le respect, et le socialiste convaincu qui refuserait de réprimer une grève, la société a cependant le droit de réprimer ces manifestations individuelles qui créent le désordre et rendraient impossible la vie sociale. La société n'est pas infaillible, elle peut se tromper, elle se trompe, mais elle doit agir avec la même résolution et la même certitude que si elle ne se trompait pas. Elle possède une sorte d'infaillibilité de fait, et si elle broie parfois les individus, c'est en somme pour le plus grand bien des individus, car sans elle les individus n'existeraient pas. Même quand elle paraît opprimer les consciences, c'est encore les consciences qu'elle sauvegarde en leur assurant l'être, la vie et en somme la sécurité.

VIII

Mais si nous pouvons parfois résister à la loi sociale, c'est que nous ne la regardons pas comme absolument infaillible. Au contraire, un catholique en face des autorités religieuses les regarde comme investies de l'autorité même de Dieu, et sinon comme infaillibles toujours et partout, du moins comme jouissant dans les choses essentielles de l'infaillibilité véritable, et dans les choses moins importantes d'une assistance spéciale de Dieu qui rend éminemment vénérables leurs décisions. Il semble donc que, quelles que soient les clartés et les certitudes de la conscience individuelle, le catholique doive toujours s'incliner devant les autorités religieuses, et c'est bien là ce que lui reprochent les non-croyants en affirmant que toute sa religion repose sur une préalable abdication morale, sur une immoralité véritable.

C'est évidemment ce qu'aucun catholique ne peut admettre. Aucun catholique ne croit abdiquer sa conscience devant l'autorité religieuse, parce qu'il ne croit pas qu'il y ait de conflit possible entre les commandements d'une conscience droite et les ordres de l'autorité. Le problème est ici le même que celui des rapports de la science et de la foi. Le catholique ne pense pas que la science doive abdiquer devant la foi ni la foi devant la science, parce que c'est le même Dieu qui a révélé la foi et qui a ordonné le monde dont la science découvre les lois et que le vrai ne peut contredire au vrai. La science peut pousser aussi loin qu'elle le voudra, et par ses méthodes propres, ses libres investigations, pourvu qu'elle ne sorte pas de son domaine, qu'elle ne donne pas comme vrai et comme certain ce qui n'est que vraisemblable ou probable, elle ne peut contredire la foi. Et la foi à son tour, pourvu qu'elle ne comprenne que ce qui est vraiment la foi, c'est-à-dire révélé ou authentiquement défini, impliqué dans la tradition ou correctement déduit des définitions authentiques, ne saurait en rien contredire la science. Il en est tout de même de la conscience. La loi de notre conscience morale est la loi de vie qui gouverne chacun de nos êtres, comment cette loi pourrait-elle être en contradiction avec les lois de notre vie religieuse? Notre vie individuelle n'est complète, achevée, que si elle communie avec tous les êtres du monde en communiant au principe universel de tout être et de toute vie; nous ne sommes tout à fait nous-mêmes que si nous nous étendons jusqu'à l'infini, comment les conditions de cette extension, de cette communion universelle et divine pourraient-elles contredire les conditions de notre existence propre? On oppose au catholique la possibilité du conflit, il répond qu'à ses yeux et normalement le conflit est impossible. On lui dit que le Pape qu'il croit infaillible peut vouloir gouverner toute sa vie, lui dire comment il doit penser en toutes matières, comment il doit agir en toute occasion. Le catholique répond que le Pape n'est infaillible que sur ce qui regarde la foi ou les mœurs et que tout l'immense domaine de la science, de la politique, de l'action économique, du gouvernement domestique, échappe ainsi à son magistère religieux. Mais la libre pensée fait aussitôt remarquer qu'il dépend du magistère, et du magistère seul, de fixer infailliblement les limites de sa propre compétence. Lui seul est juge, et juge infaillible. Aucune barrière extérieure ne peut l'arrêter. Par conséquent, il peut ce qu'il veut, et il ne dépend que de lui seul de se soumettre toute pensée, toute action et toute vie. Donc et bien véritablement, en adhérant à l'infaillibilité, le catholique s'est tout entier, conscience et pensée, corps et âme, abandonné aux mains ecclésiastiques, et s'est par conséquent infligé à lui-même au sein du monde moderne une sorte de *minutio capitis*.

Arrivée à ce point, l'argumentation du libre penseur laisse nettement voir la divergence radicale des conceptions, l'opposition absolue des deux points de vue. Le libre penseur ne croit pas à l'infaillibilité, à l'assistance divine, et, par suite, voit dans ce magistère infaillible un pouvoir absolument humain toujours sujet à l'usurpation et à l'erreur. Mais le catholique, précisément parce qu'il croit à l'infaillibilité, à l'assistance divine, sait que le magistère n'abusera pas, qu'il se limitera infailliblement lui-même, qu'il laissera l'espace nécessaire et légitime à la liberté. Le catholique revendique donc sa place dans la cité moderne au même titre que tous les autres, et, puisqu'on ne reconnait pas ses croyances, il demande à n'être pas jugé sur elles mais uniquement d'après ses actes. On n'a pas le droit de lui demander ce qu'il croit, mais uniquement de s'inquiéter de ce qu'il dit et de ce qu'il fait. Ses croyances tout intérieures ne peuvent être jugées que du point de vue de la foi. Ses actes extérieurs seuls appartiennent à la cité. Il les abandonne seuls aux jugements de ses concitoyens.

Cependant, et au sein même du catholicisme, le conflit existe. Des croyants, de vrais croyants se sont trouvés en opposition avec des décisions ecclésiastiques ayant tous les caractères de la légitime autorité. Il faut remarquer d'abord qu'il en est de beaucoup des décisions ecclésiastiques comme des décisions de la loi sociale. Ne jouissant pas des prérogatives de l'infaillibilité, elles obligent au for extérieur, comme font les lois civiles, pour le bon ordre social, elles ne sauraient obliger de la même manière au for intérieur N'oblige absolument au for intérieur qu'une décision infaillible. Ce n'est qu'en face de pareilles décisions que le conflit pourrait exister. Et il n'existerait que si la conscience individuelle parlait si haut et si clair qu'aucun doute ne fût possible. Or, la foi catholique nie, ainsi que nous venons de le dire, la possibilité d'un pareil conflit.

Pour tout le reste, là où n'est en jeu que le pouvoir disciplinaire et faillible bien que très respectable en matière de foi ou de morale religieuse, quels sont donc les cas où la clarté est si évidente dans la conscience individuelle?... Nos pensées en telles matières sont toujours environnées de l'ombre que projette l'infini. C'est ce qui se produit surtout dans les questions de pratique. Récemment, pour des raisons qui paraissaient bonnes, d'éminents catholiques estimaient qu'on pouvait former des associations cultuelles, faire en conséquence « l'essai loyal » de la loi de séparation. D'autres étaient d'un avis contraire. Le Pape a parlé, l'unanimité s'est faite, comme après un conseil de guerre tout le monde obéit au chef de qui relève la suprême décision. Nul n'abdique pour cela sa conscience. A la rigueur on pourrait même conserver son opinion, pourvu qu'on agît contre elle. Mais comment peut-on voir quelque scandale quand il n'y a pas même lieu de s'étonner qu'en des matières si complexes et si difficiles, la voix du chef suprême, son autorité en laquelle on a confiance, pèse d'un poids tel qu'elle fasse céder les raisons que l'on pouvait apprécier avant que le chef se fût prononcé? Ne suffit-il pas dans une assemblée de praticiens que le plus autorisé de tous donne son avis pour que beaucoup après lui abandonnent le leur propre?

Même dans les questions théoriques, il est sans doute vrai qu'on ne peut penser que ce que l'on pense ni voir que ce que l'on voit, et qu'on n'a pas le droit de dire qu'on voit ce qu'on ne voit pas ou qu'on pense ce que l'on ne pense pas.

Mais l'expression de notre pensée, en passant de l'intérieur à l'extérieur, peut gauchir, elle peut encore, tout en correspondant à une vérité en nous, être entendue comme une erreur par les autres. Or, si l'autorité morale est entière qui nous oblige à ne pas parler contre notre pensée, l'autorité sociale a précisément pour rôle de dire quel est le sens que prennent nos paroles pour la société. Nos intentions, notre véracité, même notre perspicacité intérieure sont ici de peu, nous ne parlons que pour être entendus, si notre parole est telle qu'elle est mal entendue, cette parole peut légitimement être condamnée et, en vertu de notre soumission à l'autorité sociale, nous devons, sans être aucunement obligés de désavouer le fond intime de notre pensée, souscrire nous-mêmes à cette condamnation. Il faudrait, pour que le conflit tragique pût exister, que non seulement nous eussions une clarté et une certitude parfaites dans notre pensée, mais encore qu'il nous apparût avec la même clarté et la même certitude que les expressions dont nous nous sommes servis sont parfaitement adéquates à notre pensée, qu'elles doivent être entendues par les autres comme nous les entendons nous-mêmes. Celui qui a véritablement la foi doit avoir une plus grande confiance au magistère divin, dont de tant de manières il s'est justifié l'autorité et dont il a reconnu la bienfaisance qu'aux lueurs vacillantes et douteuses de sa petite lampe intérieure. Or, l'obligation n'existe que dans le cas d'une parfaite clarté, d'un commandement certain.

Que si cependant, dans quelque conscience, cette clarté paraissait exister, et se formuler ce commandement certain, en face de cette clarté intérieure, qui ne pourrait être, aux yeux du catholique, qu'une trompeuse et fausse clarté et d'après laquelle seule cependant l'homme peut juger, les avis peut-être seront partagés et les uns diront que l'individu doit se souvenir de la valeur de la foi, de la suprématie de l'autorité : mais d'autres pourront aussi dire que chacun de nous ne peut et ne doit juger et se décider que d'après ses lumières présentes, que ce n'est pas au passé que nous devons remettre les rênes de notre vie et que c'est à nous-mêmes, au moment présent, de nous décider : alors même que ces lumières et ces certitudes ne seraient que fausses clartés et certitudes trompeuses, alors même que ces faussetés et ces tromperies se trouveraient produites en nous par des défaillances d'autrefois, ainsi que nous l'avons déjà remarqué, dans l'ignorance où nous sommes de notre erreur actuelle, ne devrions-nous pas obéir encore? Quelle que soit la défiance que nous devons avoir de nous-mêmes, cette défiance serait-elle plus grande encore, pouvons-nous bien agir, si nous n'agissons pas avec notre esprit, avec nos pensées, avec nous-mêmes, quels que nous soyons? Et si nous nous trompons en nous fiant à la seule lampe qui soit nôtre, alors même que ce serait nous qui en aurions répandu l'huile, que pouvons-nous faire sinon agir comme nous le croyons bon et demander à Dieu de nous pardonner?

Dans le premier cas, quel est l'homme qui oserait blâmer le croyant de faire incliner sa faillible conscience individuelle devant une loi sociale qu'il regarde comme infiniment respectable et, dans le second cas, quel est le croyant qui pourrait reprocher à une personne humaine d'avoir préféré la lumière immédiate de sa conscience, si vacillante et débile qu'il la sache, à une lumière moins immédiate, et qui d'ailleurs ne se donne pas elle-même comme vraiment infaillible dont le lointain affaiblit à ses yeux la certitude? Cependant, tandis que le croyant a dans sa foi même autant que dans sa conscience — car la foi proclame la valeur de la conscience même erronée quand elle l'est invinciblement et le devoir où nous sommes d'obéir à cette conscience erronée dont nous ignorons l'erreur — de quoi comprendre la résistance aux commandements extérieurs, il est fort à craindre que l'homme qui n'a jamais éprouvé la valeur morale de la foi ne puisse comprendre la docilité du croyant, qu'il regarde cette obéissance comme une sorte d'abdication, de renoncement à la dignité humaine, qu'il la condamne comme immorale. Et cette simple remarque établit une fois de plus la supériorité du point de vue du croyant qui dépasse celui du libre penseur puisqu'il le comprend, tandis que le libre penseur ne comprend pas le croyant. Mais, en même temps, cette remarque nous fait sentir pourquoi la libre pensée se montre si intolérante vis-à-vis de notre foi catholique. Elle l'est moralement et socialement. Elle la condamne à la fois au nom de la morale et de la sociabilité. Le croyant, au contraire, s'il doit exclure le libre penseur de la société religieuse, de sa communion spirituelle quiconque n'obéit pas aux lois édictées par les autorités sociales spirituelles, ne peut cependant pas les accuser d'immoralité ni même d'absolue irréligion. Il se sépare et juge socialement, mais, selon le précepte évangélique, il s'abstient de juger moralement. Il ne sait pas et ne peut savoir, Dieu seul sait jusqu'où s'étend l'âme de l'Église, et il sait que Dieu a ses voies, ses voies cachées, et que ses miséricordes sont infinies.

Et ceci nous explique encore pourquoi, sans être le moins du monde des libéraux, mettant sur le même pied toutes les doctrines, celles qu'ils regardent comme fausses aussi bien que celles dont ils affirment la vérité, les catholiques ont accordé le respect aux consciences incomplètes ou erronées. Ils ont très nettement vu que ces consciences, à cause de leurs défaillances ou de leurs erreurs, ne pouvaient pas faire partie de leur société religieuse, ils les ont exclues de leur communion extérieure, mais non pas de leur charité : par contre, ils ont reconnu que ces consciences, par les vérités naturelles qu'elles retiennent encore, par leur respect vis-à-vis du Code pénal et des lois sociales, peuvent faire partie de la même société naturelle, de la même cité visible et terrestre, et ils n'ont pas cru pouvoir modeler les contours de cette cité terrestre sur les limites mêmes de l'Église. Et au contraire les libres penseurs, les prétendus libéraux, ne pouvant entendre la complexité plus riche des âmes croyantes, ont vu simplement dans les condamnations nécessaires portées contre le libéralisme une mise hors la loi de tous les non-conformistes prononcée par les croyants, et à cette mise hors la loi ils ont cru qu'ils ne pouvaient répondre que par une autre mise hors la loi. Tandis qu'un approfondissement réciproque des deux principes aurait pu montrer aux uns et aux autres que leurs doctrines leur permettaient une coopération dans le domaine de la raison et de la société naturelle et que les excommunications réciproques ne faisaient que constater un état de fait, c'est-à-dire la divergence même des doctrines et l'impossibilité de faire vivre ensemble, dans une même société spirituelle, des libres penseurs qui ne connaissent que leur conscience et des catholiques qui, à côté de leur conscience, admettent la foi comme lumière et comme soutien.

Ce qui nous fournit un nouvel exemple de la manière dont peuvent se résoudre les conflits. Car s'ils peuvent cesser par la prédominance donnée à l'un des deux partis sur l'autre, au moral sur le social dans les cas de clarté complète, d'invincible certitude, au social sur le moral dans tous les autres, et ainsi par l'exclusion et la ruine d'un des deux partis, ils peuvent aussi bien cesser par une sorte d'accord ou de conciliation due à un approfondissement des recherches et des réflexions. On s'aperçoit alors souvent que l'opposition n'était que superficielle et apparente. C'est ainsi que tout à l'heure il pouvait sembler que, du moment que le libéralisme, ou la doctrine qui met sur le pied d'égalité toutes les doctrines, était condamné, il devait s'ensuivre que nous ne pouvions pas entrer en rapports sociaux avec les hommes qui ne partageaient pas nos doctrines, ce qui semblait rejeter les catholiques hors des sociétés modernes ; mais, en poussant plus avant, nous avons vu que si, d'une part, le libéralisme est condamnable et justement condamné, parce que toute société suppose un conformisme nécessaire sur le but social et sur les moyens indispensables pour le réaliser, c'est-à-dire sur les lois sociales ; d'autre part, ce conformisme varie avec les sociétés diverses dont nous pouvons faire partie, et un catholique peut s'associer avec des non-catholiques en vue de fins naturelles qui ne concernent que la nature et ne ressortissent qu'à la raison. Et ainsi, tout en condamnant le libéralisme, le catholique peut prendre sa place dans les sociétés modernes avec les non-catholiques et à côté des libres penseurs.

C'est de la même manière que peuvent se résoudre

des conflits qui angoissent parfois la conscience du croyant. Nous avons déjà remarqué au début de nos études que, lorsque Jésus ordonne de tendre la joue gauche quand on a reçu un soufflet sur la joue droite, et d'abandonner la tunique à celui qui nous a volé le manteau, en un mot de ne pas résister au mal, il semble par là prescrire des règles d'action qui risqueraient de mettre en péril toute l'existence sociale en la livrant aux plus audacieux et aux plus injustes, si bien que ces passages et tous ceux qui leur ressemblent ont plus d'une fois embarrassé les commentateurs. Il paraît assez vain de dire que ce sont là des conseils et non pas des ordres. Car le ton semble bien être impératif, et Tolstoï a incontestablement raison, la non-résistance au mal est une doctrine constante dans l'Évangile. Mais en même temps il convient de remarquer que la douceur et la bénignité de Jésus ne vont pas jusqu'à permettre de tolérer l'injustice, car il maudit avec véhémence les Pharisiens et, s'armant d'un fouet, il chasse les vendeurs du Temple. Et il suffit de réfléchir pour voir que les ordres de Jésus concernent l'individu dans ses rapports momentanés avec d'autres individus, et par là n'atteignent que le moral, qu'ils laissent intact le social et par là ne risquent pas de ruiner l'institution sociale et de la livrer à l'injustice. Si tu es seul vis-à-vis d'un brutal ou d'un injuste, si cette brutalité ou cette injustice sont un fait isolé, ne résiste pas au mal, triomphe du mal par le bien, assure ton âme dans la douceur et dans le détachement des biens qui ont pu t'être enlevés, fais triompher la moralité en toi, ce sera peut-être le moyen de la faire triompher dans les autres, la violence est accrue par la violence et elle est souvent vaincue par la douceur : la cupidité est accrue par la résistance qui paraît, elle aussi, cupide, et elle est souvent vaincue par le mépris que l'on témoigne aux richesses. Le violent voit tomber sa colère devant la douceur, et le voleur ne convoite plus avec la même ardeur le bien qu'il voit mépriser. Le bien donc peut triompher du mal, et même il en triomphe, voilà la règle. Cette règle n'est donc point subversive, mais au contraire constructive de l'ordre social. Tolstoï en ce point a raison.

Cependant les adversaires de Tolstoï peuvent objecter et objectent avec raison que la non-résistance au mal ne saurait réussir dans tous les cas, et que dans beaucoup de cas elle constituerait une prime à la violence ou à l'injustice. Mais aussi Jésus n'a-t-il parlé que pour nous, il nous dit de souffrir l'injustice pour nous-mêmes, il ne nous dit pas d'assister lâchement en témoins et comme en complices à la violence, à l'injustice exercée vis-à-vis des autres. Car alors la douceur vis-à vis de l'oppresseur serait de la violence vis-à-vis des opprimés. La règle morale individuelle ne saurait donc être transformée en règle sociale et universelle, et ainsi le conflit n'existe plus.

C'est aussi bien le but que nous avons poursuivi dans ces études, de montrer que le domaine social et le domaine moral, souvent confondus, devaient être distingués. Ni le moral n'absorbe le social, ni le social le moral, chacun des deux a son domaine propre et distinct : le moral règne en souverain à l'intérieur de la conscience individuelle, le social règle les rapports extérieurs, dynamiques, mécaniques des hommes entre eux. Si les hommes étaient parfaitement sages, parfaitement bons, c'est-à-dire tout à fait moraux, l'harmonie sociale serait parfaite, et la parfaite moralité créerait la parfaite sociabilité. Mais les hommes se trompent, et ils ne sont pas parfaitement bons ; de là résultent, entre les consciences individuelles et les exigences sociales, d'inévitables conflits et des divergences de points de vue. Ni la loi morale ne saurait se confondre avec la loi sociale ni ce qu'on appelle la justice sociale avec la justice morale, avec la véritable justice. Il est important que les hommes saisissent nettement ces distinctions. Ils ne doivent pas d'abord demander à un ordre social extérieur et faillible ce qu'il ne peut pas donner, comme ces amis de la Justice et de la Vérité qui exigent l'infaillibilité des juges humains, comme ces chercheurs d'absolu qui veulent que tout le monde soit heureux de par la loi ; tous ces idéalistes confondent le social et le moral et deviennent nécessairement des anarchistes. A leur tour, par une confusion symétrique, d'autres hommes ne pensent que par raison d'État et voudraient atrophier dans l'âme humaine toute idée d'indépendance et de véritable justice, ils oppriment les consciences et visent à les annuler, autoritaires de tout ordre, socialistes, néo-monarchistes, étatistes de toute nature, dont quelques-uns prétendent incarner le catholicisme, en dépit de toutes les traditions. Mais, au contraire, dès que l'on a tout à fait compris et la distinction des deux ordres et leur nécessaire union, on s'est par là même résigné à supporter les inévitables défauts de l'ordre social, gardant avec un soin jaloux le libre gouvernement de l'île intérieure, la seule qui vaut et qui seule importe, on se soumet joyeusement à l'ordre extérieur, on sait, aux dernières extrémités, lui résister courageusement quand la vie morale l'exige, mais on n'en reste pas moins un citoyen respectueux et soumis aux lois, cependant on conserve intacte avec la lumière morale intérieure la sève profonde de la vie.

TABLE DES MATIÈRES

Paris. — J. Mers[illegible] [illegible] Av. de Châtillon.

www.ingramcontent.com/pod-product-compliance
Ingram Content Group UK Ltd.
Pitfield, Milton Keynes, MK11 3LW, UK
UKHW021847190726
13855UKWH00001B/193